ちくま新書

日本語全史

沖森卓也
Okimori Takuya

1249

日本語全史【目次】

はじめに

†歴史を知る意義

ある国の風習、たとえば牛追い祭り（スペイン・パンプローナのサン・フェルミン祭）について興味を持ったとする。大勢の人々が牛の前を走って、町中を駆け抜けていく光景は勇猛でもあり、無謀でもある。そして、そのおもしろさに暫《しばら》く浸っているうちに、なぜそのようなことをするのか疑問が湧いてくるのではないだろうか。そうなると、疑問を解くためには、その祭りの由来を繙《ひもと》かなければならない。

ことばも同じである。「おもわく」は「思惑」と書くが、「しわく」とは読まない（ただし、「思惑《しわく》」という仏教語はあるが、「おもわく」の意味ではない）。「三位」は「さんい」以外に「さんみ」と読まれることがある。ほかにもいろいろと、ことばに関して疑問に思うことがあるに違いない。それらを解決するためには、その成り立ち、由来などについて、すなわち、ことばの歴史を理解しておくことが必須である。「おもわく」はク語法、「さんみ」は連声《れんじょう》という言語事象によるもので、過去の日本語の姿が今も受け継がれているのである（「ク語法」については八八ページ、「連声」については一九八ページ参照）。このように、現代を知るためには歴史の理解は不可欠であり、日本語をより豊かに、より正しく表現できるようにするためにも、日本語の歴史を知っておくことはきわめて有用である。

†日本語史の対象と方法

さて、歴史を認識するためには、解明の根拠となる素材が必要である。ことばの歴史では、文献や口頭伝承がその手がかりとなりうる。これらを資料（歴史学では「史料」）と呼んでいる。文献は一般に文字で書かれたものである。その場合、何が書かれているかということとともに、その文献の筆者、成立年代、信憑性などが問題となる。どの時代の、どのような言語が反映されているかということである。言うまでもなく、古ければ古いだけ、残された文献は少ない。また、文字を知り、書き記した人の範囲も狭い。つまり、知ることのできる内容がより限定されることになる。

古くは、文化の中心地で文字が使用される傾向が強い。つまり、文献に反映されることばは、都のことば（「中央語」と呼ぶことがある）、しかも身分の高い階層、たとえば貴族、役人、僧侶などのものであることが多い。逆に言えば、古ければ古いほど、地方の言語、庶民の言語は知りがたいということでもある。もちろん、奈良時代や院政時代の東国方言のように、幸いに知ることができる場合もあるが、部分的にとどまる。また、口頭伝承や方言も、使用年代を特定することができない点で文献資料に一籌《いっちゅう》を輸《ゆ》する。

このような資料上の制約によって、その体系性、信頼性においてまさる「日本語」とは、まずは中央語、しかも社会的に高い階層のことばということになろう。さらに、その中央語に関して言えば、都が古墳時代から奈良・大坂に主として置かれ、平安時代から江戸時代までは京都にあるというように、古来より地域的に一貫性が保たれている点でも、言語史を描くうえで好条件でもある。歴史的な観点から「日本語」という場合、右のような制限があることは避けがたい。そのうえで、必要に応じて、中央語に対する方言、また、社会的に低い階層のことばを追記すると同時に、時代が下ると知られるようになる一般庶民のことばに中心を移していくという方法が合理的かつ穏当であろう。

†話しことばの歴史

話しことばに基づいて文章を書くことを言文一致《げんぶんいっち》という。この運動が文体改革運動として明治中期を中心に行われたが、裏を返せばそれまでは言文不一致であったわけである。その不一致は院政時代以降に始まる。十一世紀まではいわゆる古典語が用いられていたが、その後、文法に体系的な変化が生じた。そのため、『古今和歌集』『源氏物語』を始めとする、輝かしい文化を誇った時代のことば（いわゆる古典語）を模範とした書きことばが用いられるようになった。こうして、日常的に使われ弛《たゆ》みなく言語変化を繰り返していく口語と、平安時代の言語体系を模倣し書きことばとして固定化させていく文語とでは、その違いが時代を追って拡大することになる。

文語は古典語の素養に基づくのであるから、学習すれば使えるようになる。これは現代においても同じである。ただ、話しことばでふつうには用いない言語体系を、わざわざ学習する意義を改めて問われれば、文語の存在理由を明確に答えることはむずかしい。そもそも、模範とすべき古典語自体がその当時の話しことばに基づいて書かれたものであるからである。本来、文字とは話しことばを視覚化する働きを担うものである。

日本語という場合、話しことばと書きことばがあるが、その歴史を考える場合には話しことばを対象とすることは言うまでもない。院政時代以降の書きことば（文語）の歴史を記述することに意味が全くないわけではないが、古典語を墨守《ぼくしゅ》していこうとする立場には言語変化の自然な流れが反映されにくい。それぞれの時代の人々にとって自律的であった言語変化こそ日本語の歴史記述にふさわしい。実際には、多くの場合、文語の中に口語の反映を見出していくことになるが、その新たな言語事象の断片的事実から大きな言語変化の流れが浮かび上がってくるのである。

†日本語史の時代区分

歴史は、一般に時代区分に基づいて記述される。そもそも、時代区分という考え方は、ヨーロッパのルネサンス期に起源がある。模範とすべき古代、その再生(ルネサンス)となる近代、その中間にあるのが暗黒の中世というものである。のちに歴史時代が長くなって、市民革命・産業革命以前を近世と称するようになった。その意味づけにはさまざまな説や立場があるが、時代の流れを大きく区切って概括的客観的に対象を捉えていくことは歴史理解に有意義な手段であろう。

日本語の歴史を対象とする場合も、言語変化のとらえ方に応じて、その時代区分にはいくつかの考え方がある。四分法は右に記した立場で、歴史学では一般的な時代区分であり、五分法は日本文学史でよく用いられるものである。これに対して、日本語史では、「古代」と「近代」に二分したり、これに「中世」を加えたりして、大きな流れで読み解こうとする立場もある。前者は大きく、古典語が成立し崩壊していく時期と、現代語が芽生え形成されていく時期とに分けるものである。後者は、古典語の成立、古典語からの変容、現代語の形成という三つに区分するものである。このほか、政治史的区分も歴史の教科書などでよく用いられるもので、この、政権の所在地による名称を用いるならば、明治以降は「東京時代」ということになろう。ちなみに、一般に、近代と切り離して、より新しい時代区分として「現代」を立てる方式もある。

本書では、便宜的に六分法に従って記述することにした。より詳しく七分法によって述べるべき点もあるが、紙幅の制限もあって、現代共通語の基となる東京語につながる江戸語を優先させたことから、「近世」を二つに分けることはせず一括することにした。

二分法	古代			近代			
三分法	古代		中世		近代		
四分法	古代		中世		近世		近代
五分法	上代	中古	中世		近世		近代
六分法	古代前期	古代後期	中世前期	中世後期	近世		近代
七分法	古代前期	古代後期	中世前期	中世後期	近世前期	近世後期	近代
政治史的区分	古墳時代 飛鳥時代 奈良時代	平安時代	院政・鎌倉時代	室町時代	江戸時代		明治以降

†分野別の記述

ことばは音によって語られ、その音（音韻）と意味とが結びついた語を用い、文法という規則に基づいて表現される。語はその一つ一つを単位とする場合の用語であるのに対して、ある言語における語の総体を語彙《ごい》という。そして、話しことばに対して、書きことばでは、その音や語を文字によって表記する。すなわち、ことばの主たる分野として、音韻・語彙・文法・文字表記があげられる。そこで、区分された各時代において、それぞれの分野の様相を歴史的に記述することにする。ただし、文字による文献が中心となることから、記述の順序は、「文字表記」「音韻」「語彙」「文法」とし、「語彙」には待遇表現を、「文字表記」には文体をというように他の分野は適宜この四つに含めて述べることとした。

もちろん、「音韻史」「文字史」というように分野別にその通史をまとめることも考えられる。その場合、時代別の当該分野だけを通して読めば、本書によってもそのような理解が得られるであろう。

†日本語史へのいざない

私たちが生きている今は一瞬に過去となっていく。新しいものの出現、時代による盛衰、そして、時とともにふと忘れ去られてしまったものの思い出……、さまざまな物事が一瞬たりとも止まることなく、世界が形を変えていくように、ことばもつねに移り変わり、変化してやまない。この今も繰り返し使われ続ける日本語を記述しようとしても、一瞬においてその記述は過去のものになってしまう。とすれば、過去から現代までの変化の道筋を一度振り返っておくことも無駄ではない。日本語への理解を深め、ことばの奥行きを知るためにも、是非とも日本語の歴史を踏まえて「今」を見る目を養ってもらいたい。

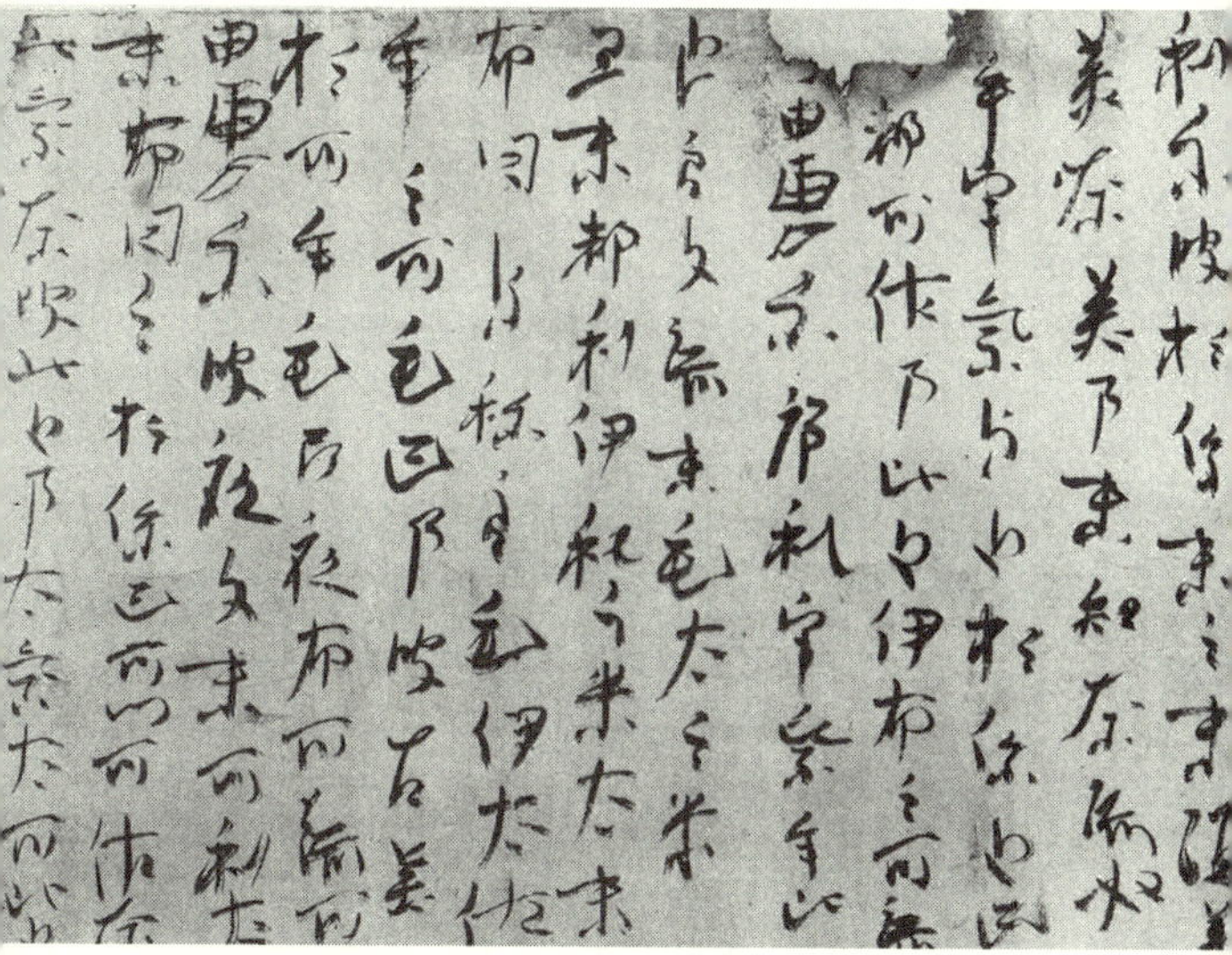

第一章

古代前期——奈良時代まで

万葉仮名文書（正倉院蔵）

1　総説――古代語が確立する

†古代前期とその言語

縄文時代・弥生時代を経て三世紀ごろには王権が確立され、古墳時代が始まる。その後、日本列島の支配を固めるとともに、大陸からの渡来人を取り込んで文化・技術を向上させ、国家としての基盤を形成していった。六世紀には五経博士の招聘、仏教の伝来があり、七世紀に入ると、遣隋使・遣唐使の派遣、さらには律令制度の導入によって国家として確立されていった。中国に倣《なら》って飛鳥や難波などに都が造営され、七一〇年には奈良に遷都されて、奈良時代となる。その後、長岡京への遷都を経て七九四年に平安京に都が遷されるまでを古代前期として扱うことにする。

さて、古い時代の日本語を知るとはどのようなことであろうか。たとえば、「米」という表記は、訓で「こめ」と読むことができる。しかし、その一方で「よね」と読む可能性も考えられる。つまり、漢字に対する日本語の訓は必ずしも確定的なものとは言いがたい。さらに、奈良時代以前では「こめ」という語は、コ・メともに後述する上代特殊仮名遣《づかい》で甲類と乙類に区別される音節であるから、かりに訓で「こめ」と読めるにしても、奈良時代以前ではそれでは不十分である。「渠梅」（日本書紀　皇極紀二年）という万葉仮名表記を根拠にすることで、コ乙類とメ乙類とからなる語であることが判明する。つまり、その音節を表音的に書き記した万葉仮名表記によって初めて、その語の存在が確認でき、日本語としての姿が明らかになる。

次に、日本語はいつ頃から使用されていたかについてであるが、その年代は文字資料を通してしか論証することができない。現段階で最も古い日本語を知ることができるのは一世紀のものである。それは、一七八四年に福岡県の志賀島《しかのしま》で発掘された、いわゆる「金印」である。「漢委奴国王」と刻まれた印綬は、『後漢書』建武中元二（五七）年条に記載のある、光武帝が倭国の使者に与えたものである。その五文字は「漢の委《わ》の奴《な》の国王」と解釈でき、「委《わ》」は倭国すなわち日本のこと、「奴《な》」は「儺県《なのあがた》」（福岡市博多区）に相当する。ただし、地名は古層の言語が反映されている可能性もあり、ただちにこれを最古の日本語資料として認めることはできない。その後、三世紀の倭国について記す『魏書』東夷伝に「伊都《いと》国」「末盧《まつら》国」「邪馬《やま》壹国」「卑弥呼《ひみこ》」「壹與《いよ》」「卑狗《ひこ》」「卑奴母離《ひなもり》」など倭国の地名・人名・官名が見える。特に、「ひこ」は〈日子《ひこ》＝彦〉、「ひなもり」は〈鄙守《ひなも》り〉であると解釈できることから、語彙的にも文法的にも日本語の古例として扱うことに問題なかろう（ただし、『古事記』で「母」はモ乙類であるが、「守る」のモは甲類である）。この時代にはすでに日本語の直接の祖先となるものが日本列島に存在していたことは疑いなく、さらに、前掲の金印を授けられた使者が、どこの地域から来たのかという問いに対して、「私（は）」という意味で「ワ（我）」と答えたとすれば、より古く一世紀にまで遡ることもできよう。

†「万葉仮名文書」に口語の一端を見る

和歌や歌謡のことば（韻文）は七世紀後半以降のものが知られるが、散文のことばは、特有の抑揚を伴って読み上げ挙げられた宣命《せんみょう》・祝詞《のりと》のほかにはほとんど残されていない。木簡や正倉院文書、また『古事記』『日本書紀』などに漢文を基調とする文章が数多く残されているものの、それらは訓が主体であり、先に述べたように万葉仮名表記は少数である。中には、万葉仮名表記が交じるものもあって、この時代の日本語を知るための資料となりうるが、大部分は文の形ではないため、部分的にしか用いることができない。

その数少ない散文資料である、正倉院所蔵の万葉仮名文書（甲文書・乙文書）のうち、乙文書（七六二年ごろ）の一部を次にあげておこう。

和可夜之奈比乃可波利尓波於保末之末須	我が養ひの代はりには、おほまします
美奈美乃末知奈流奴乎宇気与止於保止己	南の町なる奴《やつこ》を受けよと大床《おほとこ》

（可）都可佐乃比止伊布之可流（可）由恵尓
序礼宇気牟比止良久流末毛太之米弖末都
利伊礼之米太末布日与禰良毛伊太佐牟

（が）司《つかさ》の人言ふ。然る（が）故に
それ受けむ人ら車持たしめて奉《まつ》
り入れしめたまふ日《ひ》、米《よね》らも出ださむ。

この文書の背景がよくわからないので、はっきりとした文意が取りにくいが、逐語《ちくご》的に見れば、おおよそ「私の扶養（費）の代用として、南の町にいる奴婢《ぬひ》を受け取れと、大床の役所の人が言った。そこで、その奴婢を受け取る人たちに車を持たせて差し遣わす日に、同時に米も出すことにしよう」といった内容であろう。断片的ではあるものの、話しことばに基づく言語資料として数少ない貴重なものであり、次代の日本語と語法的に大きな違いのないことが確認できる。

漢字資料を通して知られる言葉のほとんどは、飛鳥・奈良を中心とした畿内の、しかも主に貴族や僧侶である人たちのものである。『万葉集』には東歌《あずまうた》・防人《さきもり》歌が収められており、東日本の庶民階級の方言も一部知ることができるが、それは中央の目線から見た東国語でしかない。しかも、それら万葉仮名表記の資料は和歌・歌謡という韻文に偏っているため、奈良時代の口語を知ることはむずかしい。平安時代に見える語句や表現が奈良時代以前の文献に見えなくても、それは歌のことばが主となる言語体系に見えないだけであって、奈良時代以前の口語に存在していた可能性を全くは否定しきれないことも銘記しておかねばならない。

2　文字表記――日本語が漢字で書かれる

†漢字の伝来

日本国内の文字資料としては、弥生時代後期から古墳時代にかけての刻書土器・墨書土器がある。たとえば、土器に刻まれたものには、大城《だいしろ》遺跡（三重県津市安濃町内多）出土土器（二世紀中ごろ）にへら状の道具に刻んだ「奉」のような模様が見え、墨書されたものには、柳町遺跡（熊本県玉名市河崎）の井戸の跡から発見された木製短甲留具《たんこうとめぐ》に書かれた「田」のような模様がある。しかし、これらは単なる目印としての記号・符号なのか、漢字と意識して書かれた文字なのか判別しがたい。中国の西安郊外の半坡《はんぱ》遺跡から発見された陶文と呼ばれるものも、それが単体であって文章の体裁をなしていない点で、漢字の起源を依然として甲骨文字に求めるように、文字によってあるまとまった事柄を伝達するという言語の本質が反映されていない。それがかりに漢字であったとしても、何かの象徴として描かれたものに過ぎず、単なる記号・符号という域を出ないものである。おそらく、外交上の必要もあって漢字漢文を書くことのできる渡来系の人は四世紀以前の日本列島にいたに違いない。ただ、それは中国語を日本で話し書くということであって、それだけでは日本語との出会いとは言えない。

日本国内で製作された現存最古の漢文は『稲荷台一号墳鉄剣銘』（千葉県市原市）である。

（表）王賜久□敬□　〔王、久□を賜ふ。敬して（安）んぜよ〕

（裏）　此廷□□□□　〔此の廷（刀）は□□□□〕

十二文字からなると推測される、銀象嵌《ぞうがん》による漢文体の銘文を有する鉄剣は、畿内の「王」が奉仕の賞与として与えたものかという。古墳の築造年代が五世紀の第3四半期ごろであるから、鉄剣はそれより遡る五世紀前半に製作されたものと見られる。

右のような出土資料の状況を勘案すると、本格的な漢字の伝来は四世紀末から五世紀初頭にかけてあったとするのが妥当である。この時期に漢字使用が始まる背景には、朝鮮半島の事情が大きく関与している。三九九年に、高句麗《こうくり》の広開土王《こうかいどおう》（好太王《こうたいおう》）は新羅《しらぎ》救援のために五万の兵を派遣し、新羅の都を包囲していた倭を退却させ、任那《みまな》・加羅《から》まで進んだという（『広開土王碑文』四一四年建立）。倭は新羅・高句麗に対立する百済や加羅（カヤとも）の要請を受けて援軍を派遣したのであるが、この倭の軍隊が朝鮮半島から退却する際に、半島に住んでいた人々の中には難を逃れて日本に渡る者もいた。そのような人々が大陸の先進的な技術などとともに、漢字漢文を本格的に伝えたのである。

†稲荷山古墳鉄剣銘

『稲荷山古墳鉄剣銘』（埼玉県行田市《ぎょうだ》）は、国内製作の銘文では『稲荷台一号墳鉄剣銘』に次ぐものである。

（表）辛亥年七月中記乎獲居臣上祖名意富比垝其児多加利足尼其児名弖已加利獲居其児名多加披次獲居其児名多沙鬼獲居其児名半弖比

（裏）其児名加差披余其児名乎獲居臣世々為杖刀人首奉事来至今獲加多支鹵大王寺在斯鬼宮時吾左治天下令作此百錬利刀記吾奉事根原也

《訓読》辛亥年七月中記す。乎獲居《をわけ》臣、上祖、名は意富比垝《おほひこ》、その児多加利足尼《たかりすくね》、その児名は弖已加利獲居《てよかりわけ》、その児、名は多加披次《たかはし》獲居、その児、名は多沙鬼《たさき》獲居、その児、名は半弖比《はでひ》、その児、名は加差披余《かさはや》、その児、名は乎獲居。臣、世々《よよ》杖刀人《ぢやうたうにん》の首《をさ》として奉事し来りて今に至る。獲加多支鹵《わかたける》大王の寺、斯鬼《しき》宮に在りし時、吾、天下を左治す。この百錬利刀を作らしめ、吾が奉事せる根原を記す。

冒頭の「辛亥年」は四七一年にあたり、鉄剣の銘文はこの頃に作製されたものと見られる。そして、「獲加多支鹵」はワカタケルを表記したもので、ワカタケル大王とは、「稚武」とも書き表されている雄略《ゆうりやく》天皇のことである。このほか、日本語の人名・地名が漢字の音を借りて表記されているなど、万葉仮名の国内使用では最古の資料である。

†万葉仮名

万葉仮名という用法は日本で創始されたものではなく、もともと中国で行われていたものである。たとえば、サンスクリットのnaraka〈地獄の意〉は中国で「奈落」と書かれる。仏教の始祖Śakyaも「釈迦」と記されている。このように、外国語をそのまま書き表す場合、同音もしくは類音の漢字で書き表したのである。同音的に漢字を借用する用法は、日本語にも導入されて『万葉集』によく用いられていることから、万葉仮名と呼ばれるようになった。現代中国で、パリを「巴黎」（日本の漢字表記はふつう「巴里」）、ニューヨークを「紐約」（日本では「紐育」）などと書き表すのも同じである。

このような漢字の音を借りて日本語を書き表わした古い例が金印の「委《わ》」「奴《な》」や、『魏書』東夷伝に見える「卑弥呼」「卑奴母離」などであり、日本国内の資料では『稲荷山古墳鉄剣銘』の固有名表記である。漢字伝来以前に日本に固有の文字があったという証拠はなく、ここに固有のことばを書き表す漢字を獲得したことは歴史的に極めて大きな意義がある。

†漢字の音

『稲荷山古墳鉄剣銘』に用いられた万葉仮名は、今日用いる音《おん》（「字音」「漢字音」などともいう）と異なる。「意」がオ、「富」がホ、「已」がヨに当たる。これらは現代通行の音より古い時代の中国音に基づくもので、四世紀末から五世紀初め頃に朝鮮半島からの渡来人がもたらしたものである。この類を「古音」と呼ぶ。その由来をさらにたどれば、中国漢代以前の音に基づくもので、「金印」の「委《わ》」「奴《な》」が表す字音体系と同じ頃のものである。

この古音より後の時代に日本に伝わったのが、「意」をイ、「富」をフなどと読む音で、日本の代表的な漢字音には呉音《ごおん》と漢音《かんおん》がある。どの言語も時代の推移とともに発音が変化する。そして、地域によっても変容し、方言という形で他の地域と発音が異なる場合があることも一般的な現象である。つまり、地域を異にする中国漢字音が別々の時期に日本に伝わり、呉音と漢音という別個の体系をなして現代に至っているというわけである。

呉音（和音）は、六世紀頃に百済を経由して移入され、主として六朝時代末期の五世紀頃の長江下流域に行われていた中国南方音を反映するものである。百済は当時、中国の南朝と交流が盛んであったため、学問や仏教などとともにその地域の漢字音を受容したのである。一方、漢音（正音）は七世紀後半から平安時代初期までの間に遣唐使や中国からの渡来人たちが直接に伝えたもので、唐の都長安（現在の西安）あたりの黄河中流域の発音、すなわち中国北方音に基づく。呉音は仏教や律令などに関する漢語、また日常語としても用いられる一方、漢音は主に漢籍を介して借用された漢語に用いられた。このように、日本で用いられる字音には、中国における時代差、地域差が反映されていて、複雑な様相を呈している（ほかに、十三世紀以降江戸時代までの間に伝わった唐音《とういん》もある）。

具体的に示せば、「行」をギョウ（修行）と読むのが呉音、コウ（孝行）と読むのが漢音、「下」をゲ（上下）と読むのが呉音、カ（下等）と読むのが漢音である。これらは字音として体系をなしている。他方、古音は、五世紀以前に伝来したもので、古くは高句麗で用いられていたものかと見られる。「乃《の》」「止《と》」「支《き》」「川《つ》」などは呉音伝来後も引き続き用いられた。ちなみに、『日本書紀』の歌謡などには漢音系の万葉仮名が用いられたが、一般には呉音系の万葉仮名が主流で、今日の平仮名・片仮名の字源となる音仮名はほとんどが呉音系である。

†字音の構造

中国語と日本語とでは音韻体系に相違があり、中国語の発音そのままに漢字の音を日本語で使うことはできない。中国語の字音構造は伝統的な音韻論で、語頭の子音を声、語頭子音以外の、母音を含む部分を韻と呼ぶ。たとえば、隋唐時代の中国語では「換」はkが声、wan（去

「換」	k	w	ɑ	n	〔去声〕（日本漢字音　クヮン）
	頭子音	介音	中核母音	韻尾	〔声調〕
	声	韻			

声）が韻にあたると分析される。

学説によってその数は異なるが、隋唐時代の頭子音はおよそ三六、介音（つなぎの音）はyとw、中核母音（中心となる母音）はおよそ九あったと推定されている。また、韻尾《いんび》（語末の子音または副母音）には母音韻尾のi、u（これを副母音ともいう）のほか、子音韻尾のm、n、ng（これを撥《はつ》韻尾と呼ぶ）とp、t、k（これを入声《にっしょう》韻尾と呼ぶ）があった。日本漢字音では、子音韻尾のm・nがン（古くmはム）、ngがウ、pがウ（字音仮名遣いではフ）、tがチ・ツ、kがキ・クにそれぞれ対応する（例：トウ〔東　ng韻尾〕、ホウ〈ホフ〉〔法〕、イチ〔一〕、ヤク〔薬〕）。

†音仮名の用法

古代日本語の音節は、たとえばカ（ka）は子音のkと母音のaに分解できるように、一つの子音と一つの母音から構成されるのを基本とする。現代と大きく違っている点は、拗音《ようおん》（キャ・シュの類）が存在しないこと、「ん」に相当する撥音や「っ」で書かれる促音がないことなどである。すなわち、「子音＋母音」という、極めて単純な音節構造であったから、声調（アクセント）は別としても、中国語（漢字音）に比べると、介音、そしてとりわけ韻尾において、決定的な違いがあった。そこで、字音を借りた万葉仮名（これを「音仮名」と呼ぶ）の用法について見ると、もともと韻尾のないものを用いるか、韻尾を省略して用いるかということになる。前者には「加《か》・比《ひ》」など、後者には「安《あ》（n韻尾の省略）・末《ま》（t韻尾の省略）」などが当たる。頭子音も中核母音も当時の中国語の方が多かったことから、どの字音を日本語の音節に当てるのが適当であるかはなかなか難しい問題であった。

音仮名の用法は春日政治《まさじ》（一九三三）に次のA〜Dのように分類されている（以下、『万葉集』の用例を示す場合、「万」と略記することにする）。

A　全音仮名　無韻尾で一音節表記するもの
　例：斯鬼《しき》（稲荷山古墳鉄剣銘）
B　略音仮名　字音の韻尾を省いたもの
　例：能登《のと》香山《かのやま》（万　一四二四。「能」「登」のng韻尾は用いない）
C　連合仮名　字音の韻尾を後続音節の頭子音によって解消するもの
　例：獲居《わけ》（稲荷山古墳鉄剣銘。「獲」の韻尾kは後続の「居」の頭子音kと同じ）
D　二合仮名　字音の韻尾に母音を添えて二音節相当にするもの
　例：足尼《すくね》（稲荷山古墳鉄剣銘。「足」の韻尾kに母音uを添えて韻尾を音節化する）

万葉仮名の多くは全音仮名で、韻尾のない漢字が使用されているが、時に韻尾を有する漢字も用いられている。その場合にBCDの用法に分かれる。

このうち、連合仮名、二合仮名は『稲荷山古墳鉄剣銘』に確認できるが、これらの用法はすでに古代中国に見られるものである。前記の「釈迦」（梵語Śakya）の「釈」は連合仮名（「釈」のk韻尾を後続の「迦」の頭子音で解消したもので、字義として〈釈《と》く〉の意も込められている）、「奈落」（梵語naraka）の「落」は二合仮名（「落」の韻尾のkに母音aを添えてrakaにあてたもので、〈（地獄に）落ちる〉の意も込められている）に相当する。

略音仮名については、『稲荷山古墳鉄剣銘』の「半弖比」の「半」がこれに当たるように見える。しかし、略音仮名が古くからあったならば、現存資料でこれに次ぐ例が七世紀第4四半世紀以降（前掲『万葉集』柿本人麻呂歌集所収のもの）にまで下るということは説明に窮する。むしろ、この「半」は連合仮名に準じる用法として、n韻尾を、後続する「弖」の子音tと融合させて濁音デ［nd］の子音（古くダ行音は鼻濁音であった）を表したものと見るのが妥当である。万葉仮名の草創期においては、韻尾にも深い配慮が払われていたのである。

ところで、『出雲国風土記』神門《かんど》郡狭結駅に次のような記事が見える。

狭結駅。郡家同処。古志国佐与布云人、来居之。故云最邑。神亀三年、改字狭結也。其所以来居者、説如古志郷也。

これを訓読すると次のようになる。

狭結駅《さゆふのうまや》。郡家《ぐんけ》と同《おな》じき処《ところ》なり。古志国《こしのくに》の佐与布《さよふ》と云《い》ふ人《ひと》、来《き》て居《す》みき。故《かれ》、最邑《さよふ》と云《い》ふ。
神亀三年《じんくゐさむねん》、字《まな》を狭結《さゆふ》と改《あらた》む。其《そ》の来《き》て居《す》みし所以《ゆゑ》は、説《と》くこと古志郷《こしのさと》の如《ごと》し。

サユフの地名起源説話であるが、ここでは、「佐与布」という人名から地名「最邑」の起源を説明するもので、ふつう風土記では同音で導き出される。もちろん、類音や一部同音もありうるが、右の説話では同音による地名起源説話と見るのが穏当である。そうなると、『出雲国風土記』の万葉仮名は『万葉集』『古事記』などと同様呉音系であり、「最」はサイ、「邑」はオフ（漢音ではイフ）であるから、ここでは「sai+opu→sajopu」というように副母音iがヤ行子音となり、後続する「邑」の母音oと結合して、全体でサヨフと表記したものと認められる。このような用法が前記の分類に加わって、音仮名の用法は合わせて五種類になる。

E　結合仮名　字音の韻尾が頭子音となり、後続音節の母音と結合するもの
例：最邑《さよふ》（「最」の韻尾iが後続の「邑」の母音oと結合して音節化する）

また、清音・濁音の観点から見ると、『古事記』『日本書紀』では清音仮名と濁音仮名をかなり綿密に区別しているようである。たとえば、カ「可・加」とガ「我」、サ「左・佐」とザ「邪」など使い分けられることがある一方、『万葉集』や木簡などではふつう両用されている。たとえば、「都」は「都可比」〈使《つかひ》〉（万　三六二七）のようにツにも、「多都」〈鶴《たづ》〉（万　三六二六）のようにヅにも用いられている。いずれにせよ、万葉仮名が仮名へと移行する過程では、

濁音に用いる仮名は清音仮名と区別のないものとなった。

†訓の成立

六世紀になると、漢籍や仏典を講読することが本格的に始まり、漢文を日本語で理解する行為も定着するようになる。そうすると、たとえば漢字「山」を、日本の固有語、すなわち和語（やまとことば）で「やま」と読み解釈するようになり、「人」には「ひと」、「木」には「き」という読みが当てられるようになったことであろう。このような、漢字の意味に対応する和語を訓《くん》（和訓）と呼ぶ。漢字に固有語を当てるという方法は当時朝鮮半島においてすでに行われており、それを日本語にも用いたものである。このような訓の用法は、表語文字であるシュメール文字に、言語の系統を異にするアッカド語が固有語をあてて、その文字体系を借用した際にも見られる。つまり、訓とは表語文字を借用する際に生じる一般的な現象である。

現存で確認できる最も古い訓の例は『岡田山一号墳鉄刀銘』（六世紀半ばごろ）に見える「各田阝」である。「各」は「額」の省文《せいぶん》で訓のヌカ（額を地面につける意の「ぬかづく」のヌカ）、「田」は訓のタ、「阝」は「部」の省文で訓「べ」を表し、姓のヌカタベを表記したものである。

漢字の訓が定着していくと、字義を無視して、その読みだけが音節表記に用いられ、たとえば、「者田」（法隆寺命過幡《みょうかばん》銘　六八二年）でハタ〈幡〉を表記するようにもなる。「者」には助詞ハ、「田」にはタの訓があり、そのような訓を借りた万葉仮名を「訓仮名」と呼ぶ。
ちなみに、一続きの語を万葉仮名で表す場合、古くは音仮名、もしくは訓仮名だけで、たとえばイリヒミシを「伊理比弥之」、ハタを「者田」というように書いた。この両者は体系的に異なるものという意識が強かったからである。しかし、時代が下るとともに、音仮名と訓仮名が交え用いられ、漢字の音か訓かにかかわらず、単に万葉仮名という一つの体系として意識されるようになっていった。

†訓と和化漢文

固有名に訓が用いられるようになり、一般的な語にも訓が定着していくと、文全体が訓を主体として書き記されるようになる。その古い資料に『法隆寺薬師如来像光背銘』がある。

池辺大宮治天下天皇大御身労賜時歳次丙午年召於大王天皇与太子而誓願賜我大御病太平欲坐故将造寺薬師像作仕奉詔然当時崩賜造不堪者小治田大宮治天下天皇及東宮聖王大命受賜歳次丁卯年仕奉

［釈文］池辺《いけのへ》の大宮《おほみや》に天下《あめのした》治《をさ》めたまひし天皇《すめらみこと》、大御《おほみ》身《み》労《いたづ》き賜《たま》ひし時《とき》、歳《ほし》丙午《ひのえうま》に次《やど》る年《とし》に、大王《おほきみ》天皇と太子《ひつぎのみこ》とを召《め》して誓ひ願ひ賜はく、「我《わ》が大御病《おほみやまひ》太平《たひらか》ならむと欲《おもほ》し坐《ま》す。故《かれ》、寺《てら》を造り薬師《やくし》の像《みかた》を作り仕奉《つかへまつ》らむ」と詔《の》りたまひき。然《しか》れども、当時《そのとき》に崩《かむあが》り賜ひて造り堪《あ》へ

ねば、小《を》治田《はりた》の大宮に天下治めたまひし天皇と東宮聖《ひつぎのみこひじり》の王《みこ》と、大命《おほみこと》受け賜はりて、歳丁卯《ひのとのう》に次る年に仕奉《つかへまつ》る。

像銘の「丁卯年」は六〇七年に当たるが、この銘文が仏像に刻み込まれたのは七世紀末期かとされている。イケノヘを「池辺」、オホミヤを「大宮」と記しており、漢字の訓をつなげて日本語の文章が書かれているのである。「召於大王天皇与太子」のように、漢文助字「於」を用いて目的語を動詞の後に位置させるのは漢文に倣った順序であるが、「造寺薬師像作」を見ると、「造寺」では目的語が動詞の後に位置するが、「薬師像作」では「薬師の像を作り」というように、目的語が動詞の前に置かれている。これは日本語の語順に従った漢字表記である。また、「大御身」のオホミは日本語の接頭語を、「賜」は尊敬の補助動詞「たまふ」、「仕奉」の「奉」は謙譲語の補助動詞「まつる」を記したもので、これらはいずれも本来の中国語にはない用法である。すなわち、この文章表記には純漢文にはない、日本的な要素が入り交じっており、これを「和化漢文」（変体漢文とも）と呼ぶ。訓の成立によって、日本語独自の語彙やその語順に基づく実用的な漢文的表記を生み出したのである。

また、「天乃賜倍留大奈留瑞乎頂尓受賜波理」（天《あめ》の賜《たま》へる大《おほ》きなる瑞《しるし》を頂《いなだき》に受《う》け賜はり）というように、ほぼ日本語の語順に従って、訓で読む実質語（自立語）を大きな字で、付属語や活用語尾など形式語は音仮名による小さな字で記し、大字小字の一まとまりを文節に対応させた漢字万葉仮名交じり文の表記様式を宣命体と呼ぶ。語の品詞を意識した萌芽として、また、漢字仮名交じり文の前身として、高度な段階に達していると評価される。

ただし、訓は当初漢字との結びつきがかなり流動的で、『万葉集』などにおいては、「進」をナガル（万 一九七）に当てる場合も見られる。いまだ社会的に漢字の訓が固定的ではなく、漢字に多様な訓があてられていた時代であった。

†仮名文の原形

日本語の一音節に一字の万葉仮名を当てて表記した様式を「万葉仮名文」と呼ぶ。前掲の万葉仮名文書がその一例である。漢文が正式の、また通用の文章であったなかで万葉仮名文が用いられているというのは、万葉仮名文書はおそらく漢文が十分には書けない、識字能力の低い人によって作成されたものかと考えられる。そして、この万葉仮名が仮名に変化すると、そのまま仮名文となるわけである。

このような万葉仮名文が用いられる分野に、八世紀以前では歌謡の表記と漢文訓読注があった。前者は、観音寺遺跡（徳島市国府町　七世紀末）出土木簡の「奈爾波ツ爾作久矢己乃波奈」〈難波津《なにはづ》に咲《さ》くやこの花《はな》〉というように見えるもので、歌謡の表記に古くから万葉仮名が専用されていることが知られる（この類は七世紀中葉まで遡れると見る説もある）。その後、記紀歌謡や万葉集の巻五ほかの表記に採用され、さらには平安時代の和歌表記へと受け継がれる。平安初期成立の『琴歌譜《きんかふ》』の楽譜に万葉仮名による歌詞の表記が見えることから、百済や中国から移入された音楽の発達に伴って歌謡の表音式表記が始められたものと想定される。

後者は、北大津遺跡（滋賀県大津市）出土木簡に見える「誈阿佐ム加ム移母」のように、被注字に対して「アザムカムヤモ」という読み下しそのままを万葉仮名で記す音義の類である。『古事記』の「天之常立神」に対する訓注「訓常云登許、訓立云多知」（常を訓《よ》みて登許《とこ》と云《い》ひ、立を訓みて多《た》知《ち》と云ふ）にも通ずるもので、漢字の読み方を万葉仮名で記すという方式であり、後の漢文訓読の訓点につながるものである。

これらはいずれも、外来の音楽や、漢文の音義・注釈という舶来系の様式に発想を得て、日本語本位の表記法を生み出したということであるが、基本的には漢文における音読に擬して、漢字、すなわち音仮名で書き綴った表記法であるとも言える。

3　音韻——区別される音節の数が多い

『古事記』において、コの万葉仮名（音仮名）では、〈子《こ》〉という語（「彦《ひこ》」「男《をとこ》」などのコも同じ）には「古」だけを用い、他方、〈此〉のコ、「木立《こだち》」「木《こ》の葉《は》」の〈木《こ》〉には「許」だけを用いる。キの万葉仮名（音仮名）では、〈木〉〈城〉という語には「紀」だけを用い、他方、〈酒《き》〉には「岐」だけを用いる。このような万葉仮名の使い方は偶然ではなく、一定の規則に基づくものであると指摘したのが本居宣長《もとおりのりなが》であった。その『古事記伝』総論での指摘を受けて研究を続けたのが、弟子の石塚龍麿《たつまろ》である。彼は『仮名遣奥山路《かなづかいおくのやまじ》』（一七九八年頃）を著し、宣長がなしえなかった『日本書紀』『万葉集』についても、語と万葉仮名表記との関係を詳しく調査した。その結果、エ・キ・ケ・コ・ソ・チ・ト・ヌ・ヒ・ヘ・ミ・メ・モ・ヨ・ロおよび濁音のギ・ゴ・ド・ビ・べに、二つのグループの万葉仮名の使い分けがあることを明らかにした。しかし、当時の文献資料に十分信頼のおけるものがなく、また、著作として刊行されずに写本でのみ残されたため、その後は深く研究されることがなかった。

橋本進吉は独自に万葉仮名の使い分けについて調査する過程で、石塚龍麿の業績に触れる機会をもち、一九一七年に発表した論文「国語仮名遣研究史上の一発見——石塚龍麿の仮名遣奥山路について」において、その学問的意義を高く評価し、万葉仮名の使い分けの本質を実証的に明らかにした。その結果、龍麿が指摘したチの使い分けは認めず、エ・キ・ケ・コ・ソ・ト・ノ・ヒ・ヘ・ミ・メ・モ・ヨ・ロ、およびその濁音ギ・ゲ・ゴ・ゾ・ド・ビ・べの音節に

キ				ヒ	ミ			ギ			ビ
ケ				ヘ	メ			ゲ			ベ
コ	ソ	ト	ノ		モ	ヨ	ロ	ゴ	ゾ	ド	

ついて二類の使い分けがあり、そのうち、モの使い分けは『古事記』だけであるとして、このような万葉仮名の使い分けを「上代特殊仮名遣」と命名した。

その二類は甲類・乙類と呼び分けられ、たとえば、コ・キにおける、その二類の万葉仮名は次の通りである（エはア行とヤ行の区別である）。

コ甲類……古　故　　　コ乙類……許　己

キ甲類……伎　岐　吉　枳　棄　企　　　キ乙類……貴　紀　幾

こうして、甲乙二類のある音節は五十音図に倣って示すと上の表に明らかなように、イ・エ段ではカ・ハ・マ行（濁音ではガ・バ行）に、オ段ではア・ハ・ワ行を除く多くの行に分布しており、かなり規則的である。そして、甲類・乙類という万葉仮名の使い分けは、母体となる当時の中国漢字音における発音に基づく音韻上の区別であることも指摘した。隋唐時代の漢字音は幸いにして『切韻』（六〇一年成立）や『韻鏡』（唐末・五代頃の成立）という書物によってかなりの精度で復元されている。それを手がかりに、『日本書紀』に用いられた万葉仮名などを通して、当時の発音をかなり具体的に推定することができる。

ア段・イ段甲類・ウ段・エ段甲類・オ段甲類の音節の母音は現在とほぼ同じ［a］［i］［ɯ］［e］［o］であろうとされている。それ以外については諸説があり、イ段乙類には［ï］［I］、エ段乙類には［ai］［ae］［ë］など、オ段乙類には［ə］［ö］などが推定されている。通説では、このような区別をそのまま母音の違いに求め、母音が八つあったと説かれることが多い。しかし、ほぼ各行に二類の別のあるオ段は別にして、イ段・エ段はカ・ガ・ハ・バ・マという一部の行にしか区別が認められない。そこで、その別を母音の違いに求めるのではなく、イ段・エ段については子音の口蓋《こうがい》／非口蓋に基づくというように、六母音の立場をとる服部四郎の考え方もある。

子音については、カ・ガ・ナ・バ・マ・ヤ・ラ・ワの各行は［k］［g］［n］［b］［m］［j］［r］［w］で、タ・ダ行は［t］［d］の一種類であって、現代のチ・ツのような子音の揺れはなかった（濁音は近世まで鼻音付きのもので、そのうちガ行子音は今日にまで及ぶが、記述が煩雑になる場合はこれを省くことにする）。サ行については、サが［ts］、シ・セは［ʃ］または［s］、ス・ソは［s］、ザ行はそれぞれの有声音［dz］［ʒ］［z］と見る説があるが、定説には至っていない。

ハ行の子音は両唇摩擦音［ɸ］で、奈良時代よりさらに古くは両唇破裂音［p］であっただろうと言われている。その理由としては、日本語の清濁が、調音点・調音法を同じくする無声子音と有声子音（古くは鼻濁音）の対立、すなわちk：g，s：z，t：dという一対からなっていることから見ると、ハ・バ行の子音はp：bであったことが想定されること、中国原音がpに相当する万葉仮名がハ行音に用いられていることなどが挙げられている。

†母音調和

母音調和とは、ウラル語族・アルタイ諸語などに特徴的に見られる現象で、大きく二つにグループ化された母音で単語が構成されるというものである。

《ウラル語族・アルタイ諸語などの母音調和》

フィン語（フィンランド語）		トルコ語		中期朝鮮語	
前母音	ä ö y	①前舌母音	i e ö ü	陽性母音	a o
後母音	a o u	後舌母音	I a o u	陰性母音	ə u
中立母音	i e	②高母音	i I u ü	中性母音	i
		低母音	e a o ö		

この現象の複雑なトルコ語では、前舌母音のグループか後舌母音のグループかで一つの単語が構成され、また高母音のグループか低母音のグループかで一つの単語が作られている。これは舌の前部だけ、または後部だけで単語を発音するわけであるから、発音の負担が軽くなり、口の開け方が狭いもの（高母音）、または口の開け方が広いもの（低母音）同士を用いて口の開け

方を経済的にして、語を発音する労力を軽減するのである。

古代日本語では、オ段乙類音は同じ語の中でオ段甲類音・ウ段音・ア段音と共存することがないというものであった。

陽性（男性）母音	a	u	$o_{甲}$
陰性（女性）母音	$o_{乙}$		
中性母音	$i_{甲}$		

たとえば、「はる」「ふゆ」は$a=u$、$u=u$という母音結合であり、「そこ（底）」「こころ（心）」は$o_{乙}$だけで構成されていた。「あき（秋）」「ひと（人・一）」はそれぞれ$a=i_{甲}$、$i_{甲}=o_{乙}$であって、中性母音は陽性母音・陰性母音いずれとも単語を構成した。この結合規則には、ウ段音・ア段音において若干の例外があるが、原則としてこの現象を認めることができる。ただ、右に挙げた以外の$i_{乙}$、$e_{甲}$、$e_{乙}$はこれに関与していないが、この点については後で述べることにする。

†頭音法則

「頭音法則」には、母音だけの音節は語頭以外には立たない、ラ行および濁音は語の初めに立たないということがあった。

ワガイモ＞ワギ甲モ〈我妹〉gai→gi甲「和芸毛」（古事記 仁徳記）

ナガイキ＞ナゲ乙キ〈嘆き〉gai→ge乙「名毛伎」（万 一三八三）

母音だけの音節は語頭以外、つまり語中・語尾には位置できないことから、複合語を構成して母音が連続する場合、たとえば、ワガイモ→ワギモのように、連続する二つの母音の一方が脱落したり、ナガイキ〈長息〉→ナゲキのように母音連続が別の一つの母音に変化したりした。これが後述する母音交替を始め、多方面で日本語の語形に影響を与えていることは、以下随所で述べることになろう。

ラ行音、および濁音が語頭に立たないのはアルタイ語の特徴の一つで、韓国語（朝鮮語）などにも同じ現象が見える。奈良時代以前の日本語でラ行音で始まるものは、「る」「らし」などの助動詞、「ろ」などの助詞に限られ、これらは付属語であって文節の初めに立たないことから、違例には当たらない。濁音が語頭に位置する語は現代語に「だれ」「どれ」「出《だ》す」などの例が見えるが、古語ではそれぞれ「たれ」「いづれ（→いどれ）」「出《いだ》す」であり、古くは語頭が濁音で始まる語はなかった。ただし、〈鼻汁をすすり上げるようす〉を意味する「びしびしに」（毘之毘之爾。万 八九二）という擬態語（オノマトペ）には臨時的に許容された。

†母音交替

「かざかみ（風上）」の「かざ」と「かぜ（風）」、「ふなのり（船乗り）」の「ふな」と「ふね（船）」のように、二重の語形を持つ語が現代語でもいくつか見える。これはアとエという母音が交替する現象としてとらえられ、「母音交替」と呼ばれている。

上代特殊仮名遣の観点を加味すると、アマゴモリ（雨隠り）とアメ$_{乙}$（雨）では、アマは常に他の語に接して用いられる形（非独立形）であって被覆形と名付けられ、アメ$_{乙}$はそれ自体で独立して用いられるもので露出形と名付けられている（この名称は有坂秀世（一九三一）による）。この類の母音交替は コ$_{乙}$カゲ（木陰）とキ$_{乙}$（木）、ツクヨ（月夜）とツキ$_{乙}$（月）などにも認められ、両者の関係は、被覆形に$^{*}i_{甲}$（単語として独立化させる接辞）が付いて露出形となったものというように考えられている（＊は、資料では確認できない仮想のものであることを示す）。

ama ＋ $^{*}i_{甲}$ → $ame_{乙}$
$ko_{乙}$ ＋ $^{*}i_{甲}$ → $ki_{乙}$
tuku ＋ $^{*}i_{甲}$ → $tuki_{乙}$

これは、非独立形と独立形というような、いわば名詞の活用とも言うべきものである。

†イ段乙類音とエ段音

七世紀の資料に「豊御食炊屋姫」（推古天皇の名）を「等《と》己《よ》弥《み》居《け》加《か》斯《し》支《き》移《や》比《ひ》弥《め》乃《の》弥《み》己《こ》等《と》」（上宮

聖徳法王帝説）と書いた例があり、ここでは「弥」がミ《甲》にもメ《甲》にも使われている。同様に、万葉仮名「支」が『古事記』ではキ《甲》を表しているが、『稲荷山古墳鉄剣銘』にはワカタケルのケ《甲》に用いられている。しかし、このことは、イ段甲類音とエ段甲類音が同音であったことを示すものではない。日本語において音韻としてははっきりと区別されていたが、表記する者が両者の区別を十分に把握できなかったことに起因すると見られる。

　前述したように、そもそも日本における漢字使用は朝鮮半島からの渡来人によって始められ、この系譜の人たちがもともと母国語としていたのは朝鮮半島の原語であったと考えられる。新羅語の末裔である韓国語（朝鮮語）にはエに当たる母音に二種類あるが、それらはいずれも近世において出現したもので、古く韓国語には母音のエはなかった。このような状況に類する、エに当たる母音を持たない渡来人は、発音が比較的近いイ甲類とエ甲類は区別できず、これらを同じ万葉仮名で表記したのに対して、エ乙類は明らかにこれらとは違った音色であったため、表記上区別することができたと考えられる。

　古代朝鮮半島と同様に、日本語の古層でも母音にエはなかったと見られる。前に、母音交替で、ai の母音連続からエ《乙》が、öi, ui の母音連続からイ《乙》が生じたことを述べたが、エ《甲》も ia の母音連続から生じたものであった。これを、いわゆる完了の助動詞「り」の接続において出現することを例にして説明すると、「り」は動詞連用形にラ変動詞「あり」が付いて生じたもので、たとえば「ユキーアリ」→「ユケ甲リ」(ia→e甲　行けり)というように、ケ甲はkiaから生じたものである。

イ乙類、エ甲類、エ乙類の生成は右に述べた変化だけに由来するというのではないが、基本的には母音連続から転じたもので、もとから存在したものではない。そのため、これらは母音調和に関与しないのである。逆に言えば、日本語の古層における母音は、a、i甲、u、o甲、o乙であって、このうち、o甲は「au」のような母音連続によって生じた可能性が高く、さらに古くはこれを除くa、i甲、u、o乙の四母音体系であったと考えられる。

†連濁

複合語を構成する場合、後続する語の語頭が清音から濁音になる現象を連濁という。濁音は日本語本来の性質として語頭には立たないから、濁音になるということはその音節が語中・語尾に位置していることの証左となる。たとえば「あか(赤)」と「かね(金)」が結合して「あかがね(銅)」になったということは、「か」が「が」に濁音化したことで、「あか」と「かね」という二語の組み合わせではなく、「あかがね」という一語になったということを明示するものである。連続ではなく複合したという証が連濁なのである。

前に記したように、万葉仮名が清濁によって区別されていることに注目すると、「宇良我|奈

之伎」（万　三七五二）の例から知られる「うらがなし（心悲し）」のように、奈良時代からすでに連濁は行われていた。

†音節構造とアクセント

撥音・促音・拗音は日本語の音韻としてはまだ認められない。これらはすべて平安時代以降に現れる。このことから見ると、古い日本語の音節は一つの子音（consonant）と、一つの母音（vowel）からだけでなるCV構造であったということになる。端正と言えば端正、単純と言えば単純な音節構造が時代の変遷とともに次第に多様化していくことになる。この日本語のCVという単純な音節構造から見ると、前に挙げた中国語の音節構造（たとえば「換」kwan）は呆然と戸惑うばかりであり、そう簡単には対応できなかったに違いない。したがって、日本人によって発音される漢字音は当初中国原音にかなり近いもので、一部日常語化した語を除いて漢文学習を通して継承されていったと考えられる。

ところで、現代語の共通語では、たとえば、セッテン（接点）という語はセ・ッ・テ・ンという四つの等時間的最小単位、すなわち拍（モーラ）からなるととらえられる。俳句や短歌は五音と七音の組み合わせを定型としているが、その音数の数え方はこのモーラに基づく。松尾芭蕉の俳句に「天秤《てんびん》や京《きやう》江戸かけて千代《ちよ》の春」「梅《むめ》が香《か》にのっと日の出る山路《やまぢ》かな」というの

があるが、テン|ビン|ヤ、キョー|エドカケテ、ノッ|トヒノデルで五音・七音相当となっていて、撥音・引き音・促音も一つの拍（モーラ）となる。

ただし、東北の諸方言では「新聞社」[sïm-bɯ̃-ʃa] は三つの単位、「マッチ」[mat-tsi] は二つの単位からなると意識されている。すなわち、「シン」「ブン」「シャ」「マッ」および「チュー」など、撥音・促音・引き音や二重母音の後続母音が寸づまりに聞こえ、直前の拍と合わせて一つの単位と数えるというとらえ方がなされる。このような等時間的な単位は「シラビーム（syllabeme）」と名付けられている。

和歌における字余りは言語における音節のあり方、またそのとらえ方と深く関係している。「雀《すずめ》の子そのこけそのこけお馬が通る」（小林一茶）の二句、三句は字余りである。モーラを単位として数えると、それらは五音七音を越えるからである。しかし、古代語では「等利安宜麻敝爾於吉」〈取《と》り上《あ》げ前《まへ》に置《お》き〉（万　四一二九）を例にとると、これはto-ria-ge-ma-ɸe-nio-kiという七音相当であって、音数として余っていたわけではなく、和歌を唱詠する上においては、決して破格ではなかった。ただ、この句では九字に対して七音となるわけで、字数が音数に対して余っているというところから、まさに「字余り」となるのであるが、「字余り」を破格とする見方は近代的なものである。このような [ria] や [nio] が一単位としてとらえられていたことを見れば、それらは前述のシラビームに相当することから、古く日本語の音節はシラビーム構造であったとも言われる。そして、それは十六世紀ごろまで続き、その後モーラ構造に変化したという考え方も示されている。

しかし、日本語がもともと一つの子音と一つの母音からなる単純な音節構造を持っていることから見ると、拍（モーラ）が基盤にあったと見るべき余地もある。奈良時代末の『新訳華厳経音義私記』（七九四年写）に、一音節語の「蚊《か》」の読みに「加安」と記した例が見え、一音節語は長く伸ばして、二モーラに準じる長さに安定させて発音されている（現代の関西方言などでも同様である）。また、古典語で擬態語「ほうと」（「ながえほうとうちおろすを」『枕草子』すさまじきもの）は現代語の〈ぽんと（投げる）〉に当たると見られること、「モンハラ」（『仮名書法華経《ほけきょう》』一一八一年ごろ写）は現代語の〈もっぱら〉を表記したものであることなどに照らすと、モーラという単位が古くにすでに意識されていたとも考えられる。和歌の音律におけるシラビームのような単位は朗詠上の問題として別に扱うべきであろう。

アクセントについては、『古事記』の万葉仮名に対する「上」「去」という四声《しせい》注記や、『日本書紀』における万葉仮名の使い方から、この時期にすでに高低アクセントであったことは疑いない。おそらくは平安時代と大差のないものであったと想定されるが、ただ、体系的に分析することが可能な資料がないことから、その全貌が知られるのは平安時代を待たなければならない。

4 語彙——固有語が用いられる

†和語とは固有語か

和語は日本固有の語とされるもので、「やまとことば」ともいう。ただ、日本に固有のものと言っても、日本語の系統が不明である以上、何が固有であり、借用であるかは実は極めて曖昧である。たとえば、「かみ」（紙）は周知のように後漢の蔡倫《さいりん》の発明とされ、日本に固有のものではない。また、「てら」（寺）は仏教の伝来とともに建設されたものであって、これも固有の語とは言えない。これらはそれぞれ中国語の字音「簡《カン》」、古代朝鮮語「チョル」（〈寺〉のこと）に由来すると言われており、古くから大陸の異民族と接触し、その文化を摂取するのに伴って借用されたものである。このように、和語と意識される語彙のなかには固有のものとは言えないものもある。

しかし、その一方で「ひと・ふた・み」の数詞や「やま」「そら」などの自然関係の語など古来より用いられてきたであろうと推測できる語も多く、日本語の根源的性質を考える上で、これもまた重要な概念である。そこで、消極的な概念規定ではあるが、字音による語でないものを和語と扱うのが一般的である。すなわち、「紙」「寺」には「シ」「ジ」という音がある一方、訓の「かみ」「てら」があることから、そのような訓に相当するものを「和語」と称するのである。これに対して、漢字の音で成り立っている語が「漢語」（ゆえに「字音語」ともいう）ということになる。音訓の違いは日本語表記において普通に意識されるものであり、また、辞典や教科書で、漢字の音を片仮名で、訓を平仮名で示すことがよく見られるように、その扱いには明かな差異が見られる。このように、「和語」は厳密に語源を探究したうえでの分類によるものではなく、おおよそ漢字音や漢語とは区別されるという漠然とした概念である。

†和語と音節数

『時代別国語大辞典　上代編』（三省堂）には、その概説によると、「見出し語数は約八千五百語、収容語数は関連語をいれて約二万語」と記されている。この数は文献上確認できる古代前期の語の概数と言ってよい。そのほとんどは和語で、大半は名詞である。その和語は複合語を除くと、名詞では一もしくは二音節の語がほとんどである。たとえば、一音節からなる語は、カ行で示すと「蚊香　杵寸・木　処　異・毛食　子粉籠・木」（「・」の上が甲類、下が乙類の語）であり、二音節語には「ひと・ふた・いつ・なな・みみ・はな・くち」などがある。「こころ（心）・ここの（九）」などの三音節以上の語は基礎的な語には少ない。また、短い音節の語が結合して、たとえば「肴《な》」と「瓮《へ》」が、おかず（肴《な》）を煮る器（瓮《へ》）の意として「なへ」〈鍋《なべ》〉となるように、すでに合成語として存在する語も数多く使われていた。

†代名詞の語彙

代名詞には指示代名詞と人称代名詞とがある。まず、指示代名詞はこの時代、すでに「こ・そ・か・いづ」という体系が成立していた。ただし、遠称のカはあまり用いられず、ソがその領域を担っていた。

	近称	中称	遠称	不定称
一般的	こ	そ　し	か	
事物	これ	それ	かれ	いづれ　なに
場所	ここ	そこ		いづく　いづら　いづへ
方角	こち　こなた	そち	をち　かなた	いづち

人称代名詞では、三人称は指示代名詞で代用するのが一般的で、体系的に見ると、「わ（あ）・な・か・た」というように整っていた。

一人称（自称）	二人称（対称）	三人称（他称）	不定称
あ　あれ　わ　われ	な　なれ	か　かれ	た　たれ

一人称のアは単数的孤立的、ワは複数的集団的というような意味上の違いがあった。このほか、一人称には「わけ」、謙称の「やつかれ」も使われ、二人称では「な」が対等以下の人に用いられた。ほかに、敬意を込めた「いまし」「みまし」、卑称の「おれ」なども使用された。

†動詞の語構成

動詞の語構成については、活用の種類、自動詞・他動詞などの観点も含めて考えていく必要があるが、ここではその語尾のあり方を見ることにする。まず、活用の種類の違いによって動詞の自他が対応する場合がある（以下、終止形は文語形で示す）。

自動詞＝四段活用：他動詞＝下二段活用　たつ（立）　むく（向）　ならぶ（並）
自動詞＝下二段活用：他動詞＝四段活用　やく（焼）　わる（割）　ひらく（開）
（現代語では「たつ：たてる」「やける：やく」となる）

次に、自動詞ル：他動詞スというようにペアとなるものがある。

自動詞ル：他動詞ス　ながる：ながす（流）　かへる：かへす（返）

このような、ル・スを動詞性接尾辞と呼ぶことにすると、ペアをなす一方にのみ動詞性接尾辞ルもしくはスが付く場合もある（接尾辞がない場合は「φ」で示す）。

自動詞ル：他動詞φ　あがる：あぐ（上）　まがる：まぐ（曲）
自動詞φ：他動詞ス　てる：てらす（照）　いづ：いだす（出）

多くはル・スの前の音節がア段音になる。ア段音以外では次のような例がある。

まじる：まず（混）　つもる：つむ（積）　つく：つくす（尽）　おつ：おとす（落）

また、自他の対応はルに対するユ、スに対するツにも見られる。

ユ：ス（自他の対応）　こゆ：こす（越）
ユ：ツ（自他の対応）　たゆ：たつ（絶）

さらには、意味の分化が見られる例もある。

はなす：はなつ（放）　［自動詞は「はなる」（離）］
うす（失）：うつ（棄）　［「失《う》す」の他動詞は「うしなふ」、「うつ」は「捨《す》つ」の古形］
しる（知）：しく（敷）：しむ（占）　［いずれも〈治める〉の意を共通にもつ］

動詞語彙の大半は、連用形が一～三音節であるか、もしくは一～三音節の語幹に動詞性接尾辞が付いたものである。次に名詞や形状言（状態性を意味する要素）に付いた例を挙げておくことにする。

	二音節名詞に付く	二音節形状言に付く	三音節形状言に付く
[ク]	すす（＝煤）く	しら（＝白）く	とどろ（＝轟）く（響）
[グ]	つな（＝綱）ぐ（繋）	ひろ（＝広）ぐ	たひら（＝平）ぐ
[ブ]	みや（＝宮）ぶ（雅）	あら（＝荒）ぶ	あはれ（＝哀）ぶ
[ム]	はら（＝腹）む（胎）	いた（＝痛）む	たしか（＝確）む
[ル]	くも（＝雲）る（曇）	くさ（＝臭）る（腐）	いぶか（＝訝）る
[メク]	とき（＝時）めく	ふる（＝古）めく	
[ヤグ]	はな（＝花）やぐ（華）	わか（＝若）やぐ	
[ガフ]	した（＝下）がふ（従）		
[ナフ]	とも（＝友）なふ（伴）	あま（＝甘）なふ（和）	
[ハフ]	あぢ（＝味）はふ（味）	にぎ（＝密）はふ（賑）	
[サブ]	かみ（＝神）さぶ	しみ（＝繁）さぶ	

右以外にも「まめだつ」「あせばむ」「ふるまふ」などさまざまな動詞性接尾辞が認められる。

†形容詞の語構成

形容詞の語彙には他の品詞と類縁関係を持つものが少なくない。まず動詞との関係を見よう。

(1)形容詞語幹と動詞語幹が同じもの

［動詞語尾がム・ル］　にくし―にくむ（憎）　くさし（臭）―くさる（腐）

(2)動詞の語幹が形容詞の語幹に含まれるもの

［四　段］　なやむ（悩）→なやまし（aシ型）　よる（寄）→よろし（o乙シ型）

［下二段］　やす（痩）→やさし（aシ型）

［上二段］　くゆ（悔）→くやし（aシ型）　おゆ（老）→およし（o乙シ型）

わぶ（侘）→わびし（i乙シ型）　うらむ（恨）→うらめし（e甲シ型）

はづ（恥）→はづかし（カシ型）

(1)では、動詞語尾がムである場合が比較的多く、ふつう形容詞はク活用である。(2)では「なつく―なつかし」（懐）など　ア段音にシが付く型（aシ型）が最も有力で、ふつうシク活用となる。このような関係にある形容詞は、動詞の形容詞形と呼ばれることがある。

また、副詞・形容動詞語幹と関係があるものもある。

(3)副詞の一部が形容詞の語幹となる

あらたに―あらたし（新　後世「あたらし」）　まさに（将）―まさし（正）

(4)形容動詞の語幹が形容詞の語幹となる

しづか—しづけし（静）　さやか—さやけし（清）　やすらか—やすらけし（安）

(3)では形容詞はシク活用となる。(4)のケシ型はケが乙類であり、形容動詞語幹を構成する接辞カ・ヤカ・ラカに形容詞性接尾辞「*i甲si」が付いて構成されたものと考えられる（-ka＋*i甲si→ke乙si）。この場合、形容詞はク活用となる。ちなみに、「やすらか」「きよらか」などの形容詞語幹において、接辞ラカなどを除いた語幹はク活用の「やすし」「きよし」ともなる。

このほか、名詞や形容言などに形容詞性接尾辞ナシが付いた語も少なくない。

(5)形容詞性接尾辞ナシを取る語

［ナシが〈はなはだしい〉の意］　きたなし（汚）　つたなし（拙）　すくなし（少）

［ナシが〈無い〉の意］　すべなし（術無）　つつがなし（恙無）　をさなし（幼）

ただし、形容動詞は奈良時代以前では、「しづかなり」などわずかな語に限られていた。

†漢語

奈良時代以前では和語が圧倒的に多いが、漢語もすでに用いられていた。ただし、九世紀以前ではどの程度用いられていたかを明らかにすることはなかなか困難である。仮名が成立する以前には、すべて漢字で表記されていて、それが字音で読む漢語であるか、訓で読む和語の表記であるかを判断することは容易ではないからである。その中で、『万葉集』には確実に漢語が用いられた例を見出すことができる。『万葉集』の和歌は五音・七音を基本とする音数律によって歌われたものであるから、漢字表記の読みをある程度限定することができる。次に示す歌は、『万葉集』の中で最も多くの漢語を含む歌である。

詠双六頭歌

一二之目　耳不有　五六三　四佐倍有来　双六乃佐叡　（万　三八二七）

《訓読》いちにのめ　のみにはあらず　ごろくさむ　しさへありけり　すぐろくのさえ

〈サイコロには一二三四五六の数字がある〉という歌意で、漢語の使用は次の通りである。

〔数　詞〕一　二　三　四　五　六

〔遊戯用語〕双六《すぐろく》　采《さえ》（サイコロの意、字音サイの当時の発音は［saje］）

『万葉集』には、ほかにも次のような漢語が詠み込まれている。

〔仏教系漢語〕布施《ふせ》（九〇六）　香《かう》（三八二八）　塔《たふ》（三八二八）　力士舞《りきじまひ》（三八三一）
　餓鬼《がき》（六〇八・三八四〇）　法師《ほふし》（三八四六）　檀越《だにをち》（三八四七）　波羅門《ばらもに》（三八五六）

〔律令系漢語〕過所《くわそ》（三七五四）　功《くう》・五位《ごゐ》（三八五八）

〔思想系漢語〕無何有《むがう》・藐狐射《まこや》（三八五一）

〔産物名〕皁莢《さうけふ》（三八五五）

漢語は巻十六に多く見え（他に巻四、五、十五に見える）、知的な戯れの表現として日常的に使用されたものであったと考えられる。中には防人歌に用いられた例もある。

和我都麻母画尓可伎等良無伊豆麻母加多妣由久阿礼波美都々志努波牟　（万　四三二七）

〔我が妻も絵《ゑ》に描《か》き取らむ暇《いつま》もが旅行く我《あれ》は見つつ偲《しの》はむ〕

〈私の妻を絵に描き写せる暇《いとま》でもあればよい。そうしたら旅行く私は見ては偲ぶのに〉

二句目冒頭の「画」は呉音でヱと読む漢語である。ただし、防人歌にも違和感なく用いられているところから見ると、ヱ（絵・画）はすでに和語の意識が強かったと言える。このほか、長さの単位「サカ」（万　三二七六）は「尺」の字音から、量の単位「サカ」（万　二四〇七）も「積」の字音に由来するものである。これらはすでに開音節化させて発音していることもあり、漢語であるという認識には乏しいものと見られる。

次に、宣命はその付属語的表記によって漢文より読み方が限定されるから、漢語か和語か区別しやすい。そこで、漢文の詔勅《しようちよく》を除く部分で用いられた漢語を次に挙げておく。

〔仏教系漢語〕経《きやう》　観世音菩薩《くわんせおむぼさつ》　智識寺《ちしきじ》　袈裟《けさ》　如来《によらい》

〔律令系漢語〕謀叛《むほん》　孝子《けうし》　義夫《ぎふ》　節婦《せちぶ》　禄《ろく》　力田《りきでん》

〔思想系漢語〕礼《らい》　楽《がく》　仁孝《にんけう》

このほか、「百行」「百足」など漢籍やその註疏《ちゆうそ》に見える漢語を引用したものもあり、「思想系漢語」と合わせて「漢籍系漢語」と呼ぶこともできる。

以上のように、使用漢語の分野はかなり専門的限定的である。口頭で読み上げるという宣命の文章は、もっぱら和語を用いて理解しやすく書かれていたと見られ、仏教・律令関係の漢語は、多くの人にとって耳で聞いて理解できるものではなかったと考えられる。漢語の使用は、識字能力の高い人(貴族・官人・僧侶など)にほぼ限られていたと言ってよかろう。

†待遇表現の語彙

敬語は現存の資料では、前掲の『法隆寺薬師如来像光背銘』(三五ページ参照)には、「大御《おほみ》身《み》」「大御病《おほみやまひ》」とあって、すでに「おほみ」という尊敬語の接頭語が成立していた。また、「労賜時《いたづきたまひしとき》」や「仕奉《つかへまつる》」の例も見え、「たまふ」「まつる」という敬語動詞があり、すでに補助動詞としても用いられていた。

尊敬語の接頭語には「おほ(大君《おほきみ》)」「み(御代《みよ》)」、およびそれらからなる「おほみ」(後には「おほん」「おん」となる)のほか、これに準ずるものとして美称の意の「ま(真玉《またま》)」「ふと(太玉《ふとたま》)」「たま(玉垣《たまかき》)」「とよ(豊御酒《とよみき》)」などがあった。接尾語にも「たち(君達《きみたち》)」(複数を表す場合「ども」「ら」には敬意はない)、動詞には「ます」「います」「たまふ」「たぶ」「をす」など、助動詞には四段活用の「す」(後述九七ページ参照)があった。また、天皇またはそれに準じる者が自己に対して尊敬語を用いる自尊表現は古代語における大きな特徴でもあった。

謙譲語では「まをす（後に「まうす」）」「まつる」「まゐる」「まかる」「たまふ（下二段）」などがあった。

物を与える意では、上位の者から下位の者には「たまふ」、下位の者から上位の者には「まつる・たてまつる」、また与えられる側を主体とする場合には「たまはる・たばる」があって、尊敬語と謙譲語が対をなしている。このことから見て、尊敬語と謙譲語はそれぞれ単独で存在するものではなく、対になってともに古くから用いられていたと考えるのが穏当である。

この時代にはまだ丁寧語は発生しておらず（丁寧語「侍《はべ》り」の発生は平安時代以降）、敬語の表現は動作の為手《して》・受け手という第三者に対するものに限られていた。すなわち、敬語の発生は絶対的な社会的地位にある他者の行為、もしくは存在に対して着目したところにあると考えられる。

ちなみに、他者を卑しめるという軽卑語もすでに確認できる。それには二人称代名詞の「わけ」「おのれ」「おれ」などがあった（以下、『万葉集』からの引用は適宜、漢字仮名交じり文に改め、必要に応じて原表記を（ ）内に示すことにする）。

おのれ（於能礼）故《ゆゑの》罵らえてをれば青馬《あをうま》の面高夫《おもたかぶ》駄《だ》に乗りて来《く》べしや　（万　三〇九八）

〈あなたのせいで叱られているところに、青馬の鈍な駄馬に乗ってきてよいものか〉

我が君はわけ（和気）をば死ねと思へかも逢《あ》ふ夜《よ》逢はぬ夜二走《ふたはし》るらむ　（万　五五二）

〈あなた様は若造め死ねと思っているからでしょうか。逢う晩と逢わない晩と二道をおかけになっているのでしょう〉

右の「わけ」は一人称に用いられた例である。

†雅俗・男女差

同じ意味を表すことばに、場面や使用者の違いによって異なる語が用いられることがあった。たとえば、和歌では〈鶴〉に「たづ」(「多頭《たづ》」万 九一九)、〈蛙〉に「かはづ」(「河津」万 三三二四)が用いられる一方、「鶴」という漢字で助動詞「つ」の連体形の「つる」(「相見《あひみ》鶴鴨《つるかも》」万 八一一)を、「蝦手」(万 一六二三)でカヘルテ(楓)を書き表したりしていて、日常語(俗語)として「つる」「かへる」もあったことが確認できる。すなわち、語に雅俗の意識がすでに芽生えていて、「たづ」「かはづ」は雅語として意識されていたと見られる。

また、「きみ(君)」という語は、ほとんどが女性から男性を呼ぶ場合に用いられている。これに対して、男性から愛おしく思う女や妻を指す場合には「わぎも(我妹)」「わぎもこ(我妹子)」が用いられている。このように、男女によって言葉づかいに違いがあり、特に女性は、「きみ」という語が時として尊敬の意を込めて人を指す場合に用いられるように、対人的コミュニケーションにおいて品位を保つ言い方をしていた。

†方言

『風土記』には「国巣《くず》　俗語云都知久母《つちくも》、又夜都賀波岐《やつかはき》」（常陸国風土記　茨城郡）、「土歯池《ひぢは》　俗言岸《きし》為比遅波《ひぢは》」（肥前国風土記　高来郡《たかく》）というように、地域のことばが中央語と対比的に記されている。これは常陸《ひたち》国茨城郡（今の茨城県）では、「くず（くにす）」〈土着の先住民〉のことを「つちくも」または「やつかはき」と、肥前国高来郡（今の長崎県）のことばでは「岸《きし》」のことを「ひぢは」と言うことを記したものである。

また、『万葉集』巻十四の東歌《あずまうた》や巻二十の防人歌《さきもり》を通して、東国（北海道を除く東日本）の方言を知ることもできる。今の静岡県に住んでいた人の作歌を次に示しておく。

和我都麻波伊多久古非良之乃牟美豆尓加其佐倍美曳弖余尓和須良礼受　（万　四三二二）

〈我《わ》が妻《つま》はいたく恋《こ》ひらし飲《の》む水《みづ》に影《かご》さへ見えて世《よ》に忘《わす》られず」〈私の妻はひどく恋い慕っているらしい。飲む水に影まで映って見えて、どうしても忘れられない〉

遠江《とおとおみ》国麁玉郡《あらたまのこおり》（今の静岡県浜松市浜北区）に住む若倭部身麻呂《わかやまとべのむまろ》の作で、中央語の「こふ」が「こひ」に、「影《かげ》」が「かご」というように、中央語のウ段音、エ段乙類音が方言でイ段乙類音、オ段乙類音に対応している。

和呂多比波多比等於米保等已比尓志弖古米知夜須良牟和加美可奈志母　（万　四三四三）

〔我《わ》ろ旅《たび》は旅と思《おめ》ほど家《いひ》にして子持《こめ》ち痩《や》すらむわが妻《み》かなしも〕〈私の旅は、旅と思って我慢もするが、家にいて子供を抱えて痩せているだろう、その私の妻がいとおしいことよ〉

駿河《するが》国に住む玉作部広目《たまつくりべのひろめ》の作。中央語の「我《われ》」が「わろ」に、「思へど」が「おめほど」に、「家《いへ》」が「いひ」に、「持ち」が「めち」に、「妻《め》」が「み」に訛っている。すなわち、エ段音⇕オ段乙類音（わろ）、エ段乙類音⇕オ段音（おめほ）、オ段乙類音⇕エ段乙類音（おめほ・めち）、エ段甲類音⇕イ段甲類音（いひ・み）という対応となる。

この駿河・遠江の方言は、エ段乙類音とオ段乙類音において混同が激しく、エ段甲類音もイ段甲類音と混同があるというように、とりわけエ段音をめぐって中央語との違いが大きい。東日本方言はすでに奈良時代から西日本方言と大きな違いがあったことが確認できる。

†忌詞

延暦二三（八〇四）年成立の『皇大神宮儀式帳』には、次のような「斎宮忌詞《さいぐういみことば》」を用いることが記されている。おそらく奈良時代にも用いられていたものと見られる。

奈津（撫《な》づ）〈打つ〉　塩垂（しほ垂《た》る）〈鳴く〉　阿世（汗《あせ》）〈血〉　多気（菌《たけ》）〈宍《しし》〉　奈保利物（治《なほ》り物《もの》）〈死〉　土村（土塊《つちくれ》）〈墓〉　慰（休《やす》み）〈病《やまい》〉

中子（中子《なかご》）〈仏〉　曽目加弥（染《そ》め紙《がみ》）〈経《きよう》〉　阿良々支（蘭葱《あららぎ》）〈塔〉　髪長（髪長《かみなが》）〈法師〉　角波

須（角括《つのはず》）〈優婆塞《うばそく》〉　瓦葺（瓦葺《かはらぶ》き）〈寺〉　片食（片垸《かたもひ》）〈斎食《いもい》〉

不吉な物や不浄な物、そして、仏教に関する物の名を忌み嫌って、別の言い方をするように定めたものである。このような忌詞の背景には言霊《ことだま》思想がある。

　神代《かむよ》より言ひ伝《つ》て来《く》らくそらみつ大和《やまと》の国は皇神《すめかみ》の厳《いつく》しき国言霊《ことだま》の幸《さき》はふ国と語り継《つ》ぎ言ひ継がひけり　（万　八九四　長歌）

〈神代から言い伝え来ることには、（そらみつ）日本《やまと》の国は、統治する神の威厳のある国で、言霊の豊かに栄える国であると語り継ぎ言い継いできた〉

右は、山上憶良が遣唐使に送った長歌の一節で、古くからことばに霊力が宿っていると考えられてきたことを述べている。このような考え方は世界的に共通するもので、古代人は言霊によって、ことばの力で祝福が与えられ、また、災いがもたらされると信じていたのである。『古事記』には、綿津見大神《わたつみのおおかみ》が釣り針（鉤《ち》）を渡すときに発するように教えた、次のようなことばが記されている。

　此の鉤《ち》は、おぼ鉤《ち》、すす鉤《ち》、貧鉤《まぢち》、うる鉤《ぢ》。（古事記　上）

この釣り針を持つ者は、心がふさぎ、たけり狂い、貧乏になり、愚かになるという呪いのことばである。ことばとして口に出せば、その出来事が実際に生じるという言語観によって、ことばに出すことを畏れ、慎重にことばを選び、時にその威力にすがることもあった。

古くは、女性の実名を知るのは身内だけに限られていて、決して外部に洩らすことはなかった。名が知られると、その人格や存在そのものが左右されると考えられていた。『万葉集』冒頭の雄略《ゆうりやく》天皇の長歌に「名告《なの》らさね」というように、女性に名を教えて欲しいと求める場面が歌われている。実名を相手に名乗ることは、すなわち結婚を許諾するということであったからである。実名を公にしないというのは平安時代も同じで、「紫式部」は「若紫の物語を書いた式部」であり、『更級日記』の作者である「菅原孝標女《たかすえのむすめ》」は親子関係に基づく仮の呼称である。今日に至っても、ことばに不思議な力があるという考え方は依然として根強い。

5 文法——古代語法が形成される

†動詞の活用

動詞の活用の種類では、下一段活用は古代後期に現れる。その唯一の所属語「蹴《け》る」は『日本書紀』の「蹴散」の訓注に「倶穢簸邏邏箇須《くゑはららかす》」（神代上）とあるように連用形「くゑ」であり、また、岩崎本『日本書紀』の十世紀の訓にも「打毬之侶」の「打」に対して「クウル」とあって、古代前期ではワ行下二段活用「くう」であった。

そこで、この時代の動詞の活用表を、甲類・乙類の区別がある場合も含めて、その活用語尾の母音以下を次に記す。

〔動詞活用表〕

	四段	上二段	下二段	上一段	カ変	サ変	ナ変	ラ変
未然形	-a	-i乙	-e乙	-i甲	ko乙	se	na	ra
連用形	-i甲	-i乙	-e乙	-i甲	ki甲	si	ni	ri
終止形	-u	-u	-u	-i甲ru	ku	su	nu	ri
連体形	-u	-uru	-uru	-i甲ru	kuru	suru	nuru	ru
已然形	-e乙	-ure	-ure	-i甲re	kure	sure	nure	re
命令形	-e甲	-i乙(yo乙)	-e乙（yo乙）	-i甲（yo乙）	ko乙	se（yo乙）	ne	re
形式	V4	V2R	V2R	V1R	V3R	V3R	V4R	V4

右のように、カ・ガ・ハ・バ・マ行ではそれぞれイ段とエ段に甲類・乙類の区別があることから、連用形では、四段活用が「置き甲」、上二段活用が「起き乙」というように音が異なり、また、四段活用でも已然形「行け乙」と命令形「行け甲」の違いがあった。

「形式」の欄のVは「母音交代型」、数字は母音が五十音図において交代する段数、Rは「ルレ添加型」（連体形・已然形などの語末にル・レが添えられる）を表す。このように整理すると、古典語における動詞活用の形式は次の五種類ということになる。

V４　（四段・ラ変）

Ｖ4Ｒ（ナ変）　　　　　　［連体形にル、已然形にレが付く］
Ｖ3Ｒ（カ変・サ変）　　　［連体形にル、已然形にレが付く］
Ｖ2Ｒ（上・下二段）　　　［連体形にル、已然形にレが付く］
Ｖ1Ｒ（上一段）　　　　　［連体形にル、已然形にレが付く。さらに、終止形にもルが付く］

すなわち、動詞の活用は母音交代型とルレ添加型とによって成り立っていることになる。ちなみに、語によって後世とは異なる活用をとる語もあり、「生く・帯ぶ・漏る・垂る」などは四段に、「恨む」は上二段に、「隠る・忘る」などは下二段のほか四段にも、「恐る」は上二段のほか四段にも活用した。

†活用タイプの所属語

動詞の活用の種類は七種類あったが、その活用をとる動詞の数には大きな違いがある。最も所属語の多いのが四段活用で、次いで下二段活用、上二段活用の順になる。特に、四段と下二段は自動詞・他動詞の区別とかかわって、対応する場合が多く見られる。

切る（下二段・自動詞。現代語「切れる」）⇔　切る（四段・他動詞）
立つ（四段・自動詞）⇔　立つ（下二段・他動詞。現代語「立てる」）

四段と下二段が多いのは、このような動詞の自他を差異化することと無関係ではない。

これに対して、カ変活用は「来《く》」、サ変活用は「す」だけである。ラ変活用には「あり・をり・はべり・いまそがり」という語があるが、それぞれ次のように変化したものである。

をり　←ゐ（居）＋あり
はべり　←はひ（這）＋あり
いまそがり　←います（坐）＋が＋あり

したがって、もともとラ変活用は「あり」だけであり、ナ変も「死ぬ」「去《い》ぬ」の二語であるというように、変格活用はきわめて少数である。

一方、上一段の所属語は「着る・似る・干《ひ》る・見る・廻《み》る・射る・率《ゐ》る・居《ゐ》る」などの十数語とされている。このうち、「干る」「廻る」「居る」はもともと上二段活用「ふ」「む」「う（ワ行）」であるから、本来の上一段活用はカ・ナ・マ・ヤ・ワ行に限られる。

動詞活用の起源

動詞の活用形をめぐる問題についてはいくつかの説が提出されているが、いまだ明快な解答を得るには至っていない。ただ、細部においては不明な点が残るものの、かなりの程度は推測することができる。そこで、現時点で想定される活用の形成について述べておくことにする。

活用表を見ると、次のように活用形が同じものがある。

（a）未然形・連用形と命令形が同じもの　……　V2R型・V1R型
（b）未然形と命令形が同じもの　……　V3R型

（b）のV3R型では、過去の助動詞「き」に付く場合、カ変「来」は「来《こ》しかた」（「来《き》しかた」は平安時代以降の言い方）のように「こ《乙》」であり、サ変「す」は「せし時」のように「せ」に付く。すなわち、過去の助動詞は連用形接続であることから、カ変の連用形に「こ」が、サ変の連用形に「せ」が古くには存在したことになる。

†命令形の由来

そうすると、（b）も連用形と命令形が同じになり、（a）のタイプと等しいことになる。

V3R型　カ変の活用形「こ」　未然形＝連用形＝命令形
　　　　サ変の活用形「せ」　未然形＝連用形＝命令形
V2R型・V1R型　　　　　　　未然形＝連用形＝命令形

つまり、連用形と命令形はもともと同源であって、連用形に、相手に対して物事を行うように強く働きかける要素を加えたものが命令形となったと見られる。そして、その連用形は未然形でもあった。ちなみに、禁止表現に用いられる「な…そ」の「そ」は相手に物事をし向ける意を強く言い表す語であるが、サ変活用の古い命令形であった可能性もある。

今日《けふ》のみはめぐしもな見そ言《こと》も咎《とが》むな　（万　一七五九　長歌）
〈今日だけはかわいそうに思わないように。交わることも咎めてくれるな〉

そうすると、「そ」はソ乙類であるから、カ変活用「来」とサ変活用「す」の未然形・命令形はともにオ段乙類音となる。

一方、V4型では命令形がエ甲類になっているが、これはV1・V2型などの連用形にも付いた、命令の語気を表す接尾語「よ」が連用形に付いて音変化したものであろう。

［四段型の命令形語尾］　$i_{\text{甲}}+jo_{\text{乙}}\rightarrow i_{\text{甲}}o_{\text{乙}}\rightarrow e_{\text{甲}}$

「$i_{\text{甲}}o_{\text{乙}}$」の母音連続が「$e_{\text{甲}}$」となる例には「ゆきおひ→ゆけひ（靫負）」がある。

ちなみに、一・二段の命令形が「連用形＋$jo_{\text{乙}}$」となっても変母音化しないのは、二段活用系の連用形末尾の母音、イ段乙類音またはエ段乙類音が、母音融合による母音であったからで、そのため乙類音とヨの連続にはさらなる融合は起こらなかったと考えられる。

†未然形と連用形の機能

連用形は「向き」「明け」「暮れ」など、名詞として用いられる一方、文の中途で止める働き（中止法）をもつ独立形でもある。これに対して、未然形は他の活用形と異なって、必ず助動詞・助詞を伴って用いられる非独立形であって、この関係は名詞の活用で述べたところの被覆形と露出形に等しい。未然形が被覆形と同じように、連体修飾する働きを持つ例には、次のようなものがある。

在《あ》ら処《か》〈居所〉……「あら」は動詞「あり」の未然形、「か」は「ありか」「くぬが」「うみが」に同じく〈場所〉の意。

かへらまに……動詞「かへる」(反)の未然形に、接尾語「ま」が付き、それに副詞語尾「に」が付いたもの。「裏返るようすで」から〈かえって、逆に〉の意。「かへらばに」とも。

かへらまに君こそ我《われ》に栲領巾《たくひれ》の白浜波《しらはまなみ》の寄る時もなき　(万　二八二三)

〈かえってあなたこそ、私に(栲領巾の)白浜波のように寄る時がないことよ〉

†連用形の由来

被覆形に$^{*}i_{甲}$(単語として独立化させる接辞として仮想されるもの)が付いて露出形となったと説明したように、上一段を除く連用形の生成は次のように考えられる。

①母音連続が別の母音に転じる場合　(母音交替の項四五ページ参照)

aka　+ $^{*}i_{甲}$ → ake_{Z}　(明く　下二段連用形)　[$a^{*}i_{甲}$ → e_{Z}]

$ko_{Z}mo_{Z}$ 〈ru〉　+ $^{*}i_{甲}$ → $ko_{Z}me_{Z}$　(籠む　下二段連用形)　[$o_{Z}{}^{*}i_{甲}$ → e_{Z}]

oko$_{乙}$〈su〉 ＋*i$_{甲}$→oki$_{乙}$（起く　上二段連用形）［o$_{乙}$＋*i$_{甲}$→i$_{乙}$］

tuku〈su〉 ＋*i$_{甲}$→tuki$_{乙}$（尽く　上二段連用形）［u＋*i$_{甲}$→ki$_{乙}$］

②母音連続で一方の母音が脱落する場合

muka ＋*i$_{甲}$→muki$_{甲}$（向く　四段連用形）

ara ＋*i$_{甲}$→ari（有り　ラ変連用形）

ina ＋*i$_{甲}$→ini（いぬ　ナ変連用形）

ko$_{乙}$ ＋*i$_{甲}$→ki$_{甲}$（来　カ変連用形）

se（または so$_{乙}$） ＋*i$_{甲}$→si（す　サ変連用形）

すなわち、連用形は独立しうる形として形成されたものであるのに対して、②では、被覆形相当が未然形であって、非独立形という性質が未然形になっているのである。

†未然形の由来

ところで、右の①では、非独立形、すなわち未然形の活用語尾（母音）が、下二段ではaやo$_{乙}$、上二段ではo$_{乙}$やuというように混在していて、活用の体系として秩序だっておらず、整合性に欠けている。そのため、二段系では、未然形相当の複数存在した語形に代えて、その働きを連用形に代用させ、未然形を統一させて活用の体系を整備していったと想定される。

	古い未然形相当→新しい未然形	語例
下二段	—Ca → —Ce乙 —Co乙（連用形で代用）	明く・燃ゆ 籠む
上二段	—Co乙 —Cu → —Ci乙 —Co（連用形で代用）	起く・落つ 尽く・過ぐ 恋ふ
カ変	Co乙 …… Co乙	来
サ変	Ce …… Ce （Co乙）	為《す》

このような、連用形を未然形の代用にするのは、後述するように一段系にも見られる。

†終止形の由来

連用形が文の途中で止める用法であるのに対して、終止形は文の最後で止める用法をもつ。両者は、止める機能を有する点で同じであり、その証拠にラ変では連用形と終止形が同形である。また、上一段動詞「見る」が終止形接続の「らむ」「べし」に続く場合、「見《み》良武」（万　三六〇七）、「見《み》倍之」（万　三九五一）となるのも、連用形「み」がそのまま終止形としても機能していたことを物語っている。

　さて、ラ変を除く終止形の末尾がウ段音となるのは、文の最後に用いる活用形として、連用形に代えて、それに*uを付けた語形で言い表すことになったからであろう。

（四段）　—Ci　+*u → —Cu
（上二段）　—$C\ddot{i}_{z}$　+*u → —Cu
（下二段）　—Ce_{z}　+*u → —Cu

四段、二段系ともに、母音連続において先行母音が脱落し、ラ変を除いて一様にウ段音になったと考えられる（上一段については後述）。*uは「つきう（急居）」（日本書紀　崇神紀十年）に見える〈しゃがむ・すわる〉の意を表す動詞「う」に由来を求める説もあるが、そもそもそれ自体が終止形であることから、この説には矛盾がある。その語と同源かと見られるワ行系の間投助詞「わ」「ゑ」「を」につながる*u（＝wu）に基づくものと思われる。

　宇治河を船渡せをと呼ばへども聞こえずあらし楫《かぢ》の音もせず　（万　一一三八）

〈宇治川で船を渡せと頻りに呼ぶのだが、聞こえないらしい。楫の音もしない〉

これらの「わ」「ゑ」「を」はいずれも、話し手が自らの発言内容を確認し、文全体をまとめる働きをしている。同じく間投助詞のヨが話し手の発言内容を聞き手に対してもちかける働きを有し、命令形に用いられるのに対して、「わ」「を」などは話し手自身の言い切りの態度を表す働きをすると認められ、これらにつながる付属的要素*uが、文全体をまとめる働きをする終止形の形成に関与したものと考えられる。

一方、「あり」については、最も基礎的な語であって、その慣用が久しいことから、新しい規則的変化に従わずに、連用形が終止形として兼用されたままであった。

ただ、このような終止形は、「生《お》ふ楉《しもと》」「射ゆ鹿《しし》」のように連体修飾する用法も有している。

生ふ楉《しもと》この本山の真柴にも告《の》らぬ妹が名象《かた》に出でむかも　（万　三四八八）

〈伸びる楉《しもと》よ、この本山の真柴のようにしばしばも口にしない妻の名が占いの形に出てしまうだろうかなあ〉

射ゆ獣《しし》をつなぐ川上《かはへ》の若草の若くありきと我《あ》が思はなくに　（日本書紀　斉明紀四年）

〈射られた獣の跡をつけて行く川の辺の若草のように、若くあったと私は思わないことよ〉

これは連用形に「住み処《か》」「告《の》り言《こと》」「解《と》き衣《きぬ》」のような連体修飾する用法があるように、終止形にも体言的な用法があって、連体修飾の用法も見られるのであろう。つまり、終止形は古くは連体形の働きをも兼ねていたと考えられる。

†連体形の由来

四段活用では、連体形は終止形と同じ形であり、同源であったが、文末用法の終止形は一律

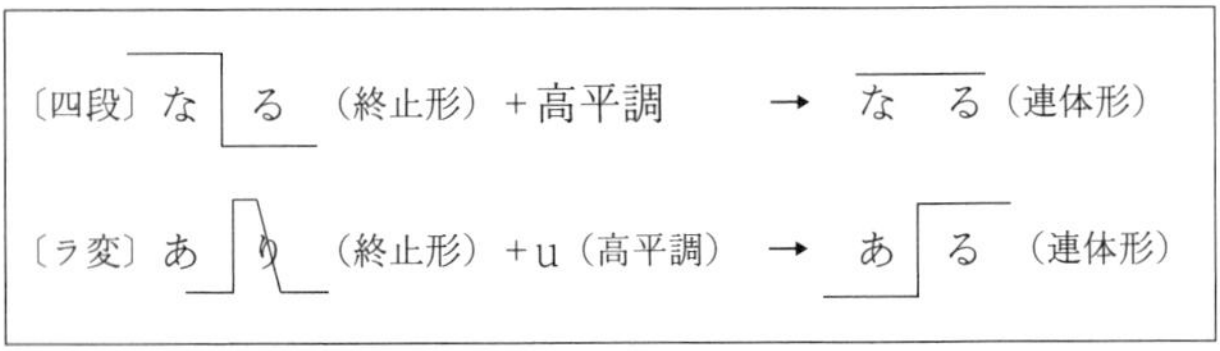

に語尾を低くしたのに対して、連体修飾用法の連体形はすべて語尾のアクセントを高くすることで、用法を分化させたものと見られる。

これに対して、ラ変はそのようなアクセントの分化とともに、連体形には四段の連体形語尾のu（高平調）に類推された「ari＋u（高調）→aru（低高）」となったのであろう。

†連体形と已然形の類似点

連体形と已然形については形態の上でよく似た傾向が見える。すべての活用語尾が、連体形ではウ段音、已然形ではエ段音で終わっているという点である。特に、四段・ラ変を除くと、その活用語尾は連体形では終止形に「る」が、已然形では終止形に「れ」が付いている。おそらく由来もそれに近いものであったと見られ、終止形を母胎として形成されたと考えられる。文を終える働きをする終止形に「る」「れ」が付くのは不自然だと思う向きもあろうが、ある種の助動詞が終止形接続であること、たとえば、「らし」「らむ」「べし」、および伝聞推量の「なり」（および、平安時代に出現する「めり」）はラ変以外では終止形に接続していることは注意される。これらは、一旦叙述を終えた後に、それに対する話し手の判断を添えるという言い方である。

「生ふ楉《しもと》」「射ゆ鹿《しし》」のように、上二段動詞「生ふ」、下二段動詞「射ゆ」は終止形が連体修飾の用法として用いられたものであるが、ラ変「あり」において、終止形との異化作用によって連体形「ある」が用いられるようになったため、その類推から、四段以外の、二段系およびカ変・サ変の連体形に、終止形と異なる語形を生じさせたのであろう。それが、終止形に、動詞「あり」の連体形から類推された接辞「る」を付けた語形となったと考えられる。

二段系　—Cu　+ru　→　—Curu
カ変・サ変　Cu　+ru　→　Curu

一方、ナ変は母音交代型という点で、四段と深い関係にある。しかし、四段活用が所属語数を最も多く有するにもかかわらず、ナ行で活用する語がない。否定の助動詞「ぬ」（終止形「ず」）はもとナ行四段活用であったと認められるが、次第にナ行では四段が衰退したために、二段系にも活用されていた連体形・已然形を使うようになったものかと思われる。

†已然形の用法

古典語の已然形は、接続助詞「ば」「ど」「ども」に付いて条件句を構成するか、係助詞《かかりじょし》「こそ」の結びで用いられるかいずれかの用法しかない。これに対して、この時代には、次のように、動詞の已然形が「ば」などを伴わずに用いられる用法があった。

大舟を荒海《あるみ》に漕ぎ出で八舟たけ（多気）我が見し子らがまみは著《しる》しも　（万　一二六六）

〈大舟を荒海に漕ぎ出し漕ぎに漕いだのだが、後に残してきた愛するあの子の目もとがはっきりと思い出される〉

「八舟」は多くの舟、「たけ」は〈舟を操る〉〈漕ぐ〉の意を表す動詞「たく」の已然形で、文脈上、〈漕ぎに漕いだが、可愛いあの子の目もとが忘れられない〉というように、「ど」「ども」を補って逆接の確定条件に解釈できる。しかし、順接確定条件として次に続くと解釈される用法も見え（一〇一ページ参照）、順接や逆接は文脈上のつながりによるものであって、いずれも已然形本来の用法とは言えない。むしろ、ここでは「漕ぎに漕いだのだ！」というように、一旦強く言い切った表現であると見るべきで、語気を強めるという働きが本来のものであると認められる。

已然形で止める用法がこうだと強く言い切るという働きをするものであったため、係助詞「こそ」の、「これ」「それ」と強く指示する意味と呼応して、その結びになったと考えられる。

†已然形の由来

動詞已然形には強い語気があり、その、強く言い切る働きは連用形の一種と見ることもできる。したがって、四段およびラ変の已然形は連用形の起源と同じ経路をたどりつつも、母音連続で別の母音に転じて生じたものと見られる。

muka（未然形）＋ $^{*}i_{甲}$ → muke$_{乙}$（向く　四段已然形）
ara（未然形）＋ $^{*}i_{甲}$ → are（あり　ラ変已然形）

つまり、命令形が他者めあてに強く言い切る語法であるのに対して、已然形は話し手自身めあての強い言い切りであると考えられる。

他方、二段系およびカ変・サ変・ナ変の已然形は、連体形でも述べたように、終止形に、動詞「あり」の已然形から類推された接辞「れ」を付けて成立したものであろう。

二段系・ナ変　—Cu ＋ re → —Cure
カ変・サ変　Cu ＋ re → Cure

†上一段活用の由来

上一段については、前述したように、もとはカ（着る）・ナ（似る）・マ（見る）・ヤ（射る）・ワ（率る）の各行に限られる活用であって、次のような特徴がある。

(1)この活用にはイ段音、特にカ行とマ行においてイ段甲類音が現れる。
(2)未然形・連用形が一音節で、語幹がない。

ここでは「見る」を例にして説明することにする。「見る」は目で行われる行為であるから、その「見《み》」は「目《め》」と同源であると考えられる。「め」は露出形で、被覆形は「まつげ（目《ま》つ毛＝睫）」「まへ（目辺《まへ》＝前）」の「ま」である。「…と見る」は〈…と推量する〉という意ともなるから、「見る」のミは助動詞「む」と同源でもある。そこで、助動詞「む」の活用を見ると、終止形・連体形「む」、已然形「め」であって、活用は明らかに四段型である。

	語幹	未然形	連用形	終止形	連体形	已然形	命令形
む	○	（ま）	（み甲）	む	む	め乙	（め甲）

［括弧内は想定される古活用］

〈見る〉意の古い動詞「む」は、もともとは無語幹の四段活用であり、その連用形が「み甲」であり、これに基づいて再活用させた結果、上一段活用となったものと見てよかろう。

［上一段活用］（Cは子音のこと）

	語幹	未然形	連用形	終止形	連体形	已然形	命令形
Cu	○	Ci甲	Ci甲	Ci甲 ↓ Ci甲ru	Ci甲ru	Ci甲re	Ci甲

連用形が終止形をも兼ねるのはラ変「あり」も同様で、助動詞「べし」に接続する場合に「みべし」となった例があって、連用形「み甲」は古く終止形にも用いられていた。

ひぐらしの鳴きぬる時は女郎花《をみなへし》咲きたる野辺を行きつつ見べし（見倍之）　（万　三九五一）

〈ヒグラシが鳴いた時は、オミナエシの咲いている野辺を歩きながら花を見るのがよい〉

連体形、已然形でそれぞれ「る」「れ」を添えるのも、また、連用形「み甲」を未然形に用いるのも二段型の活用に倣って、活用を整備させたものである。さらに、終止形に「る」を添えるのは四段において終止形と連体形が同形であることからの類推で、連体形を代用させたものであろう。このように、上一段は他の活用の種類よりも遅れて、二段型などからの類推によって成立した変則的な活用なのである。

†形容詞の活用

現代語で、ク活用は「―い」、シク活用は「―しい」となる、ク活用には「高い」「熱い」「深い」「白い」など、主として事物の属性を表す語が属するのに対して、シク活用には「楽しい」「嬉しい」「美しい」「珍しい」など、主として人間の感情・感覚を表す語が属する。このように、ク活用は属性形容詞、シク活用は情意性形容詞であるという傾向が認められ、シク活用における語幹末尾に添加された「し」は、そのような情意性を示す要素であると捉えられる。

このようなシク活用の場合、学校文法では、たとえば「かなし」を例にとると、「かな」を語幹とするが、それは「かなし」を語幹とすると終止形の活用語尾がなくなるためで、その語幹の設定は便宜的なものにすぎない。シク活用は「かなし妹《いも》」「うれし涙」などともある例から、シを含む「かなし」を語幹としなければならず、語幹が終止形を兼ねると捉えるのが正しい。すなわち、終止形活用語尾「し」が同音であったために、重複を避けてシク活用では語幹がそのまま終止形になったと言ってもよい。

補助活用のカリ活用は、連用形にラ変動詞アリが下接したものが「―ku-ari→-kari」というように変化して成立したもので、これによって多様な助詞・助動詞に付くことができるようになった（この補助活用は次の活用表には省いた）。

語幹	未然形	連用形	終止形	連体形	已然形	命令形
なが かなし	け甲	く	し*	き甲	け甲・け甲れ	φ

（*語幹がシで終わる場合は、語幹が終止形を兼ねる）

「無《な》けむ」「恋しけむ」のように助動詞「む」は未然形に接続し、また、「遠けども」のように助詞「ども」は已然形に接続することから、未然形および已然形活用語尾はともに「け甲」であった。したがって、「ば」が付く場合、〈〜たら〉〈〜ので〉のように、仮定条件とも確定条件ともいずれにも解釈される。

恋しけば（古非思家婆）来《き》ませ我が背子垣内柳末《かきつやぎうれ》摘み枯《か》らし我《われ》立ち待たむ　（万　三四五五）

〈恋しかったら、おいでなさい、あなた。垣内の柳の前を摘み枯らして私は待っていましょう〉

道の遠けば（等保家婆）間使《まつかひ》もやるよしもなみ　（万　三九六九　長歌）

〈（たまほこの）道が遠いので、使いの者を遣る方法もないから〉

このように、形容詞の活用は動詞に比べると、まだ十分に整備されていなかったこともあり、係助詞「こそ」が連体形（もしくは「終止形＋も」）で結ばれることもあった。

難波人葦火《あしひ》焚く屋《や》の煤《す》してあれど己《おの》が妻こそ常《とこ》めづらしき（許増常目頬次吉）　（万　二六五一）

〈難波人が葦火を焚く家のように煤《すす》けているが、自分の妻はいつもかわいい〉

†形容詞活用の由来

①連用形の由来

形容詞はもともと副詞として用いられる連用形が原形であった。連用形活用語尾「く」は、「しばらく（古形は「しまらく」）」（暫く）、「さきく」（幸く）、「ことごとく」（悉く）、「いくばく」（幾）などと同じ副詞性語尾で、連用形はもともと副詞であった（このように副詞であったことから、連用形とはいえ、動詞とは違って、そのままでは助動詞に接続しない）。

［連用形］　語幹　＋　く　＝　副詞（形容詞連用形）

その副詞が述語のような働きをもつようになって、中止法の用法を持つようになった。

事《こと》も無《な》く喪《も》も無くあらむを（万　八九七　長歌）

〈何事もなく死の悲しみもなくありたいものを〉

もとは「事も無くあらむ」のように下に動詞を伴うべき表現であったが、連用形がそのまま述語化したものである。

②連体形の由来

連体形は「強きをくじく」「易きに流れる」などのように、そもそも体言となりうるものである。それが「遠《とほ》の朝廷《みかど》」（万　七九四）、「遠つ人」（万　八七一）のような体言的性質をもつ「とほ」のような形状言（情態言）との差異化によって、連用形を体言化する接辞$^{*}i_{\text{甲}}$（被覆形に付いて露出形にする接辞）が付いて連体形活用語尾「〜き」となったのであろう。

［連体形］　—ku（連用形）＋$^{*}i_{\text{甲}}$　→　—$ki_{\text{甲}}$

③終止形の由来

ク活用形容詞の語幹は、「し」を伴って用いられることがある。「あら-を」（万　三八六〇）に対する「あらし-を」、「いか-しほ」「いか-づち」（雷）などに対する「いかし-ほこ」（厳矛）

「いかし-ひ」(重日)、「うま-さけ」(味酒)などに対する「うまし-くに」(美国)などである。

かくしてや荒《あら》し男《を》(安良志乎)すらに嘆き伏《ふ》せらむ　(万　三九六二　長歌)

〈このようにして勇ましい男の私までも嘆き伏しているのだろうか〉

「し」を伴う表現は、話し手が対象に対して、そうだと強く判定する気持ちを表すものであろう。これは、副助詞・係助詞・間投助詞などとも呼ばれる「し」の用法とも関係する。

あをによし(安乎爾与之)奈良の大路《おほち》は　(万　三七二八)

このような「あらし男」「いかし矛」「うまし国」などが、倒置表現によって「男あらし」「矛いかし」「国うまし」のような主述関係として捉え直されたのが終止形「〜し」であろう。『おもろさうし』にはク活用の終止形活用語尾「し」が用いられていないように、この「し」は比較的新しく出現したものと見られる。

④未然形・已然形の由来

未然形・已然形活用語尾「け甲」の由来は、連体形に未然形化する(被覆形相当にする)*aが付いたものであろう。

[未然形・已然形]　—ki甲　+　*a　→　—ke甲

その一方で、已然形活用語尾に「けれ」も存在している。

旅に去《い》にし君しも継《つ》ぎて夢《いめ》に見ゆ我《あ》が片恋の繁《しげ》ければかも　(万　三九二九)

〈旅に出た君が続けて夢に見えます。私の片思いが絶えないからでしょうか〉

これは、已然形を未然形と区別するために、ラ変動詞の已然形「あれ」に類推されて、「け甲」に「れ」が添えられて、八世紀前半に改めて成立したものである。

[新しい已然形]　—ke甲　+　re　→　—ke甲re

†ク語法

「く」は活用語を体言化するもので、「こと」の意味を表す。

あかねさす日は照らせれどぬばたまの夜《よ》渡る月の隠《かく》らく（隠良久）惜しも　（万　一六九）

〈あかね色を帯びて太陽は今日も輝いているが、その太陽のような皇子が（ぬばたまの）暗い夜空を渡る月のように、お隠れになったことが惜しいことよ〉

我妹子《わぎもこ》に恋ふるに我《あれ》はたまきはる短き命《いのち》も惜《を》しけく（乎之家久）もなし　（万　三七四四）

〈あなたを恋い慕って私は（たまきはる）短い命も惜しいことなどありません〉

「隠《かく》らく」「惜《を》しけく」は〈隠れること〉〈惜しいこと〉の意で、原則的には、連体形に体言化の接辞*aku が付いて成立したものである。

kakuru　+　aku　→　kakuraku　（ua の母音連続における u の脱落）

wosiki甲　+　aku　→　wosike甲ku　（母音連続 i甲a の転）

ただし、過去の助動詞「き」の場合だけ、例外的に連体形「し」に*kɯが付いて「言ひしく」となる。奈良時代までは、連体形の体言的用法（準体法）はあまり見られず、ク語法がかなり自由に用いられた。その後、ク語法は衰退し、「言《い》わく」「願わく」「恐らく」（「恐るらく」の転）などに用いられるだけとなった。このほか、「老いらく」（「老ゆらく」の転）、「思わく」（「思惑」とも書かれる）のように名詞として用いられているものもある。

†ミ語法

形容詞の語幹に接尾語「み甲」が付き、原因・理由を表す表現をミ語法という。

わづきも知らず村肝《むらきも》の心を痛み（痛見）ぬえこ鳥《どり》うらなけ居《を》れば　（万　五　長歌）

〈何ということもなく心が痛いので、（ぬえこ鳥）ひそかに泣いていると〉

多く「〜を…み」という形で、〈〜が…ので〉の意で用いられる。この由来については、たとえば「ねたし〈嫉〉」「めぐし〈恵〉」が、形容詞の動詞形「ねたむ」「めぐむ」となる場合、その四段活用動詞の連用形語尾が「み甲」であり、他動詞となるように、形容詞語幹に「み」がつくと、その目的格相当に「を」をとると考えることができる。また、このミ語法には、連用形の中止法と関係が深いものも見られる。

天離《あまざか》る鄙《ひな》にしあれば山高《たか》み（高美）川とほしろし　（万　四〇一一　長歌）

〈（天離る）田舎であるので、山が高く川は雄大である〉

この「高み」は動詞連用形の中止法に相当すると考えられる。さらに、下に「思ふ」「す」を伴って、その具体的な内容を表す場合もある。

我妹子《わぎもこ》を相知《あひ》らしめし人をこそ恋のまされば恨《うら》めしみ（恨三）思《おも》へ　（万　四九四）

〈あの子を私に知らせた人をこそ、このように恋するつらさが募ると恨めしく思うことよ〉

「（その人を）うらめしく」思うということは「その人がうらめしい」と思うことでもある。このほか、接尾語「み」を「と」で受けることもあり、その場合〈～と思って〉の意となる。

玉梓《たまづさ》の使《つかひ》の来《け》ればうれしみと（宇礼之美登）我《あ》が待ち問ふに　（万　三九五七）

〈（玉梓の）使者が来たので、うれしいことにと（思って）私は待ち受けて尋ねてみると〉

このような接尾語「み」が連用的に用いられた場合、たとえば、前掲の五番歌「心を痛み」を例にすると、「心を痛くして」→「心が痛くて」→「心が痛いので」というように、連用修飾節を原因理由を表す条件句のように解釈することもできる。こうして、平安時代以降は和歌に定型的に「～（を）…み」というミ語法が残存することになる。

†態の助動詞

「る・らる」は平安時代以降一般化した語で、奈良時代以前では「**ゆ・らゆ**」が用いられた。

この「ゆ」は「きこゆ」「おもほゆ」という動詞性接尾辞と同源で、本来は自発の意を表し、その〈自然にそうなる〉の意から、〈そのことが生じる〉→〈そのことができる〉という可能の意ともなった。また、他者の行為が、動作の受け手において自然に実現するという意から、受身の意にも用いられた（ちなみに、「る」は「生れる」の意の下二段動詞「ある」に由来するものと見られる）。この「ゆ」は「こゆ」（⇔越す）、「たゆ」（⇔絶つ）の自動詞を明示する接尾辞「ゆ」が助動詞として用いられたもので、「見る」に対する「みゆ」、「煮る」に対する「にゆ」、また「射る」に対する「いゆ」などの「ゆ」とも同源である。

使役では「**しむ**」が用いられるだけで、下二段活用の「す・さす」の使用は平安時代以降である（この「す」の由来は、「あふ」に対する他動詞下二段活用「あはす」などの動詞性接尾辞が下二段活用の「す」として遊離したものと見られる）。「しむ」については、

恋しくはけ長きものを今だにもともしむ（乏之牟）べしや逢ふべき夜《よ》だに　（万　二〇一七）

令吾恥辱安礼万志弖波豆加志牟流止以比弖　（日本紀私記乙本）

「ともしむ」〈不十分にさせる〉、「恥《はづ》かしむ」のほか、「いましむ」（戒）、「くるしむ」（苦）、「おとしむ」（貶）などの他動詞の下二段活用の第二尾音節以下の「しむ」を使役性の動詞接尾辞として分離させて用いたものと見られる。形容詞を動詞化するム語尾動詞を他動詞として用いる形式である一方、「し」が他動詞語尾「す」と、「む」が意志を表す助動詞「む」と連続する

という意識も関係したものかと思われる。未然形に接続するのは、それが情態性の意味を持つ被覆形的な活用形を必要としたからであろう。

†推量の助動詞

①らし・らむ

根拠のある推量を表す「**らし**」は、ラ変「あり」の形容詞形「あらし」(形容詞の項で示したaシ型によるもの)に、現在推量を表す「**らむ**」はラ変「あり」に推量の「む」がついた「あらむ」に由来するもので、それぞれ語頭の「あ」が脱落したものである。

ari＋si(形容詞化) → arasi → rasi〔形容詞型活用〕
ari＋mu → aramu → ramu〔四段型活用〕

このような、終止形に接続する「あり」は、存在の意ではなく、事態を判断する意を表すもので(以下の終止形接続の「なり」「めり」「べし」も同様である)、ある事柄を可能な様態として客観的に判断したのが「らし」であり、ある事柄事態が存在する可能性を客観的に話し手の立場から見て可能性の高いものとして推量したものが「らむ」である。ただし、「らし」は奈良時代にすでに勢力を失いつつあった。

②む・まし

推量・意志の「**む**」は、上一段活用の由来で述べたように、「見る」の古形である、無語幹の四段活用動詞「む」に由来する。視覚を働かせて物事を認知するという意から、非現実の事柄を推量する意となったものである。その際、未然形に接続するということは、まだ実現していない、今後生起する可能性のある事態を状態的に表すものであることから、まだ現実には行われていない行為を予想する意から転じて、意志・希望などの意でも用いられたものである。

この未然形接続の「む」の形容詞（aシ型）が、反実仮想の「**まし**」である。本来は、現在の状況とは異なる、仮定のもとでの推量判断を表すが、事実に反する事柄をあえて仮定し、その状況のもとで、別の事態が成り立つと推量するところから、反実仮想の意にも用いられるのである。この「まし」は連体形も終止形と同形の「まし」である。

思ふにし死にするものにあらませば千度《ちたび》ぞ我は死に反《かへ》らまし（死変益）　（万　六〇三）

〈（恋の）もの思いに死ぬものだったら、繰り返し千度もわたしは死んでいるだろう〉

また、過去の意を表す「き」の古い未然形「け」（サ変の未然形「せ」と同類のもの）に推量の「む」が付いたものが過去推量の「**けむ**」である。

—ke甲+mu → —ke甲mu〈四段型活用〉

③なり（終止形接続）

終止形接続の「**なり**」は伝聞推量の意と言われているが、本来は〈…の音が聞こえる〉〈…

の音から〜と判断される〉というような聴覚による判断を表すものである。

大和には鳴きてか来《く》らむ呼子《よぶこ》鳥《どり》象《きさ》の中山呼びぞ越ゆなる（呼曽越奈流）　（万　七〇）

〈大和ではもう鳴いてきたのだろうか、呼子鳥が象の中山を鳴いて越えていく音が聞こえる〉

「音《ね》」、もしくは「鳴る」の語幹「な」にラ変「あり」が付いて成立したものである。

ne（na）　＋　ari → nari［ラ変型活用］

④めり

「**めり**」は奈良時代の東国方言にその存在がうかがわれるが、平安時代になって盛んに用いられた。これも様態推量と言われているが、〈…というのが見える〉〈…と見えるから〜と判断される〉というような視覚による判断・推量を表すものである。「見る」の連用形「み甲」にラ変「あり」が付いて成立したものである

mi甲　＋　ari → me甲ri［ラ変型活用］

⑤べし

適当、確信を持った推量、可能などの意を表す「**べし**」は、副詞「うべ」（宜）を形容詞化した「うべ＝し」に由来し、語頭のuが脱落したものである。

うべ乙し → べ乙し（宜）［形容詞型活用］

†過去・完了・継続の助動詞

過去の助動詞「**き**」の終止形「き」はカ変動詞「来《く》」の連用形と同源で、過去の時制を表す。他方、「**けり**」は過去の事実を今の時点で発見したり把握したりする意が基本義で、カ変動詞連用形に由来する「き」にラ変「あり」が付いて「ki$_{\text{甲}}$-ari→ke$_{\text{甲}}$ri」となったものである。

完了の「**ぬ**」は主として自動詞に付き、変化した結果、新しい状態が発生した意を表し、「**つ**」は主として他動詞に付き、動作・作用が完了した意を表した。この両者の特徴を「なりゆきの〈ぬ〉」「打ち捨ての〈つ〉」と呼ぶことがある。「ぬ」はナ変動詞「いぬ」、「つ」は下二段動詞「うつ」(棄)に由来する(いずれも語頭のi、uが脱落した)。

この「つ」の連用形が形式化して接続助詞「て」となったが、この「て」にラ変「あり」が付いたのが「**たり**」である(te-ari→tari)。「たり」は動詞全般に付いて動作・状態の存続、動作・作用の完了の意を表した。他方、完了・存続の「**り**」は四段およびサ変の動詞連用形にだけ接するもので、これは連用形末尾母音iに「あり」が付いて変化したものである。

—i$_{\text{甲}}$ ＋ ari → —e$_{\text{甲}}$ri

したがって、そのエ段音は甲類相当であって、命令形活用語尾に相当する。その語形は、「行く」「す」を例にすると、「行きあり」「しあり」から変化して「行けり」「せり」となった。

この語形から末尾の音節を取り出して助動詞と認定したのが、助動詞「り」である。

動作の継続の意を表す助動詞に四段活用の「**ふ**」(未然形接続)があった。「むかふ」(向)、「かたらふ」(語)、「よばふ」(呼)などにその名残りが見られるものである。

†断定・否定の助動詞

断定の助動詞「**なり**」は格助詞「に」に「あり」が付いたもので(ni-ari→nari)、奈良時代までは名詞に付くだけであった(用言の連体形に接続するようになるのは平安時代以降である)。

「**ず**」は連体形「ぬ」、已然形「ね」であるから、もとナ行四段に活用するものであった。

語	語幹	未然形	連用形	終止形	連体形	已然形	命令形
ず	○	(な)	に ず	(ぬ) ず	ぬ	ね	(ぬ)

『万葉集』に見える「知らに」〈知らないので〉という言い方は、その連用形「に」に基づく。この「に」にサ変「す」が付いて生じたのが終止形「ず」である(ni-su→nzu→zu)。

ただ、この「ず」は連用形にも用いられて、「ずて」というように接続助詞「て」に続くほか、他の助動詞と「ずき」「ずけむ」のように接続した(平安時代には「ざりき」「ざりけむ」となった）。この「ず」だけが活用の行がザ行で、しかもそれしかない（補助活用のザリ活用は連用形「ず」に「あり」が付いたものに由来し、「zu-ari→zari」となったラ変型である）。

もともとのナ行四段活用「ぬ」の未然形に継続の「ふ」が付いたのが、奈良時代の東国方言に見える助動詞「なふ」である。これは今日の否定の助動詞「ない」の源流をなす。ちなみに、この四段「ぬ」の形容詞形が「無し」（aシ型。ただしク活用）である。

否定推量の「**じ**」は古い連用形「に」に、形容詞接辞「し」が付いて「nisi→nzi→zi」（特殊型）となったものである。不適当や否定的な意志・推量などの意を表す「**まじ**」（平安時代に「し」が脱落して「まじ」となる）は、末尾「じ」については否定推量の「じ」と同源であると見られる。一方、「まし」の部分は、終止形接続の「見《み》（ゆ）」の形容詞形かと見られる。その未然形「ませ」に「じ」が付いたものが音変化したものか（*ませじ→ましじ）と想定される。

†尊敬の助動詞

動詞の未然形に付き、尊敬の意を表す助動詞「**す**」は上代特有の語で、古代後期以降に用いられる使役・尊敬の意を表す下二段活用の助動詞「す」（さす）とは区別される。

神《かむ》ながら神《かむ》さびせすと（神佐備世須等）　（万　四五　長歌）
〈神であるままに神らしくお振る舞いになって〉

これは四段活用・サ変活用の動詞の未然形に接続するのであるが、「思ふ」「聞く」「知る」などの動詞につく場合、「思ほす」「聞こす」「知ろす」というように、本来の「おもはす」「きかす」「しらす」ではなく、動詞活用語尾がオ段音となった語形「しろす」(知)、「おぼほす」(後に「おぼす」)、「きこす」(聞)が用いられた。また、四段活用・サ変活用以外の動詞「着る」「見る」「寝《ぬ》」などに付く場合には、音変化して「見《め》す(召す)」「着《け》す」「なす」などという語形となり、助動詞「す」が接続したというように分析できないことから、それぞれ一語の敬語動詞として扱われる(「めす」のメ、「けす」のケはいずれもエ段甲類音)。

†格助詞

格助詞の中で「**に**」は奈良時代以前にすでに確立されていた。「**と**」は「とにもかくにも」などの副詞「と」に由来する語で、対象や引用を表す意で用いられた。

起点・通過点・比較の基準などの意を表す助詞には「**より**」のほか、「**ゆ**」「**ゆり**」「**よ**」などもあった(「ゆり」はもっとも用例が少なく、起点の意しか見られない)。

黄葉《もみちば》の散らふ山辺《やまへ》ゆ―(由)漕ぐ船のにほひに愛《め》でて出《い》でて来《き》にけり　(万　三七〇四)

〈もみじが散り続ける山のほとりを通って漕ぐ船の美しさを称《たた》えて、やってきたことだ〉

雲に飛ぶ薬食《くすりは》むよは―(波牟用波)都見《みやこみ》ば賤《いや》しき我《あ》が身《み》またをちぬべし　(万　八四八)

〈雲に乗って飛ぶという仙薬を飲むよりは、都を見たら、つまらない我が身でもまた若返るに違いない〉

「して」はサ変動詞「す」の連用形に接続助詞「て」がついたものである。連語として〈…において〉の意を表すと同時に、格助詞として、手段・方法、動作の共同者を表す意〈…で〉にも用いられた。

又窃《ひそ》かに六千の兵を発《おこ》しととのひ、又七人のみして（之天）闕《みかど》に入れむとも謀《はか》りけり　（続日本紀　天平宝字八年十月九日宣命）

〈又、ひそかに六千の兵を発し調《ととの》え、また七人だけで闕に入れようとも謀ったのである〉

二人して（為而）結びし紐を一人して（為而）吾は解きみじ直《ただ》に逢ふまでは　（万　二九一九）

〈二人で結んだ紐を一人だけで私は解いてみたりはしまい、直接に逢うまでは〉

「を」はもと感動詞「を」に由来するもので、それが間投助詞を経て格助詞化したものである。対象をそれと確認する意があり、奈良時代には対象（目的語）を表したり、経由地点を表したりする働きを有した。

「へ」は名詞「辺」に由来する語で、遠くへ移動する場合の到着点を表した。

我が背子《せこ》を大和へ（倭辺）遣るとさ夜ふけて暁《あかとき》露に我《わ》が立ち濡れし　（万　一〇五）

〈あの人を大和に帰そうとして、夜も更けて暁の露に私は立ち濡れたことだ〉

しかし、上代ではまだ「…のあたり」という名詞的な意味が強く残っていて、移動の意を表す動詞とともに用いられた。この語が完全に助詞化するのは古代後期である。

「**から**」は名詞「から(柄)」に由来する語で、〈…のままに〉〈…に沿って〉の意で用いられたが、上代ではまだ名詞の域を出ていない。「に」が添えられた「からに」は〈…それだけの理由で〉という、軽い原因から重い結果が生じる意の接続助詞として用いられた。

道に逢《あ》ひて笑《ゑ》ましし からに(柄爾)降る雪の消《け》なば消《け》ぬがに恋《こ》ふと言ふ我妹《わぎも》　(万　六二四)

〈道でちょっと笑ったばっかりに、降る雪のように消えてしまいそうに私を恋しく思っているというかわいいあなたよ〉

連体助詞には「**の**」のほか、「**が**」「**な**」「**つ**」があった。「な」は、母音調和で陰性(女性)母音の「の乙」に対する陽性(男性)母音によるもので、今日でも「水《み》な門《と》」(港)、「手《た》な心《ごころ》」(掌)、「目《ま》な子《こ》」(眼)などの語の一部に残っている。また、「くだもの」「けだもの」も「木だ物」「毛だ物」の意で、「**だ**」は古い連体助詞で、「な」の子音交代形と見ることもできる。「が」はこの「な」から転じたものかとも考えられ、後には主格助詞・接続助詞となった。「つ」は「時つ波」(その時節に適う波)、「目つ毛」(睫)など語の一部に残っているが、奈良時代にはほとんどが場所を表す語に付くというように古語化していた。

†接続助詞

単純接続の「**て**」は助動詞「つ」の連用形に由来するものである。これにサ変「す」の連用形が付いた「して」は「くして（形容詞連用形接続）」「にして」「として」「ずして」などの形で、連用修飾用法の接続機能を確認する意を表した。そして、「ずして」は「ずて」、「にして」は「にて」の形でも用いられた。

「**ば**」は、未然形接続では、推量の助動詞「む」に係助詞「は」が付いて成立した。

mu＋pa→mba→ba

この場合は、「…としよう、それなら」というように順接の仮定条件を表した。

一方、已然形接続では、順接の確定条件を明示するために「は」を用いたことに由来する。

香具山は畝傍《うねび》ををしと耳成《みみなし》と相争《あひあら》ひき神代《かむよ》よりかくにあるらし古《いにしへ》も然《しか》にあれこそ（有許曽）うつせみも妻《つま》を争ふらしき（万　一三）

〈香具山は畝傍山を愛しいとして、耳成山と相争った。神代からこんなものなのだろう。昔もそうだったからこそ、今の世の人も妻を取りあい争うのだろう〉

右は、已然形止めの強い言い切りの用法に係助詞「こそ」が付いたものであるが、この「こそ」の代わりに係助詞「は」が用いられ、それが濁音化したことに由来すると考えられる（「あれ［已然形］＋は」→「あれば」）。

逆接の仮定条件を表す「**とも**」は格助詞「と」に係助詞「も」が付いたものに由来する

（「と」は平安時代になって生じた）。他方、逆接の確定条件は「ど」「ども」で表された。もともと接続助詞を伴わずに已然形だけで確定条件を表したから、「**ど**」「**ども**」はその已然形の用法をいわば明示するために添えられたものであろう。「ど」は格助詞「と」と同源で、この「ど」に係助詞「も」が付いたのが「ども」であると考えられる。いずれも、副詞「と」の、〈それ〉と強く指し示す語気によって、逆接関係を構成することになった。

同時動作の意では、古くは「**つつ**」が圧倒的であった。助動詞「つ」を重ねた形が語源である。「**がてり**（がてら）」も、ある行動を行うついでに、別の行動を同時に行う意を表した。

ほかに、上代特有の接続助詞には、今にも実現しそうな様子や程度であること（「…するほどに」「…しそうに」の意）を表す「**がに**」、そうであってほしいと望む物事についての理由や目的（「…するように」「…のように」の意）を表す「**がね**」などがあった。

†副助詞

「**だに**」は期待される最低限の物事を示す意〈せめて…だけでも〉、「**すら**」は程度の甚だしい（または、軽い）物事を取り上げて他を類推させる意〈…さえ〉、「**さへ**」は同類の事実を添加する意〈そのうえ…までも〉を表した。

三輪山を然《しか》も隠すか雲だにも心あらなも隠さふべしや　（万　一八）

〈三輪山をそのように隠すのか。せめて雲だけでもやさしい心があってほしい。隠し続けてもいいものだろうか〉

夢《いめ》のみに見てすら（見尚）ここだ恋ふる我《あれ》は現《うつつ》に見てばましていかにあらむ　（万　二五五三）

〈夢にだけに見るのでさえ、こんなに恋しく思う私は、現実であったなら、ましてどんなだろう〉

一昨日《をとつひ》も昨日《きのふ》も今日《けふ》も見《み》つれども明日《あす》さへ（左倍）見まくほしき君《きみ》かも　（万　一〇一四）

〈一昨日も昨日も今日も見たけれど、そのうえ明日までも見たい君であることよ〉

「だに」は名詞「谷《たに》」の、「さへ」は「添《そ》へ」の転であると考えられる。また、範囲を表す「まで」の由来は「ま」（目《ま》）に〈所〉の意の「て」（「土手」「井手」〈井戸のある所〉などの「て」）が付いたものであろう。

「**ばかり**」はもっぱら程度・範囲〈…ぐらい、…ほど〉の意を表し、限定〈…だけ〉の意は「**のみ**」が担っていた。前者は動詞「はかる」（計）の連用形「はかり」に、後者は連体助詞「の」に名詞「み」（身）が付いたものに由来する。

このほか、強調を表す「**し**」「**い**」（「い」は主格を表すとする説もある）などがあった。

我《わ》が背子《せこ》が跡踏《あとふ》み求め追《お》ひ行《ゆ》かば紀伊《き》の関守《せきもり》い（伊）留《とど》めてむかも　（万　五四五）

〈私の夫が通った跡を探し求めて追いかけていったら、紀伊の関守こそは引き留めてしまうだろうか〉

述語が特定の活用形で結ばれるものには、連体形で結ぶ「か」「や」「ぞ」「なも」（古代後期では「なむ」）、已然形で結ぶ「こそ」がある。このうち、連体形での結びとなる係り結びは倒置法に由来する。

降りたる［連体形］雪ぞ／か。→ 雪ぞ／か 降りたる。［連体形］

すなわち、「降った雪だ／か」→「雪だ／か、降ったのは」→「雪が降ったのだ／か」というように表現されていったものと見られる。

「こそ」については、奈良時代以前において、已然形が前述のように強く言い切るという働きをも有していたため、「此其《こそ》」と強く指示する語と呼応する形で成立したものである（「ぞ」も「其《そ》」に由来するもので、もとは清音であった（コ・ソはともにオ段乙類音））。ただし、奈良時代では「こそ」が形容詞で結ばれる場合、連体形または「終止形＋も」という形をとった。

難波人葦火焚く屋の煤《す》してあれど己が妻こそ常《とこ》めづらしき（許増常目頬次吉）（万　二六五一）

〈現代語訳は八五ページ参照〉

栲衾白山風《たくぶすましらやまかぜ》の寝《ね》なへども児《こ》ろがおそきのあろこそ良《え》しも（要志母）（万　三五〇九）

〈栲衾《たくぶすま》〉白山から吹く風の寒さで眠れないが、あの娘のおそき（上着の一種「おすひ」のことか）がある

〈のはうれしい〉

このような、統一されていない結びを持つということは形容詞の已然形が不安定であったからである。形容詞已然形が未然形をも兼ねる「―け」から独立して「―けれ」となったことで、特定の活用形を結びとする「係り結び」が完成することになる。

「**は**」「**も**」ともに主題として提示する意を表すが、「は」は排他的である一方、「も」は類例を暗示する働きをし、その基本義は今日まで変わりない。「は」が形容詞連用形、打消しの「ず」に付いて、「くは」「ずは」の形で仮定条件を表す用法は、江戸時代初期まで用いられた。

†終助詞

自己の願望の意を表す「**な**」「**(も)がも**」「**しか**」、相手への希望を表す「**なも**」「**ぬか(も)**」「**ね**」「**がね**」「**こそ**」などがあった。

雪の色を奪《うば》ひて咲ける梅の花今盛りなり見む人もがも（母我聞）　（万　八五〇）

〈雪の色を奪って咲いている梅の花は今満開だ、見る人があればよいのに〉

まそ鏡《かがみ》見しか（見之賀）と思ふ妹《いも》も逢《あ》はぬかも（妹相可聞）玉の緒《を》の絶《た》えたる恋の繁《しげ》きこのころ　（万　二三六六）

〈(まそ鏡) 見たいと思うあの娘《こ》は逢ってくれないものか。(玉の緒の) 途絶えていた恋心が激しいこのころ

であることよ〉

「しか」は「てしか」(「て」は助動詞「つ」連用形)の形で用いられることが多く、助動詞「き」の未然形「しか」が順接の仮定条件法として、たとえば「見たなら(なあ)」→「見たい(なあ)」というように願望の意に転じたものであろう。「もが」は終助詞「も」＋終助詞「か」、「なも」も終助詞「な」＋終助詞「も」であり、「ぬか」は否定の助動詞「ず」の連体形「ぬ」＋終助詞「か」が付いたものと見られる。

禁止は「**な**〔動詞連用形〕**そ**」「**な**〔動詞連用形〕**そね**」「**な**〔動詞連用形〕」「〔動詞終止形〕**な**」という形で表現されていた(禁止の終助詞「な」はラ変型では連体形に接続する)。「そ」はサ変「す」の古い命令形に由来すると見られる。

今日《けふ》のみはめぐしもな見そ言《こと》も咎《とが》むな(目串毛勿見事毛咎莫)　(万　一七五九　長歌)

〈今日だけはかわいそうに思わないでください。交わることも咎めてくれるな〉

感動・詠嘆の意では「**かも**」が用いられた(「かも」は平安時代に「かな」となる)。

†間投助詞

詠嘆や強調指示などの意を表すものに「**を**」「**や**」「**よ**」「**な**」があった。「を」は感動詞「を」(「えいえい、おー」などという場合の古語「をを」〈唯々〉に相当するもの)に由来する。

生ける者遂にも死ぬるものにあれば今ある間は楽しくをあらな（楽平有名）（万 三四九）
〈生きている者はいずれは死ぬと決まっているから、この世にある間は楽しく暮らそうよ〉

一方、「や」「よ」は聞き手に働きかける気持ちを表すこともあり、呼びかけを表す場合にも用いられた。

「**な**」は詠嘆の意を表し、「**がな**」「**かな**」の形でも用いられた。

梅の花それとも見えず降る雪のいちしろけむな（市白兼名）間使《まづかや》遣らば（万 二三四四）
〈梅の花がどれかとも見えないほどに降る雪のように、はっきりと明らかになってしまいますね、使いの者を遣わしたならば〉

また、「**わ**」、東国方言では「**ゑ**」などワ行音系のもののほかに、東国や九州で用いられた「**ろ**」があった。「ろ」は後世「見ろ・上げろ」のような動詞命令形語尾となるものである。

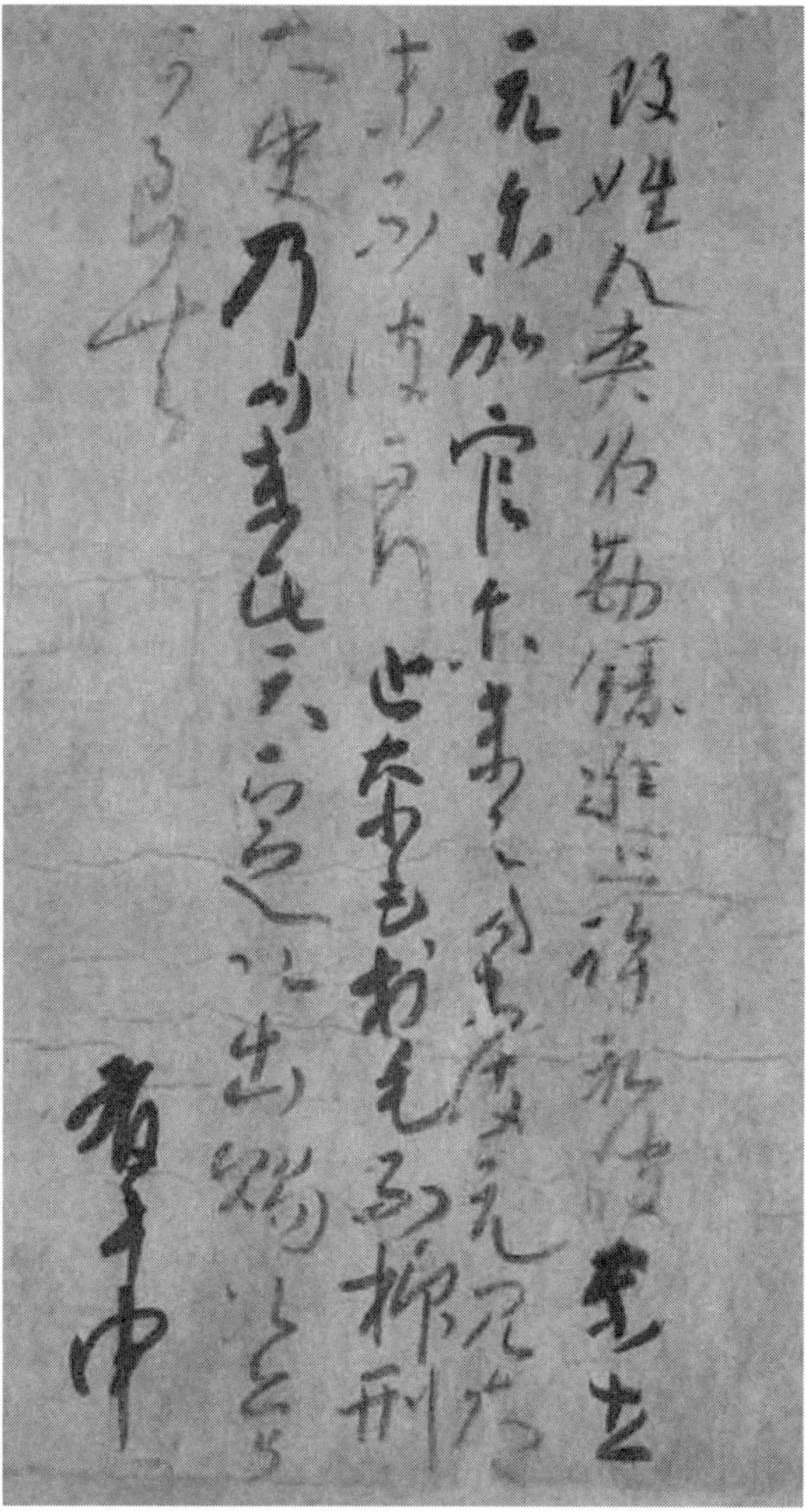

有年申文(東京国立博物館蔵)

1　総説――古代語が完成する

†古代後期とその言語

七九四年、都が長岡京から今の京都市に遷され、平安京と名付けられた。当初は律令制を維持したが、やがて藤原氏による摂関家が確立され、貴族を中心とした国風文化が発達した。この時代の文化は、文学・美術・建築など各方面で、唐風から脱した新たな独自の様相を呈することとなり、後世から理想の時代、あこがれの時代として意識された。しかし、一〇八六年に院政が開始されて政治的に混乱をきたすようになり、摂関政治の崩壊、武士階級の台頭へと突き進むことによって、一つの時代が終焉を迎える。

この時代はさまざまなジャンルの文学作品が生み出された。九世紀は唐風文化に大きく影響を受け、『凌雲集《りょううんしゅう》』『文華秀麗集』『経国集《けいこくしゅう》』などの漢詩文が盛んに作られた。そのため、日本語で書かれた作品がきわめて少なく、国風暗黒時代とも呼ばれている。ただし、日本語の資料として、漢文を訓読したもの、すなわち当時の日本語で読み下したものはかなり残されていて、しかも、その書記の年代が確定する点で貴重である。十世紀は平仮名の成立によって日本語の口語的な文章、たとえば、『伊勢物語』『枕草子』『源氏物語』が陸続と出現するに至る時期である。『古今和歌集』は和歌の模範として、その歌枕・枕詞・掛詞・縁語などの修辞法が後世に引き継がれるとともに、この時代の言語体系はいわゆる古典語の完成期にあたる。八九四年の遣唐使廃止に象徴されるように、唐風文化の消化吸収が一段落した結果、国風文化が一挙に花開いたのである。十一世紀は、古典語が伝統を保ちつつ成熟していった時代で、『更級日記』『栄花物語』などが代表的なものである。

この時期の言語はその後、文語として明治前半に至るまで長く尊重されることになる。文語が成立するとは、話しことば(口語)が古典語とかなり異なるようになったことを物語っている。そのような、古典語からの逸脱が始まるのが院政時代であり、そこに時代の区切りを認めることができる。したがって、それ以前の、いわゆる古典語の完成期を頂点とする時代を古代後期として位置づけることにする。

†漢文と仮名文

公的な、また正式の書きことばは依然として漢文であり、特に男性を中心に、一般社会における所用の文字は漢字であった。ただし、本来は中国語の用法に則って漢文(純漢文)が書かれるべきであるが、正しい漢文が書けるのは中国語の能力が高い人に限られており、ほとんどの日本漢文は文法や語彙において日本語的な要素を含むもの、すなわち和化漢文（変体漢文）である。不用意にことばを誤ってしまったという場合もあるが、その多くは意識的に日本化させて漢字を使用したもので、藤原道長の『御堂《みどう》関白記』を始めとする男性貴族の日記、仏教活動における願文・諷誦文《ふじゅもん》など、実用的な場面で広く用いられた。中には、宣命書きが交えられることもあり、また、片仮名による宣命書きの漢字片仮名交じり文も行われた。

一方、『伊勢物語』『源氏物語』などの和文は、ふつうの話しことばを反映した、自然な日本語表現である。「物語」はもともと「物語る」ものであり、あるストーリーを口頭で聞き手に語るものであった。話すままに書いていたわけで、物語などの和文は話しことばを基盤としたものである。逆に、中世以降、文語を使用して書くということは、話すままに書くのではなく、話しことばとは別に書きことばの体系を有したということを意味する。もちろん、話すままに書くとは言っても、実際の会話そのものではなく、そこには多少の客観的な整理が加えられている可能性もある。しかし、そのような要素は現代の言文一致体でも同じことが言えるから、韻文として形式に拘束される和歌は別として、『源氏物語』『枕草子』などの散文には、当時の話しことばが反映していると見てよい。

†『源氏物語』に古典語を見る

当時の話しことばの一例として、次に『源氏物語』若紫の一部をあげておこう。光源氏が垣間見ているところに幼い紫の上が初めて登場する場面である。

【原文】

清げなる大人二人ばかり、さては童女ぞ出《い》で入り遊ぶ。中に十ばかりにやあらむと見えて、白き衣、山吹などの萎えたる着て、走り来たる女子、あまた見えつる子どもに似るべうもあらず、いみじく生ひさき見えて、うつくしげなる容貌《かたち》なり。髪は扇を広げたるやうにゆらゆらとして、顔はいと赤くすりなして立てり。

【現代語訳】

こぎれいな女房が二人ほど、ほかには童女が出たり入ったりして遊んでいる。その中に、十歳くらいであろうかと見えて、白い袿《うちぎ》に、山吹の襲《かさね》などの、糊《のり》けのなくなったのを着て、走ってきた女の子は、大勢見えた子供とは比べものにならず、非常に将来性が見えて、かわいらしそうな姿である。髪は扇を広げたようにゆらゆらとして、顔はたいそう赤くこすって立っている。

いわゆる古文と呼ばれるもので、「童女ぞ出で入り遊ぶ」の「ぞ」、「十ばかりにやあらむ」の「や」という係助詞の使用が特徴的である。また、「萎えたる着て」は、連体形の「萎えたる」が体言として動詞「着る」の目的格となっている点も現代語と異なる。現代語では、「萎えたのを」というように、必ず形式名詞「の」を伴って体言となる。さらに、断定の「なり」、完了の「つ」「たり」「り」なども古典語の代表的な助動詞である。

逐語的に原文と現代語訳を比べてみると、そこには単語の語形や語義の変化、特定の用法に用いられる語句の交代などが確認できる。前者で言えば、「うつくしげ（なる）」は現代語の「かわいらしそう（である）」という意味であり、ここには「うつくしい」という語の歴史的な意味変化がうかがわれる。後者では、「見えつる」は現代語では「見えた」であり、助動詞「つ」が使用されなくなり、「た」がこれに代わったということがわかる。こうした古代後期の言語はおよそ千年をかけて、訳に見られるような現代語へと徐々にその様相を変化させていったのである。

†階級と地域

『枕草子』には、話しことばが階級によって異なることが記されている。

同じことなれども聞き耳異なるもの。法師のことば。男のことば。女のことば。下衆《げす》のことばには、必ず文字余りたり。（同じことなれども）

同じ意味内容でも聞いた感じが違うものとして、僧侶と在家のことば、男と女のことば、そして、下層階級のことばには必要のない文字が必ずあると述べている。『源氏物語』にも、貴族階級にとって庶民のことばはよくわからないという趣旨の表現が散見され、その違いが強く意識されている。ただし、庶民のことばそのものを記した記述は断片的にしか見当たらない。

また、都の人々にとって方言はおかしなことばであると意識されていたようである。

若うより、さるあづまの方の、遥かなる世界に埋もれて年経《へ》ければにや、声など、ほとほとうちゆがみぬべく、物うちいふ、すこしだみたるようにて、（源氏物語　東屋）

〈若い時から、あのような、東国の都を遠く離れた世界に埋《うず》もれて、長年過ごしたせいか、声などがほとんど調子外れで、物言いも少し訛っているようで〉

右のように、『源氏物語』には、東国の方言について、声がゆがんでいるようで、物言いが訛《なま》っていると記されている。また、九州肥後の大夫監《だいぶのげん》のことば遣いに対しても次のように「だみたる」というように描いている。

「をかしう書きたる」と思ひけることばぞ、いとだみたる。（玉鬘）

〈「うまく書いたものだ」と自分では思っている言葉づかいはひどく訛っているのだった〉

具体的な内容は不明であるが、都のことばと、東国や九州のことばとにはすでに大きな方言差があったと見られる。

2　文字表記——仮名が成立する

†漢文の訓読

僧侶たちが仏教の経典を日本語で理解することは、仏教が伝来してしばらく経ってから行われるようになったが、古くは日本語による読み下し文を経典などの紙面に書き記すということはしなかった。八世紀後半になると、その読み方を紙面に部分的に記入することが始まり、八世紀末前後には、漢文の訓読を直接経巻にすばやく書き記すようになった。漢文の訓み下し文を片仮名やヲコト点によって書き入れることを訓点といい、その一群の資料を訓点資料と呼ぶ。これは中国語である漢文を翻訳する行為であり、その読み下し文（漢文訓読文）は原文である中国語の制約を受けた翻訳語であるが、古代後期の日本語を考える上では、平仮名で書かれた作品と対峙《たいじ》する重要な資料である。

漢文訓読文は文法や語彙の面で見ると、話しことばを基盤とする和文とは別に扱うべき点が多々ある。石山寺本『大唐西域記』（長寛元年〈一一六三〉点）の巻第六の一節を次にあげる。

妻謂《い》ひて曰《い》はく、汝言《ものい》ふべし。若《も》し語《かた》らずは当《まさ》に汝が子を殺さむといふ。我、時に惟念す

らく、已《すで》に生世を隔てて自ら顧みるに衰老せり。（以下略）〔原文は漢文〕

このような、漢語も多く用いる漢文訓読特有の文章を漢文訓読体という。もともとは漢文の世界における特殊な言語をいうが、これが漢文の訓読という場を離れて、書きことばの一種としても使われるようになる。『今昔物語集』のような漢字と片仮名で書かれた書物には、そのような漢文訓読体が大きな影響を与えている。

†訓点の方法

ヲコト点とは、「・」「―」などの符号を、漢字の字形の四隅や真ん中など特定の位置に記入することで、特定の音もしくは語を示した記号体系をいう。すばやく読みを記入するために工夫したもので、その符号の形・位置、それが表す音との対応関係には種々のものがあり、流派によってさまざまな記号体系が用いられた。その代表的なものに、漢字の右上に「・」があれば「ヲ」を、その下（右傍の中央より少し上）の点で「コト」を表すという方式があり、それによって「ヲコト点」と総称されている。

一方、片仮名は漢字の読み方を明確にするために書き込まれたものである。そのうち語の一部だけ、たとえば語の初め、または中間、または最後の音を記したものを「捨て仮名」とも呼び、特に、初めの仮名を「迎え仮名」、最後の仮名を「送り仮名」という。これによって、訓の一部、助詞・助動詞や活用語尾などが書き表された。

漢字の字画を一部省略して書いた文字を省文《せいぶん》というが、これはもともと中国で古くから行われてきた手法である。漢字の伝来とともに将来されたもので、「鏡」を「竟」（隅田《すだ》八幡宮人物画像鏡銘）、「部」を「阝」（岡田山一号墳出土鉄刀銘）などとするほか、奈良時代には正倉院文書にも「ツ・ム・タ・尹」という万葉仮名の省文が使用されている。ただ、今日の片仮名字体に近いものではあるが、これは万葉仮名の省文の部分的な使用という段階であって、片仮名の成立と見ることはできない。奈良時代の末期になると、白書と朱書による句切点・返点などが書き加えられるとともに、万葉仮名による訓読の書入れが始まった。その中には漢字の字画を一部省略したものも用いられた。これが片仮名となる。

†片仮名の成立

片仮名は原文の狭い行間・字間にすばやく書き込む必要から、仮名の字形には小さく簡単なもの、字画の少ないものが求められた。そこで、体系的に万葉仮名を略体化した実用的な文字体系が生じるに至った。中には草書体（草体）の万葉仮名も含まれるが、それは、隷書・楷書を書き崩した草書がすばやく筆書するための簡略な字形であったからである。片仮名とは、そのような実用的で簡略な文字体系として成立したものである。

極初期の訓点に使用された万葉仮名には、今日の片仮名・平仮名に近い字体も含まれているが、外形的な類似によってこれを片仮名および平仮名の成立と見ることはできない。文字体系の認識には一貫性、整合性が重要であり、個々の一部において近似した字形があるからといってそれと短絡的に結びつけることは誤りである。

少し時代が下った時期に加点された『成実論《じょうじつろん》』天長五（八二八）年点では次表のような字形が用いられている（＊は天長以前の仮名）。この資料では「ア・キ・ク・ケ・コ・セ」のほか、「ラ・ワ・ヲ」などに略体が見えている。その一方で、「お・こ・ち・ぬ・や・ゐ・ゑ」など草体が見えることも注意される。それぞれ、字形の簡略さ、字画の少なさという条件を、略体と草体が満たしたということである。このように、九世紀初めには、訓点所用の仮名が万葉仮名から脱して、略体と草体が混在する簡略字体となったのであるが、この草体を片仮名字体の異体字として認め、この段階を片仮名の成立と呼ぶのが一般的である。

平安時代初期では、僧侶によって用いるヲコト点・仮名字体が異なり、学統が同じ場合であっても、相互に似かよってはいるものの、同一でない場合が一般的であった。それは訓点という行為がいまだ個人レベルのものでしかなかったからである。それが、九世紀末になると、略体が大部分を占めるに至る。こうして、九世紀を通して略体化が社会的に推《お》し進められた結果、「かた（片）」すなわち一部が、字画として残る仮名、すなわち片仮名という名称に名実ともに

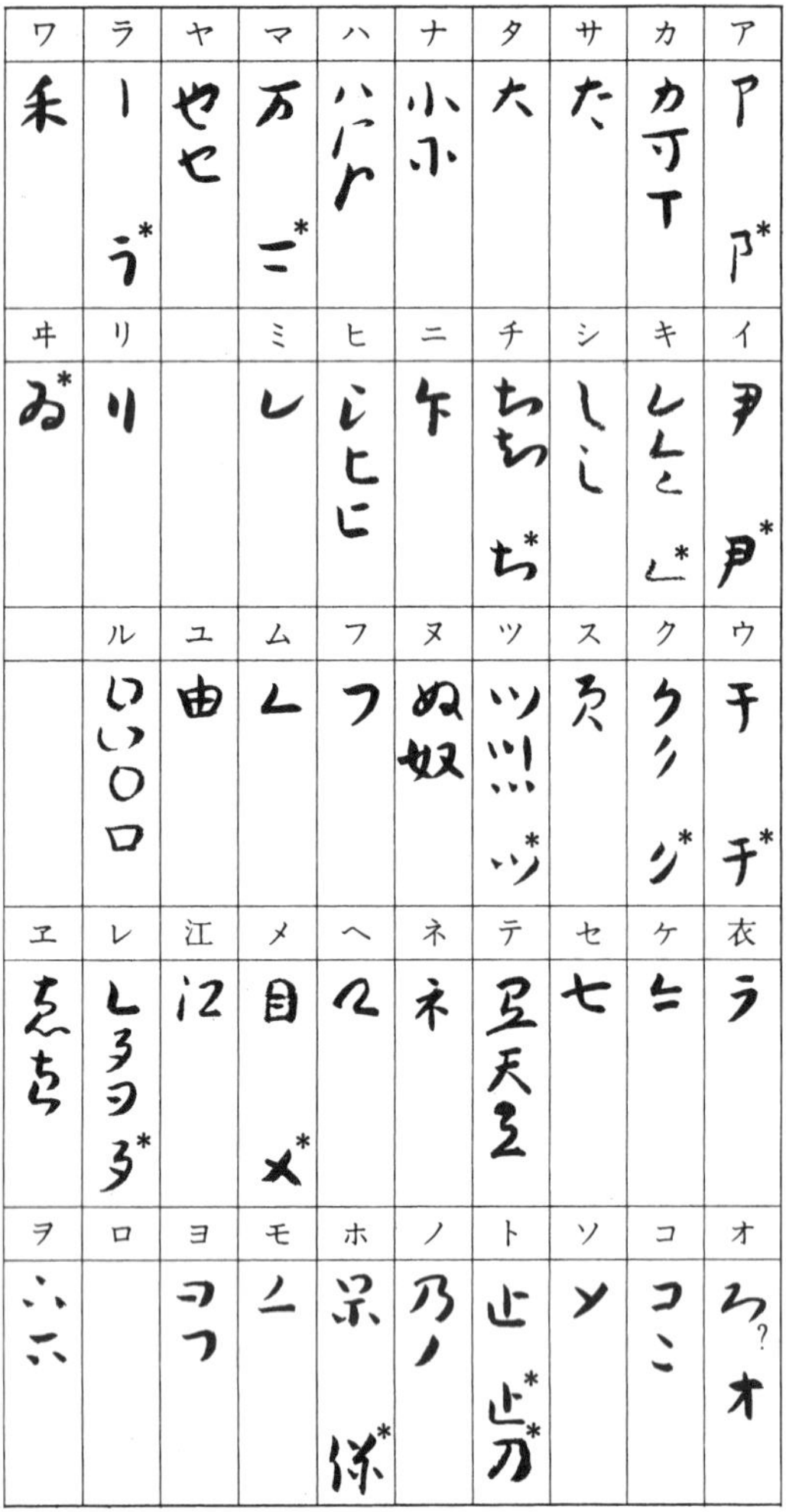

（築島裕（一九八六）による）

『成実論』の片仮名字体（天長5［828］年。＊は天長以前の仮名）

ふさわしいものとなる。他方、「かな」は、漢字を本当の文字の意で「真名《まな》」と呼ぶのに対して、「かり(=仮)な(=文字)」から転じた「かんな」に由来する名称である。ただし、古くは「かんな」「かな」と言えば平仮名を指した(平仮名は女性がもっぱら用いることから「女手《おんなで》」とも呼ばれる一方、漢字や万葉仮名は「男手《おとこで》」とも称された)。

ちなみに、字画の一部を省略する省文の一種として「抄物書《しょうもつがき》」が僧侶などの間で盛んに行われた。

西西(醍醐) 九九(究竟) 鳥鳥(鵜鶘) 女女(娑婆) 玉玉(瑠璃《るり》)
尺(釈) 广(摩または魔) 四(羅) 宀(密) ム(厳)

これは弘法大師空海が留学した唐から持ち帰ったもので、唐代の僧侶の間で行われていたものに由来するとされる。中世を通して寺院で広く用いられた、いわゆる略字・符牒《ふちょう》である。

†草仮名

草体の万葉仮名を草仮名と呼ぶが、それを用いて書かれた文、すなわち草仮名文は、古いものでは『多賀城跡漆紙仮名文書』(九世紀前半)、『讃岐国戸籍帳端書《はしがき》』(『有年申文《ありとしもうしぶみ》』とも。八六七年)などが知られるぐらいである。このうち、『多賀城跡漆紙《うるしがみ》仮名文書』は断片しか残存せず、また判読が不可能な箇所も多い。しかし、二字を続けて一筆で書く連綿体が用いられており、しかも、多賀城という東国においても用いられていたという使用の広がりを考える上では貴重な資料である。次に『讃岐国戸籍帳端書』をあげておく。

改姓人夾名勘録進上許礼波奈世　姓ヲ改ムル人ノ夾名ヲ勘録シ進上ス。これは何《な》せ
无爾加官尓末之多末波无見太　むにか官《つかさ》に申《ま》したまはむ。見た
末不波可利止奈毛於毛不抑刑　まふばかりとなも思ふ。抑《そもそ》刑
大史乃多末比天定以出賜以止与　大史のたまひて定《さだめ》テ出《い》ダシ賜フ。いとよ
可良無　　有年申　からむ。　　有年申ス。

一部漢文を含む草仮名文は上申文書という形で書かれたものである。「礼波」「末之」「多末波」「奈毛」「末比」「以止」「良無」などには連綿体も用いられており、一部には「い・お・と・ふ・ま」のように平仮名に近い字体も見えることが注目される。しかし、平仮名に近い極草も含まれてはいるものの、この段階ではいまだに書体としての草書の域を脱していない。

†平仮名の成立

漢字の草書体を逸脱した字体として平仮名が位置づけられるが、その年代の確定する現存最古のものは『教王護国寺千手観音像胎内檜扇《ひおうぎ》墨書』に見える。扇の橋《ほね》に「元慶元年」（八七七年）の年記をもつものなど、三枚に次のような仮名が見える。

「無量授如来にも　たて
いねも　ころに　ま□□や」
「おほぬ」
「るハは」

手すさびによる落書のようであるが、この字体は草書体をはるかに逸脱しており、新たな文字体系として扱う以外にない。そして、手すさびで書かれたものとすれば、八七七年ごろ当時、平仮名が相当に広く、また普通に用いられていたと考えざるをえないことから、平仮名の成立時期はそれより遡らせる必要もある。

平仮名と和文とは深い関係にあるが、在原業平（八二五～八八〇年）が名を連ねる六歌仙が活躍する九世紀中頃は和歌をめぐる環境が新たな段階を迎えていたと見られる。『古今和歌集』の勅撰へと歩む平安朝和歌の黎明《れいめい》にふさわしい表記様式を徐々に整えていったのがこの頃であったと見れば、八七七年ごろには平仮名が普通に用いられていたという事実と符合する。草体がさらに簡略化されて平仮名となったのは、漢文のための漢字ではなく、口頭語をそのまま文字化して伝えるという和文の世界における、和文のための和字（仮名）であるという意識を背景とするものであった。すなわち、字義を有する漢字ではなく、単に日本語の音節だけを純粋に表す新たな文字体系が国風文化の開花とともに発現したものと考えてよかろう。

†仮名の字源

現行の仮名字体がどの漢字からできたのか、まず、平仮名の字源を五十音図に従って示すことにする。

あ 安	い 以	う 宇	え 衣	お 於	
か 加	き 幾	く 久	け 計	こ 己	
さ 左	し 之	す 寸	せ 世	そ 曽	
た 太	ち 知	つ 川	て 天	と 止	
な 奈	に 仁	ぬ 奴	ね 祢	の 乃	
は 波	ひ 比	ふ 不	へ 部	ほ 保	
ま 末	み 美	む 武	め 女	も 毛	
や 也		ゆ 由		よ 与	
ら 良	り 利	る 留	れ 礼	ろ 呂	
わ 和	ゐ 為		ゑ 恵	を 遠	ん 无

「へ」は「部」の旁《つくり》である「阝」を崩したもの、そのほかはすべて草書体をさらに書き崩したものである。

次に、片仮名の字源を五十音図によって示し、（　）内に省略の仕方も記す。

ア阿（偏から）	イ伊（偏から）	ウ宇（冠から）	エ江（旁から）	オ於（偏から）
カ加（偏から）	キ幾（草体から）	ク久（初二画から）	ケ介（初三画から）	コ己（初二画から）
サ散（初三画から）	シ之（全画）	ス須（終三画から）	セ世（全画）	ソ曽（初二画から）
タ多（終三画から）	チ千（全画）	ツ州（中三点から）	テ天（初三画から）	ト止（初二画から）
ナ奈（初二画から）	ニ二（全画）	ヌ奴（旁から）	ネ祢（偏から）	ノ乃（初画から）
ハ八（全画）	ヒ比（旁から）	フ不（初二画から）	ヘ部（旁から）	ホ保（終四画から）
マ末（初二画から）	ミ三（全画）	ム牟（初二画から）	メ女（終二画から）	モ毛（終三画から）
ヤ也（全画）		ユ由（終二画から）		ヨ与（下半部から）
ラ良（初二画から）	リ利（旁から）	ル流（終二画から）	レ礼（旁から）	ロ呂（初三画から）
ワ和（旁から）	ヰ井（全画）		ヱ恵（下半分から）	ヲ乎（初三画から）

ンは、はねる音（撥音）の象徴符号「レ」に由来している。字源に問題のあるものでは、ツの「州」は本来tsiuのような字音であったためと言われている（一説に「川」からとも）。いずれも、省画のしかたは、初画または終画から取るというもので、画の中途を用いたものはない。

また、字源となる万葉仮名は呉音に基づく音仮名が大半を占め、訓仮名は少数である。

ちなみに、片仮名の変体仮名は、特に平安初期に多く見られた。たとえば、字源の異なるものでは、サに「七」（「左」初二画から）、スに「爪」（「為」初四画から）、ネに「子」（全角）、ミに「ア」（「見」の草体の最終画を省く）などがあった。字源が同じでも、どの字画を残すかで字形が異なる場合もある。たとえば、「伊」の旁から「尹」も使われ、「保」も偏から「イ」、旁から「呆」とされることがある一方で、「呆」をさらに省略した「口」「ホ」「小」などもあった。このように、簡略な書き方が追求されて、さまざまな片仮名字体が作り出された。

†句読点と濁点

訓点に由来する表記法は多種にわたり、片仮名、送り仮名のほかに、句読点・濁点などもその一つである。「、」を読点、「。」を句点といい、合わせて句読点と呼ぶが、この起源は、中国で漢文を理解する場合に字と字の間に「・」のような符号を意味の切れ目として書き入れることにあった。それが、日本で読み方を書き入れる際にも用いられ、意味上の切れ続きを示すために「・」のような符号を、漢字の真下に記すと読点、その右下に記すと句点とすることが一般的となった。このほか、当該字を音また訓で読むと指示する符号、複数の漢字をまとめて音または訓で読むと指示する符号（熟合符）や返り点なども用いられた。

さらに、訓点には濁音を示す記号も用いられた。古くから、アタ（敵）とアダ（徒）、スキ（好き）とスギ（過ぎ）のように清音と区別して濁音があったが、語頭に濁音が立たない、連濁によって臨時的に濁音となるなど、音韻としての独立性に乏しいこともあって、濁音の明示は特に必要とされなかった。そのため、濁音節を表す仮名が特に作り出されることはなかった。他方、経典の陀羅尼《だらに》（漢訳仏典で梵語が音写された呪文の一種）では清濁の区別が厳密に意識されて、九世紀末には「濁」の三水偏に由来する「氵」によって濁点を表すようになった。

ところで、七世紀の中国において、声調によって異なる意味を表す場合、その文脈における意味を明確に示すために声調に応じて、点「、」を漢字の四隅に打った。これを破音《はおん》という。破音はやがて漢字の声調（アクセント）を示す声点《しょうてん》となり、圏点「。」の形状とともに八世紀に朝鮮半島から日本に伝来した。漢字を□に見立てた場合、左下から四隅の点によって順に、平《ひょう》声《しょう》・上声《じょうしょう》・去声《きょしょう》・入声《にっしょう》という声調を表すというものである。

十世紀になると、この声点との兼用で清濁表示が行われるようになった。まず、清音の場合には「。」、濁音の場合には「•」と記され、さらには清音の場合には一点の「。」、濁点の場合には二点の「゜゜」が声調表示とともに施されるようにもなった。こうして、声調とともに清濁が区別されるのが一般的となり、この複声点「゜゜」がやがて声調表示と切り離されて濁音符「゛」となるのである。

このような訓点は朱や墨などで書き込まれたほか、象牙や竹の先端を削った角筆と呼ばれる筆記用具で、紙面にへこみを付けて記されることもあった。

3　音韻——音節が複雑に発達する

†上代特殊仮名遣の崩壊

上代特殊仮名遣《づかい》は八世紀後半から乱れはじめ、平安時代に入った頃には甲類・乙類という二種類の区別を失うが、コ・ゴだけは例外的に九世紀半ばまで区別された。こうして、音節の数はヤ行のイとワ行のウを除く清音四八、およびその濁音二〇の合計六八となった。

このような変化の要因として、一つには音節の対立が意味の区別に働くという機能性が低かったことが挙げられる。たとえば、ミの音節を例にすると、〈三《み》〉〈御《み》〉、〈上《かみ》〉などの甲類による語と〈身《み》〉〈実《み》〉〈箕《み》〉、〈神《かみ》〉などの乙類による語は意味が異なるものの、発音上区別しなければならないほどの対立ではなく、同音語であっても文脈によって意味を区別することができると意識されるようになったのであろう。現代語で「ミがなる」であれば「実」、「ミとおり」といえば「三」というように、文脈で意味が限定されることも多い。したがって、機能効率が低く、発音し分ける労力の負担のほうが重いということから、あまり違いのない発音は同一と見なすという経済化の方向を目指したというわけである。

基幹的な母音がa、i（甲類）、u、o（乙類）の四つであったことは前章で述べたが、甲類と乙類の別、またエ段音ももともとあったわけではなく、母音の連続から生じた臨時的なものであった。母音の数を減らすことは、前代の音韻体系に混乱をきたすことにはなるが、その根幹を崩すのではなく、類似する母音を効率的に運用するためであった。

他方、単語が多音節化する傾向にあったことも、音節数の減少による影響を回避できた要因の一つであろう。たとえば、「あ」（足）から「あし」へ、「ぬ」（沼）から「ぬま」へ、「は」（羽）から「はね」へ、「よ」（夜、甲類）から「よる」へ、「ゐ」（井）から「ゐど」へというように、また語においても「さくら」と「はな」から「さくらばな」（桜花）、動詞の「たつ」と「まつる」から「たてまつる」（奉）などのように、語が合成されていった。つまり、単音節として区別がなされるよりも、複数の音節の組合せによって区別を作り出すほうが音韻体系としては負担が軽いと言える。

†母音と子音

こうして、母音は五つとなり、その発音も現代語と同じ [a] [i] [u] [e] [o] となった。子音については奈良時代と大差ないが、資料によって具体的に少し記述しておく。成立時代は十二世紀であるが、東禅院心蓮（?～一一八一年）が著《あらわ》した『悉曇口伝《しったんくでん》』（東京大学国語研究室蔵本による）にサンスクリット（梵語）と日本語の発音を対比させた記述が見られる。ここで特に問題になるのは、サ行・ハ行・ラ行の子音についてである。

①サ行の子音

まず、サの発音については次のように記述されている（梵字はローマナイズして〃〃内に記す。以下、同じ）。

以舌左右端《ノ》付上顎開中呼〃a〃而終開之則成サ音自余如上。

舌の左右の端を口の中の上（口蓋）に付けて発音するというのである。かりにこれが［s］のことだとすると、舌は平らな状態でなければならないから、舌の左右の端を上げるという記述は合致しない。舌の左右の端を上げる、すなわち舌が窪んだ状態となるという記述は［ʃ］（現代日本語のシの子音）のことを指していると認められる。また、平安時代の平仮名文では「阿闍梨」を「あさり」、「修験者」を「すげんさ」などというように直音で書かれるのが一般的で、平安時代の十世紀以降は［ʃ］であったと推測される。

一方、慈覚大師円仁（七九四〜八六四年）は遣唐使として八三八年から八四七年まで中国に滞在するが、その間にサンスクリットの発音を記録した『在唐記』に次のような記述がある。

〃tʃa〃本郷佐字音勢呼之。

〃ʃa〃以本郷沙字音呼之。但唇歯不大開、合呼之。

〃sa〃以大唐娑字音勢呼之。但去声呼之。

サンスクリット（梵字）の発音を日本語（日本固有語）、または中国語（漢字音）と対照させて記述したもので、今日のサ行音に当たる〃sa〃には日本語に関する記述がない。一方、「本郷」と記された「佐」「沙」字は隋唐時代の字音は［tsa］［ʃa］のようなものであるが、この「佐」「沙」のうち、どちらかであったかは明瞭に示されていない。奈良時代以前でサの万葉仮名としては「佐」「左」の使用が多く、破擦音［tsa］であった可能性が高いと考えられる。しかし、ここでの「本郷佐字音」とは日本語サのことを指すと考えれば、［tʃa］［ʃa］のいずれかであり、［tsa］→［tʃa］→［ʃa］のように破擦音から摩擦音へと変化したと見るのが穏当であろう。

したがって、円仁の生きた九世紀前半は［tʃa］という過渡期の発音であったと推測される。このような破擦音［tsa］［tʃa］であったことは、明覚《みょうがく》の『悉曇要訣《ようけつ》』（一一〇一年以降）に身分の低い階層ではサ行をタ行で発音するという次のような記述にも反映されていると見られる。

日本下人語ハサシスセソヲタチツテトトイフ。サシテヲタチテトイフ。サリテヲタリテトイフ。（巻二　47オ）

当時のタ行子音は［t］であったことは疑いないことから、サシスセソとの相通を説明するためには、サ行子音に歯音［t］の要素が関与していると想定しておくほうがわかりやすい。

このようにサ行の子音は、九世紀前半において［tʃ］であったものが、その後次第に［ʃ］に変化していったものと考えられる。

②ハ行の子音

次に、『悉曇口伝』に見えるハ行子音の記述は次の通りである。

以唇内分《ヲ》上下合之呼〝a〟而終開之則成ハノ音自余如上。

マの音についての「以唇外分《ヲ》上下合之（以下略）」という記述と対照させると、唇をしっかり閉じるように（唇の先端まで）合わせるのがマ、上下の唇を軽く（互いに触れるように）合わせるのがハの発音であると解釈できる。すなわち、ハ行子音は両唇摩擦音［ɸ］と見られるのである。

また、円仁の『在唐記』には次のように記されている。

〝pa〟唇音。以本郷波字音呼之。下字亦然。皆加唇音。

［pa］を発音する場合には、日本語のハに「皆加唇音」、つまり両唇性をさらに強くするというのである。このことは逆に、ハ行の子音が唇をしっかりと合わせて発音するのではなく、唇を閉じることのない両唇摩擦音の［ɸ］であったことを示すものであろう。

③ラ行の子音

ラ行の子音については『悉曇口伝』に次のように見える。

〝ra〟以舌端上《ニ》内《ヘ》巻《キ》付上顎《ニ》呼〝a〟而終開之則成ラノ音《ヲ》自余如上。

舌の先端を内側に巻くようにして口の中の上（口蓋）に付けると記すことから、現代語と同じ弾き音［ɾ］であったと見られる。舌先を歯茎に付ける［l］ではなく、ふるえ音（ぜん動音）の［r］でもなく、古い時代から一貫して弾き音［ɾ］であったと見て問題なかろう（ただし、弾き音の音声記号がわかりにくいことを勘案して、本書では便宜的に［r］で記した）。

†音韻の混同

この時代に生じた音韻の混同は主なものとして次の三点が挙げられる。

①ア行のエ［e］とヤ行のエ［je］

万葉仮名では、ア行のエは「衣」など、ヤ行のエは「江」などが用いられ、両者は区別されていた。しかし、『新撰字鏡《しんせんじきょう》』（八八九〜九〇一年ごろ）にエメムシを「衣女虫」とも「江女虫」とも書く例が見え、この頃からア行のエとヤ行のエの混同が生じた。そして、十世紀半ばになると両者の区別がまったくなくなった結果、［je］（イェ）という発音に統合された。前掲の『悉曇口伝』に十二世紀の発音として次のように記されている。

エト者以〝i〟穴呼〝i〟而終ニ垂舌端則成エノ音也。

初めイを発音する口の構えをしてイを発音し、その後次第に舌先を垂らして発音する「イェ」であった。ちなみに、十六世紀末のキリシタン資料でも「ye」と記されている。

②オ［o］とヲ［wo］

平安時代の初めに「おふ（追）」を意味する「駈」に「ヲヒ」と記された例（聖語蔵菩薩戒経古点 八一〇～八二四年ごろ）が見えるが、その後十世紀後半になると混同が多くなる。そして、十一世紀初には「収・治」に「オサム」と記す例（石山寺蔵『法華義疏』長保四（一〇〇二）年点）などが現れるようになり、オとヲの混同が一般化した。両者が統合された結果、［wo］（ウォ）という発音になったが、『悉曇口伝』には次のように述べられている。

ヲ者以ウ穴呼ウヲ而終ニ開唇則成ヲノ音也。

ヲ（オ）は、ウを発音する口の構えでウを発音し、その後次第に唇を開けていき「ウォ」と発音すると記す。ちなみに、十六世紀末のキリシタン資料でも「uo, vo」などと記されている。

これに対して、イ［i］とヰ［wi］、エ［e］とヱ［we］も混同された例が十世紀前半に現れるが、その数はまだ多くなく、しかも語中に限られている。前に取り上げた東禅院心蓮の『悉曇相伝』（反音取音勢口伝）には、次のような記述もある。

若ヤイユエヨノ五音之内ノイエニヲイテハ本韻ト同故不可論之。又ワヰウヱヲノ五音之内ニ於ハウヲ本韻故又不可論云々。

ヤ行ではエ段音が本韻（ア行）と同じであり、ワ行ではオ段音が本韻（ア行）と同じであるとする（ヤ行のイ、ワ行のウはもとより区別がない）。したがって、イとヰ、エとヱは院政時代ではまだ区別されていたと見られ、この混同が一般化するのは十二世紀末以降のことになる。こうして、区別される清音音節の数は十世紀後半には四七、十一世紀の初めにはさらに減少して四六となった。

なぜ、[je][wo]に統合されたか、その理由については次のように推測される。奈良時代以前には、母音だけの音節は語中・語尾には位置できないという法則があったから、平安時代にもその傾向が依然として存在した可能性があると同時に、音節構造の上で子音と母音からなるものが圧倒的に多いという事実もある。このことから、語中における[je][wo]が語頭に及び「イェ」「ウォ」に一本化されたものと考えられる。

③ハ行転呼音

語頭以外のハ行音がワ行音と混同される現象を「ハ行転呼音」という。ハ行音は語頭では前代と変わりがなく[ɸ]であるが、語頭以外では「かは(川)」がカワ[kawa]、「かひ(貝)」がカヰ[kawi]というように発音されるようになった。母音に挟まれたハ行子音[ɸ]が有声化して摩擦性を失った結果、ワ行子音[w]に統合されたものと考えられる([ɸ]→[β]→[w])。ハ行とワ行の仮名が混用される例は十一世紀の初め頃から次第に多くなり、『孔雀経音義《くじやくきようおんぎ》』の五十音図(一三八ページ参照)がハ行とワ行が並んで併記されているのも、この現象によるものであろう。

†「あめつち」と「たゐに」

清音の音節を漏れなく一覧できるように、一まとまりの歌詞として作られたものに「あめつち」の詞《ことば》がある。これは次のような四八文字から成り立っている。

あめ　つち　ほし　そら　やま　かは　みね　たに　くも　きり　むろ　こけ　ひと　いぬ　うへ　すゑ　ゆわ　さる　おふ　せよ　えのえを　なれゐて

この意味は〈天　地　星　空　山　川　峰　谷　雲　霧　室　苔　人　犬　上　末　硫黄　猿　生ふ為よ　榎《え》の枝《え》を　馴れ居て（「汝井手《なれゐて》」とする説もある）〉というもので、中国の『千字文』の影響によって制作されたものと見られる。『千字文』は中国の南北朝時代に、梁《りよう》の周興嗣《しゆうこうし》が作ったもので、千字の漢字を重複させずに用いて人倫・道徳などの知識を内容とする四言古詩二五〇句からなり、習字の手本として古くから用いられた。これは「天地玄黄」で始まるが、これを訓読した「あめつち」を最初に置き、日本語の清音の音節を重複させないで網羅するというものであった。

ところで、この歌詞には「え」が二回使用されているが、この「え」はア行のエとヤ行のエに相当し、「えのえ」は「榎(e)の枝(je)」であって、製作された当時の音韻を反映するものである。その後ア行のエとヤ行のエは混同されることになり、清音の音節は四七となるが、それを反映しているのが「たゐに」の歌である。

大為爾伊天奈徒武和礼遠曽支美女須土安佐利於比由久也末之呂乃宇知恵倍留古良毛波保世与衣不禰加計奴（現存の写本には「於」が欠けている）

この歌は源　為憲《みなもとのためのり》が著した『口遊《くちずさみ》』（九七〇年成立）に見えるもので、「田居《たゐ》に出《い》で菜《な》摘《つ》む我《われ》をぞ君召《め》すと求食《あさ》り追ひ行く山代《やましろ》の打ち酔《ゑ》へる子ら藻《も》葉《は》干《ほ》せよえ舟《ふね》かけぬ」のような意であろう。この歌に続けて「今案世俗誦曰阿女都千保之曽、里女之訛説也、此誦為勝」と注記されているが、この意は、世間では「あめつち」の詞が口ずさまれているが通俗に過ぎる、この詞には「え」が重複しているので不適当であり、「たゐに」の歌の方がすぐれているというものである。すなわち、九七〇年当時には、ア行のエ［e］とヤ行のエ［je］に区別がなかったことから、音節を一覧する歌詞として「たゐに」が新たに創作されたというわけである。

†いろは歌

四七字を重複させず、すべてを網羅した歌として、その後「いろは歌」が登場する。仏教的な諦観を漂わせる見事な傑作である。

いろはにほへとちりぬるをわかよたれそつねならむうゐのおくやまけふこえてあさきゆめみしゑひもせす

この歌の意味はこの世の無常を歌い上げる内容である。

色は匂へど散りぬるを我が世誰ぞ常ならむ有為《うゐ》の奥山今日《けふ》越えて浅き夢見じ酔《ゑ》ひもせず

この「いろは歌」の作者が弘法大師空海（七七四～八三五年）であるという俗説もあるが、八、九世紀にはア行のエとヤ行のエの区別があったから、空海の作とすればむしろ大きな過失を犯したことになる。ア行のエとヤ行のエが区別を失うのは十世紀半ば以降であり、そもそもその説は成り立たない。しかも「たゐに」の作者が「いろは歌」に対してまったく言及していないことから、成立は十世紀末以降のこととなろう。いろは歌を記した現存最古の資料は『金光《こんこう》明最勝王経《みょうさいしょうおうきょう》音義』（一〇七九年写）に見えるものであることからも、その成立は真言宗の僧侶によって十一世紀前半ごろに作成されたものかと考えられている。

†五十音図

音節を一覧できるように作られたものに、もう一つ五十音図がある。五十音図は古くは「五音」などとも呼ばれ、行という一まとまりで把握されていた。現存最古のものは醍醐寺蔵『孔雀経音義』（一〇〇四～一〇二八年ごろ）に見えるもので、次のように八行分が示されている。

呬キコカケク　四シソサセス　知チトタテツ　已イヨヤエユ　味ミモマメム

比ヒホハヘフ ヰヲワエウ　利リロラレル

ア行とナ行がなく、行毎にイオアエウの段順にまとめられていて、行および段の順序が現行のものとは異なっている。これより少し後のものでは、仁和寺の寛智（一〇四五～一一一一年）が著した『悉曇要集記』（一〇七五年）の追記の中に、次のような五十音図が見える。

同韻者
アカサタナハマヤラワ一韻
イキシチニヒミリヰ一韻
ウクスツヌフムユル一韻
オコソトノホモヨロ一韻
エケセテネヘメレヱ一韻

アカサタナ順が現行と同じである点が注目され、またヲが用いられていないのは、ア行のオとワ行のヲの区別がないことを反映したものである。

また、前記『金光明最勝王経音義』には、清音・濁音という観点から分類された、次のようなものが見える。

五音
ハヘホフヒ　タテトツチ　カケコクキ　サセソスシ　已上清濁不定也
ラレロルリ　ナネノヌニ　マメモムミ　アエオウイ　ワヱヲウヰ　ヤエヨユイ　已上

清濁不替也

このように、平安時代の五十音図は段や行の順序がさまざまで、その配列も不安定であった。五十音図の固定化が遅れたために、その普及もあまり進まなかったのである。段がアイウエオ順に固定するのは十二世紀初めごろから、行のアカサタナハマヤラワ順は十三世紀後半からやや多くなり、現行のようにほぼ定着するのは十七世紀に入ってからのことである。

アイウエオ順、アカサタナ順というように配列されるのは、インドの古代語サンスクリット（梵語）の字母表に従ったからである。サンスクリットの母音十二字を「摩多《また》」、子音三五字を「体文《たいもん》」と言い、これらの字母を「悉曇《しったん》」と呼ぶが、アルファベットに「ＡＢＣ……」という順があるように、悉曇の字母表にも一定の順序があった。これを日本語の音節に照らすと、アイウエオ順、アカサタナ順に相当するものであったことから、この順序に固定するようになったわけである。

ちなみに、五十音図の「い」「え」「お」の位置が中世において混乱をきたし、現行のように改められるのは、「い」「ゐ」は浄厳《じょうごん》の『悉曇三密鈔』（一六八一年）、「え」と「ゑ」は契沖の『和字正濫抄』（一六九四年刊）、「お」と「を」は富士谷成章《なりあきら》の『あゆひ抄』（一七七八年刊）と本居宣長の『字音仮名用格《づかひ》』（一七七六年刊）による。

†漢字音

呉音は「和音」「対馬《つしま》音」などと呼ばれて仏典の訓読で、漢音は「正音」「大唐音」などとも呼ばれて漢籍で原則として用いられた。僧侶や博士家などの人々は漢字音の学習を通して、入声韻尾（-p, -t, -k）や三内撥韻尾（-m, -n, -ng）、開拗音《かいようおん》（ヤ行拗音 kja, kju, kjo など）、合拗音《ごうようおん》（ワ行拗音 kwa, kwi, kwe など）もかなり原音に忠実に発音していたようである。たとえば、韻尾の唇内撥音［m］（三サム、金キムなど）と舌内撥音［n］（山サン、近キンなど）は平安時代には原則として区別された。ただし、日常使用する語彙においては有韻尾には母音を添えるなど、「双六　俗云スグロク」「蜜蜂　ミチハチ」（『和名類聚抄《わみょうるいじゅしょう》』）のように、日本語固有の音韻に近づけて発音されるようにもなっていた。

また、漢字音が漢語の使用とともによく用いられるようになり、ラ行音や濁音が文節の初めに立つこと、副母音 -i, -u の使用によって連母音を発音する機会も多くなった。そのため、和語にも語頭に濁音がくる語が生じ、「奪」の訓に〈奪う〉の意で「バフ」（『不空羂索神呪心経《ふくうけんじゃくしんじゅしんぎょう》』寛徳二〔一〇四五〕年点）と表記した例も見えるようになった。

以下は後述する音便発生に関することであるが、語中にイ、ウがくるというイ音便（書イテの類）、ウ音便（高ウの類）が生じたことから、語頭以外に母音だけの音節が立たないという頭音法則が消滅することになった。さらに、撥音便、促音便の発生も、撥韻尾、入声韻尾による影響と考えられる。このように、音節結合の制約がゆるやかになり、特殊音素（撥音・促音）が生じたということは、音節の種類の減少をいわば穴埋めしたとも言えよう。

†声点とアクセント

十一世紀後半になると、声点《しょうてん》が和語にも記されるようになり、『金光明最勝王経音義』（一〇七九年写）や図書寮本『類聚名義抄《るいじゅみょうぎしょう》』（十二世紀初め）などの音義や経典、辞書の類にそれを確認することができる。声点は平声・上声・去声・入声の四声、また、それに平声軽《ひょうしょうかる》、入声軽《にっしょうかる》を加えた六声で示され、その高低関係は、平声＝低平調、上声＝高平調、去声＝上昇調、入声＝低く始まる入声、平声軽（東声《とうしょう》）＝下降調、入声軽（徳声《とくしょう》）＝高く始まる入声であった。また、『金光明最勝王経音義』には万葉仮名の使い分けによってアクセントの高低が示されており、前田本『色葉字類抄』を始めとする、いわゆる定家仮名遣（詳しくは一九一ページ参照）に基づく資料には、アクセントの高い［wo］が「を」、低い［wo］が「お」で記されている。これらによって十一世紀後半以降の京都地方のアクセントを体系的に知ることができる。

†名詞のアクセント

高く発音する部分を太字で示すと、たとえば、現代の共通語のアクセントでは〈端〉は「ハ**シガ**」、〈橋〉は「ハ**シ**ガ」、〈箸〉は「**ハ**シガ」というように発音される。一方、京都のアクセントでは「**ハシガ**」(端)、「**ハ**シガ」(橋)、「ハシ**ガ**」(箸)となる。すなわち、二拍(モーラ)名詞のアクセントは、現代の共通語では三つの型、京都では右に加えて、「サ**ル**ガ」(猿)という、もう一つのアクセントの型が加わって、合わせて四つの型に分類される。このような二拍名詞のアクセントの型は、十一世紀後半の京都では、次のように五つあった(以下、高い部分は太字で示し、下降調〔平声軽〕には傍点を付す)。

〔十一世紀後半京都アクセントの二拍名詞〕

類別		所属語	現代京都
第一類(庭鳥類)	**トリ**	(飴 梅 枝 顔 柿 風 霧 口 端 鼻 水…)	**トリ**
第二類(石川類)	**イ**シ	(歌 垣 型 紙 川 鞍 夏 橋 冬 村 雪…)	**イ**シ
第三類(山犬類)	ヤマ	(足 神 倉 事 炭 月 波 蚤 花 腹 耳…)	**ヤ**マ
第四類(松笠類)	マ**ツ**	(糸 海 空 肩 上 錐 隅 種 甕 箸 舟…)	マ**ツ**
第五類(猿聟類)	サル	(秋 雨 桶 蔭 琴 露 鶴 春 鮒 蛇 窓…)	サル

金田一春彦は同じアクセントの型を持つ語(括弧内に示した語)を整理して、その代表的な型を五つに分類して「類」という名称を付けた。この同じ類に属する語、たとえば「橋」と同じ

第二類である「石」は共通語のアクセントでは「イ**シ**ガ」となり、京都では「**イ**シ」である。これは個別の単語の問題ではなく、原則として共通語で「低高＋低（助詞）」の型である語は、京都では「高低」の型となって発音される。このような関係を「アクセントの型の対応」と呼ぶ。こうした対応は地理的にも歴史的にも見られるもので、方言アクセントを扱う上で基礎的な概念であり、また、各時代のアクセントを考える上でも有効である。すなわち、二拍名詞の現代京都のアクセントは、第三類を除くと、十一世紀のアクセントと同じということになる。

ちなみに、一拍名詞では三種類（共通語では二種類）、三拍名詞では七種類（共通語では四種類）が代表的なものとしてあげられる。

†動詞のアクセント

名詞以外の語（助詞・助動詞を含む）も、また、活用形のアクセントも十一世紀後半の京都のものがすべて解明されている。動詞のアクセントを見ると、二拍四段活用動詞は二種類に分類

［十一世紀後半京都アクセントの二拍四段活用動詞］

類別	終止形	所属語
第一類（置く類）	**オ**ク	買う 欠く 咲く 鳴る 振る 巻く …
第二類（取る類）	トル•	飼う 書く 裂く 成る 降る 蒔く …

される。

さらに、「置く」の活用形のアクセントを示すと、次の通りである。

例	未然形	連用形	終止形	連体形	已然形	命令形
置く	**オカ**	**オ**キ	**オ**ク	**オク**	**オ**ケ	**オ**ケ

接続する助詞・助動詞によってアクセントの型を異にすることもあるが、おおむね、終止形は連用形・已然形・命令形と、連体形は未然形と同じ型をとるといってよい。このような、語尾が低くなるか、高いままであるかという型の違いは、その後にくる語句との関係が表現の上で切れるか、続くかということと深く関わっている。たとえば、連体形は、活用語尾が高いままで、後ろにくる体言を修飾し、意味の上でかかっていく。二段活用そのほかでは、その語形が活用形によって拍数に違いがあって、詳述することはここでは省くが、少なくとも四段活用の場合は三拍でも四拍でも右と同じことが言える。たとえば、「逢はむとぞ思ふ」という場合、「ぞ」の結びとなる連体形は「オモ**フ**」というように高く終わり、低く終わる終止形「オモフ」とは発音の上では大きく異なった。したがって、連体形で文が終わる用法(連体止め)では、文末が低く終わらず、高いままであることから、次に続くというニュアンスを持ち、そのため余情・余韻を残して文が終わるように感じたわけである。四段活用動詞の終止形・連体形は、

書きことばではともに同じ表記となるが、実際に口頭で発音された場合には明らかな違いがあり、連体止めという実質を確認できたのである。

†形容詞その他のアクセント

語幹一、二拍のク活用形容詞も、次のように大きく二種類に分類される。

			連用形	終止形	連体形	已然形	*未然形
一拍	高起式	「濃し」ク活用	上平	上東	上東	上上平	上平平
	低起式	「無し」ク活用	**去平	平東	平東	平上平	上平平
		「悪し」シク活用	平上平	平東	平平東	平平上平	平上平平
二拍	高起式	「浅し」ク活用	上上平	上上東	上上東	上上上平	上上平平
		「悲し」シク活用	上上上平	上上東	上上上東	上上上上平	上上上平平
	低起式	「高し」ク活用	平上平	平平東	平平東	平平上平	平上平平
		「久し」シク活用	平平上平	平平東	平平平東	平平平上平	平平上平平

〔所属語〕高起式――厚し　甘し　荒し　薄し　重し　遠し　…
低起式――暑し　黒し　寒し　高し　強し　早し　…

＊未然形はカリ活用の語尾「から」をとるもの。
＊＊去平は「トク（去平）」（図書寮本『類聚名義抄《るいじゅみょうぎしょう》』）による。一般には「平平」。

終止形・連体形は高起式・低起式ともに、全平型（上上…型もしくは平平…型）に続き、末尾音節が東声（下降調）となる。「あか」「しろ」だけで「たま（玉）・きぬ（衣）」などの体言を修飾するはたらきをするように、語幹の独立性が顕著であるとともに、その活用語尾も独立的であって、語幹と活用語尾とは単語連続と見るべきであると言われている。

これに対して、形容詞の連用形においては、そのような語幹の独立性が認められず、第二尾音節にアクセント核（下がりめ）があるという点で、アクセントが起伏化する副詞と共通している（ちなみに、已然形も第二尾音節にアクセント核があり、未然形は第三尾音節にアクセント核がある）。

形容動詞は、語幹の末尾がカとなる場合、たとえば「シ**ヅ**カ」「アザ**ヤ**カ」などでは、末尾から数えて二番目の拍だけが高くなる型となるほか、副詞では「**シキリニ**」（頻）、「**カナラ**ズ」（必）、「**ミヅ**カラ」（自）、「スナハチ」（即）などであったことなども知られる。

4　語彙——漢語の使用が漸増する

†代名詞の語彙

指示代名詞では、前代と比べると、中称では「し」が消滅し、「そなた」が加わり、遠称には「か・かれ」とともに「あ・あれ・あち・あなた」が用いられるようになった、不定称では「いづへ」が衰え、「いづく」から転じた「いづこ」が用いられるようになった。こうして、コソアという体系が誕生することになった。

	近称	中称	遠称	不定称
一般的	こ	そ	あ　か	
事物	これ	それ	あれ　かれ	いづれ　なに
場所	ここ	そこ		いづこ　いづら
方角	こち　こなた	そち　そなた	あち　あなた　かなた	いづち

人称代名詞では、前代に比べると、一人称では「あ」「あれ」が次第に消滅し、「まろ」が主として男性に、「小生」が多く書簡文の謙称に用いられるようになった。二人称では「な」「なれ」に代わって「なむぢ」が、そして「おまへ・おこと・おもと」が、男性が用いる「貴殿・御辺」なども使われるようになった。

†多彩な形容動詞語彙

形容動詞は、前代では「しづか（静か）」「ほのか（仄か）」「おろか（愚か）」「はなやか（華やか）」「にこよか（柔よか）」など、後ろに「に」をともなって副詞として用いられていたが、この時代に入ると、述語に用いられることも多くなった。そして、ナリ活用・タリ活用をとるとともに、語彙も多彩になっていく。たとえば、和語系についてその語幹だけを示すと、「ゆたか」「はるか」「すみやか」「しなやか」「さはやか」「ほがらか」「あきらか」「つばひらか」などは古代後期になって文献に現れる語であり、また、バラエティに富む語形で用いられるものもあった（括弧に記したのはその語が見える作品名で、出現する時代順に上から示した）。

なよよか（蜻蛉日記）　ならよか（源氏物語）　なよやか（狭衣物語）
すくよか（宇津保物語）　すくやか（狭衣物語）　《すこやか（十六世紀）》
たからか（日本霊異記）　たかやか（源氏物語）
ゆるるか（蜻蛉日記）　ゆるらか（源氏物語）　《ゆるやか（十七世紀前後）》
ふくよか・ふくらか（源氏物語）　《ふくやか（十三世紀）》
かるらか・かろらか（源氏物語）　《かろやか（十四世紀）　かるやか（昭和）》

中には、その後生じた語形が現代語へと引き継がれる場合もあり、それを《　》内に付記した。

和語の形容動詞語幹は末尾が「―か」となるほか、「―やか」「―らか」、その母音交代形「―よか」「―ろか」であるものが多く見受けられる。そして、その接尾辞が歴史的には「らか」から「やか」へと変化してきたという傾向を認めることもできる。

†和語と漢語

この時代において、漢文に親しんだのは主として男性、しかも貴族・僧侶であった。彼らが書く漢文、特に公家の日記などの和化された漢文では、仮名文学には用いられない漢語も多く用いられている。

未明・白昼・深夜・自然・慎重・神妙・非凡・奇怪・荒涼・微妙・甚大・少々・明々

これらは、今日でも文章語としてよく用いられているものである。また、源為憲『世俗諺文《せぞくげんぶん》』（一〇〇七年）には漢語の俗諺が多く収められているが、その中には「千載一遇・大器晩成・傍若無人・切磋琢磨」など今日でも人口に膾炙《かいしゃ》している四字熟語も見える。

このように、漢字・漢文を用いる男性は漢語を多用するのに対して、仮名・和文を用いる女性はふつうは和語を用いるという傾向があった。ただし、唐風文化への憧憬、漢文訓読の盛行もあって、日常的に使用する語彙に漢語が徐々に増えていった。たとえば、平安時代の古典作品に見られる語彙を、語種別に異なり語数をあげると、左の表のようになる。

『古今和歌集』では、前代の『万葉集』よりも漢語の使用が低くなっているが、これは和歌における和語表現を一層洗練させようとして、漢語の使用を避けたからである。これに対して、散文では漢語が比較的多く用いられており、しかも時代を追って次第にその使用率も高くなっ

古典作品の語種（上段は異なり語数、下段は全体に占める割合（％））

	万葉集	竹取物語	古今集	土佐日記	枕草子	源氏物語	大鏡
和語	6478 99.6	1202 91.7	1991 99.8	926 94.1	4415 84.1	9953 87.1	3259 67.6
漢語	20 0.3	88 6.7	2 0.1	44 4.5	641 12.2	1008 8.8	1330 27.6
混種語	7 0.1	21 1.6	1 0.1	14 1.4	191 3.6	462 4.0	230 4.8
計	6505	1311	1994	984	5247	11423	4819

（宮島達夫『古典対照語い表』（1971）による）

ている。男性が語り手となって物語を展開する『大鏡』は別としても、『枕草子』では比率が一二％を超え、『源氏物語』でも異なり語数にして一〇〇〇語以上の使用が見られる。そこで、『源氏物語』に見える漢語の一端を次に示しておく。

［仏教関係］念仏　修法　供養　結縁《けちえん》　功徳　願文　作法
宿世《すくせ》　数珠《ずず》　験者《げんざ》　僧都　入道

［律令関係］中宮　女御《にようご》　女房《にようばう》　式部　侍従　受領《ずりやう》　除目《ぢもく》
宣旨《せんじ》　随身　学生《がくしやう》　従者

［建築調度］寝殿　対《たい》　曹司　舞台　格子　前栽《せんざい》　紙燭
几帳　屏風　脇息　装束　螺鈿

［その他］御覧　案内《あない》　用意　次第　消息《せうそこ》　愛敬《あいぎやう》　無下《むげ》
気色《けしき》　後夜《ごや》　紅梅　艶《えん》　例

前代と同じく、仏教関係・律令関係に漢語の使用が多く、また建築や調度品に関する名称や、日常生活に用いる普通のことばにも多くの漢語が使用されている。

かくありがたき人に対面《たいめん》したるよろこび、　（源氏物語　桐壺）
〈このようなめったにない人に会えた喜び〉
尚侍《ないしのかみ》あかば、なにがしこそ望まむと思ふを、非道《ひだう》にも思しかけけるかな。　（源氏物語　行幸）
〈尚侍の職が欠員になったら、わたしこそ志望しようと思っているのに、（あなたがなろうとは）道理にはずれたことをお思いになりましたね〉

日本古来の和語ではその概念が十分に表せないこと、中国語から新たな概念を借りることで、表現をより豊かにできることなどの理由によって、次第に和文にも漢語が浸透していった。また、漢字音は仏教・律令の用語や日常語などは旧来のまま呉音読みされ、「栄華《えいぐわ》・追従《ついしょう》」など漢籍を典拠とする漢語は漢音読みされるのが一般的であった。

†漢語の日本語化

中国語と日本語は音韻体系が異なることから、漢語は当初外国語のように発音されていたが、次第に日本語の音韻になじむようになり、発音しやすい語形で定着していった。

①拗音を直音で発音する。　例：初夜《そや》←ショヤ　病者《ばうざ》←ビャウジャ
②撥音を脱落させる。　例：懸想《けさう》←ケンサウ　本意《ほい》←ホンイ

③音便化する。　例：冊子《さうし》←サクシ　面目《めいぼく》←メンボク

日本語にはもともと拗音や撥音がなかったことから、①②のような現象が生じた。特に、サ行拗音は日本語固有の「さ・す・そ」と変わりがないものであったと見られるから、拗音の直音表記、もしくは拗音の直音化というのではなく、直音でそのまま把握できたのである。また、撥音（n撥音）ももともと日本語にあったものではなかったために、脱落させることとなった。

†混種語

活用語の一部を構成して混種語として用いられるものもあった。

(1)漢語に「す」を添えてサ変動詞にする　例：念《ねん》ず　供養《くやう》す　御覧《ごらん》ず
(2)漢語に動詞性接尾語を添えて動詞にする　例：懸想《けさう》ぶ　気色《けしき》ばむ
(3)漢語の韻尾を活用語尾として動詞にする　例：装束《さうぞ》く　騒動《さうど》く
(4)漢語に「なり」「たり」を添えて形容動詞にする　例：非常《ひざう》なり　堂々たり
(5)漢語を形容詞語幹として形容詞にする　例：執念《しふね》し　美美《びび》し
(6)漢語を形容詞語幹の一部として形容詞にする　例：労《らう》たし　術《ずち》なし

〈いたわしい〉〈かわいらしい〉意の「らうたし」は、漢語「労《らう》」に〈はなはだしい〉意の形容詞「いたし」が付いた「らういたし」から変化した語、〈解決の方法がない〉〈手の打ちよう

がない〉意の「ずちなし」は漢語「術」（ズチは呉音の直音化した形）に形容詞「無し」が付いた語で、後世「ずつなし」「じゅつなし」という語形でも用いられるものである。

いわゆる重箱読み・湯桶読みもこの時代に見えるようになる。たとえば、漢語「かう（香）」と和語「そめ（染）」からなる「かうぞめ」、和語「した（下）」と漢語「ゑ（絵）」からなる「したゑ」などが用いられるようになった。

†和文語と漢文訓読語

和文と漢文とでは使用する語彙に区別があった。たとえば、和文では「いと」「やうなり」と言うのに対し、訓読文では同じ意味で「はなはだ」「ごとし」が用いられた。〈すぐに〉の意で、「すなわち」は漢文訓読文、「やがて」は和文で用いられる。類似した語形でも、〈歩く〉意では、「あるく」が漢文訓読文に、「ありく」が和文に用いられ、〈まねて行う〉〈学ぶ〉意では「まなぶ」が漢文訓読文に、「まねぶ」は和文に多く用いられた。

また、語形だけでなく、動詞活用にも違いがあって、「まなぶ」は、漢文訓読文では上二段、和文では四段で用いられた。文体の違いは、語彙だけでなく、使役の助動詞や接続助詞に、漢文訓読文では「しむ」「して」を、和文では「す・さす」「て」を用いるというように文法の面にも及んでいた。

漢文の訓読は前代の読み方が慣習として踏襲される面があり、また助字（虚字）を中心として特定の読み方が次第に形式的機械的に行われるようにもなる。そのような慣用的な訓法は今日にも及んでいるが、たとえば「将」を「マサニ…ムトス」、「使・令」を「…ヲシテ…シム」と読むような再読字は十一世紀頃に確立されたものである。

†待遇表現の語彙

用言の尊敬語には、「おはす」「いますがり（いまそがり）」「のたまふ」「おもほす」「ごらんず」「たまはす」や、謙譲語を尊敬語化した「きこえさす」など、前代よりさらに多くの語が用いられるようになった。

御供《おとも》に睦《むつ》ましき四五人ばかりして、まだ暁《あかつき》におはす。（源氏物語　若紫）

〈お供に親しく仕える者を四、五人ほど連れて、まだ夜の明けぬうちにお出ましになる〉

気色ばみいますがりとも、え書きならべじや。（源氏物語　梅枝）

〈気張ってお書きになっても、私にだって同じぐらいのものが書けないことはなかろう〉

また、助動詞にも「す」「さす」や「る」「らる」が新たに生じて、敬語語彙の相互承接も複雑になるなど、敬語が大いに発達するが、その特徴のいくつかをあげておく。

まず、「たまふ」と「せたまふ」とによって、普通の敬語と「最高敬語」とが区別される点である。最高敬語は、天皇・皇后・上皇・皇太子など、最高位の身分の人の動作に用いるもので、次は、生まれて間もない光源氏に会いたいと思う桐壺帝に対して用いられた例である。

いつしかと心もとながらせたまひて、急ぎ参らせて御覧ずるに、（源氏物語　桐壺）

〈早く逢いたいと待ち遠しくお思いあそばして、急いで宮中に参上させてご覧になると〉

「せたまふ」は最高敬語として地の文で広く用いられる一方、会話や手紙文では身分がそれほど高くない人にも用いられた。

そして、「たてまつりたまふ」など、尊敬語と謙譲語の動詞が重ねて用いられることも行われるようになった（このような二方向に対する敬意の表現は現代語には見られない）。

権大納言《ごんだいなごん》の、御沓《くつ》とりて、はかせたてまつりたまふ。（枕草子　関白殿、黒戸より）

〈権大納言が関白様の御沓を取っておはかせ申し上げなさる〉

さらに、天皇や神など最高位の者に対して、絶対的に専用される敬語、すなわち絶対敬語が用いられた。天皇に対する「奏す」、皇后や皇太子に対する「啓す」などの類である。

よきに奏したまへ。啓したまへ。（枕草子　正月一日は）

〈よいように天皇に申し上げて下さい。皇后に申し上げて下さい〉

このほか、西大寺本『金光明最勝王経』古点（八三〇年頃）には「我は最勝の大法の鼓を撃ちたまふ」とあって、仏自身が自分に尊敬語を使っている場面も見られる。このような自尊表現も、前代に引き続き多く用いられた。

†丁寧語の発生

聞き手（読み手）に敬意を表す言い方である丁寧語は、九世紀に「はべり」という謙譲語から転成して生じた。

かの撫子のらうたく侍りしかば、いかで尋ねむと思ひたまふるを、　（源氏物語　帚木）

〈あの幼子《おさなご》がかわいかったものですから、どうにかして探し出そうと思っておりますが〉

丁寧語は日本語の敬語の中では新しく発達したもので、また、謙譲語の一種であるとも言える。実際、丁寧語は、自分あるいは自分側の人の動作に用いる場合、謙譲語と明確に区別ができない。

山里にこもり侍りけるに　（古今集　二八二詞書）

右は自分をへりくだって、〈山里に籠《こも》っておりました時に〉とも、聞き手に対する敬意を込めた〈山里に籠っていましたときに〉とも解せる。

また、下二段活用の「たまふ」は謙譲語とされているが、地の文には用いられず、会話文・手紙文に用いられるだけであり、聞き手を敬う意も帯びていることから、丁寧語と見ることもできる。前掲の『源氏物語』帚木の「思ひたまふる」の例を見ると、自分をへりくだって〈思っておりますが〉とも解釈できる一方、聞き手を敬った〈思っていますが〉とも分析できる。

†漢和字書の誕生

日本人の編集になる現存最古の辞書は弘法大師空海の『篆隷万象名義《てんれいばんしょうめいぎ》』(九世紀前半)である。ただ、これは中国の字書『玉篇』を抄出したもので、日本語と全く関わりがないが、そのような中国の辞書の影響を受けて、日本でも初めて辞書が編集されるようになった。

『新撰字鏡《しんせんじきょう》』(昌住《しょうじゅ》撰、八九八〜九〇一年ごろ)は、部首順に漢字を掲出してそれに対応する和語、すなわち訓を添えるという体裁を持つもので、漢和字書の原形ともいうべきものである。『類聚名義抄《るいじゅみょうぎしょう》』(十二世紀初め)もこのタイプの代表的なものである。

他方、『和名類聚抄《わみょうるいじゅしょう》』(源 順《みなもとのしたごう》撰 九三一〜九三八年)は意義によって見出し語(漢語)を分類し、漢文注を記した後に、それに対応する和語(和名)を示すというものである。「天部・地部・水部・歳時部・鬼神部……」(二十巻本 合計三二部)もしくは「天地部・人倫部・形体部・疾病部・術芸部…」(十巻本 合計二四部)のような部に分け、さらにその内部をいくつかの類に分けるもので、漢語を主に、和語を従として扱っている。このような意義分類による辞書編集は、後の『色葉字類抄《いろはじるいしょう》』『下学集《かがくしゅう》』『節用集』などに大きな影響を与えることになる。

5　文法——古典文法が完成する

動詞の活用

動詞の活用の種類では、古代前期にはなかった下一段活用が成立した。〈蹴る〉を意味する「くう」は前代ではワ行下二段活用であったが、未然形・連用形の「くゑ」が kuwe から合拗音の kwe と発音されるようになり、「見る」などと同じ無語幹動詞になった。そこで、正格活用である上一段活用に類推されて、その活用語尾は終止形・連体形では「mi-ru」のように語尾にルを添えて「kwe-ru」、已然形では「mi-re」のように語尾にレを添えて「kwe-re」となった。こうして、新たに下一段活用が生じた。この下一段活用動詞の唯一の所属語「くゑる」は、やがて合拗音 kwe が直音化して ke となって、「ける」となる。

只今の太政大臣の尻はけるとも、此の殿の牛飼にも触れてんや。（落窪物語）

〈現在の太政大臣の尻は蹴っても、この衛門督《えもんのかみ》の牛飼いに手を触れられようか〉

これによって活用の種類が九つとなり、古典語の動詞活用の種類がすべて揃うことになる。

体言的な機能を持っていたク語法はあまり使われなくなり、代わりに連体形による準体法が発達した。

残りなく散るぞめでたき桜花ありて世の中はての憂ければ　（古今集　七一）

〈桜の花は残ることなくさっぱり散るのがいい。いつまでも残っていても最後はつらくいとわしいものなのだから〉

連体形が体言となるもので、「残りなく散る（ぞ）」は〈残りなく散ること（ぞ）〉の意である。

†形容詞・形容動詞の活用

形容詞の活用では、八世紀ごろから未然形の活用語尾「け（しけ）」が衰退し、已然形は「けれ（しけれ）」が優勢になり、古典語としての完成を迎えた。

語幹	未然形	連用形	終止形	連体形	已然形	命令形	
なが	から	く かり	し	き かる	けれ	かれ	ク活用
をか	しから	しく しかり	し	しき しかる	しけれ	しかれ	シク活用

また、原因・理由を表わすミ語法は歌語としての用法以外では消滅していった。

形容動詞はナリ活用が前代から一部に見られたが、九世紀に入ると、急速に勢力を増してきた。タリ活用は漢文訓読の世界で発生したもので、漢語を語幹として次第に用いられるようになった。

語幹	未然形	連用形	終止形	連体形	已然形	命令形	
しづか	なら	なり に	なり	なる	なれ	なれ	ナリ活用
堂々	たら	たり と	たり	たる	たれ	たれ	タリ活用

ナリ活用は連用形語尾「に」に動詞「あり」が接して「ni-ari→nari」となり、タリ活用は連用形語尾「と」に動詞「あり」が接して「to-ari→tari」となって、それぞれラ変に活用された。そもそも連用形に「あり」がついた形容詞カリ活用は、補助活用とも呼ばれるもので、その意味では「なり」「たり」のラ変型活用も補助活用に相当する。そうすると、本活用はナリ活用、タリ活用とも連用形の「に」「と」しかないということになり、このことはとりもなおさず形容動詞が副詞の用法に由来することを物語る。

形容詞型の活用が、語幹の独立性という制約によって生産的に機能しにくいのに対して、形容動詞は語幹となるための制約がほとんどなく、状態的な意味を表す語であれば、和語のみならず、漢語、そして後世では外来語をも新たに語幹にできるという性質をもつ（「大切な・デリケートな」など)。そのため、形容詞の語彙の少なさを補うように、その後増加の一途をたどっていくことになる。ただし、これは単に活用の種類において盛衰があることを反映したに過ぎず、形容詞と形容動詞は状態・情意などを表すという役割では共通している。

†音便

ある活用語尾が特定の環境において別の音に変化する現象を音便という。音便は、広義では「まをす〈申す〉」が「まうす」となることをウ音便ということもあるが、ふつうは用言の活用形について用いる。『万葉集』には「加伊」〈万 三九九三〉〈カキ〈掻〉のイ音便〉のような例もあるが、これは個別的な事例に過ぎず、体系的な変化はこの時代に入ってから生じた。

九世紀に入ると、まずイ音便・ウ音便が起こり、次いで撥音便・促音便が生じた。撥音便には唇内撥音便〈[m]と発音されるもので、ここでは「m音便」とも呼ぶ〉と舌内撥音便〈[n]と発音されるもので、ここでは「n音便」とも呼ぶ〉とがあった。

動詞では、四段・ナ変・ラ変に限って見られ、連用形では「て・たり」などに、連体形では助動詞「なり」「べし」「めり」などに続く場合に起こった。

〈動詞連用形末尾の音〉〈音便の種類〉〈例〉

き・ぎ・し　イ音便　鳴いて・次いで・指いて

ひ　　　　ウ音便　　給うて

び・み　　撥音便（m音便）　喜むで・読むで

（「び・み」は中世前期を中心に「呼うで・読うで」のようにウ音便ともなる）

に・り　　撥音便（n音便）　死（ん）じ子・あ（ん）なり

（後続の音節がナ・ヌ・シ・セ・ソの場合に撥音便となる）

ち・ひ・り　促音便　持つて・失つて・切つて・あつて

（「ひ」は古代後期では「失うて」のようにウ音便になる）

〔動詞連体形末尾の音〕　〔音便の種類〕　〔例〕

る（ラ変のみ）　撥音便（n音便）　あ（ん）べし・な（ん）めり

形容詞カリ活用・形容動詞でも、ラ変動詞と同じく音便となるほか、次のような活用語尾に音便が生じた。

く（連用形語尾）　ウ音便　広う・恐ろしうて

き（連体形語尾）　イ音便　若い（心地）・苦しい（こと）

†音便発生の理由

音便の発生は、前後の音の環境においてその発音をしやすくするために、母音もしくは子音が脱落・転化したことによると考えられる。その過程として、たとえば次のようなことが想定される。

○「き・ぎ・し」のイ音便はその子音が脱落したもの（[ki]→[i]）

○「ひ」のウ音便はその母音の脱落によって[ɸ]となったが、それは単独では存在できないので、その類似の母音[ɯ]に転じたもの（[ɸi]→[ɸ]→[ɯ]）

○「み」の撥音便はその母音の脱落したもの（[mi]→[m]）

○「び」の撥音便もその子音の脱落によって[b]となったが、それは単独では存在できないので、その類似の[m]に転じたもの（[bi]→[b]→[m]）

○「ち」の促音便はその母音の脱落したもの（[motite]→[motte]）

○「り」の促音便はその母音の脱落によって子音[r]となったが、それは単独では存在できないので、その類似の[t]に転じたもの（[kirite]→[kirte]→[kitte]）

これらの背景には漢字音の日本語への浸透が影響していると考えられる。漢字音は前に述べたように、韻尾にi、u、m、n、p、t、kを取ることができる。これによって、語中においてイ音便・ウ音便・撥音便・促音便となることが許容されるようになったと見られる。

音便形は次第に勢力を増し、十八世紀には普通の言い方となった。ただし、n音便や促音便は音便が発生した当初は表記されなかった。m音便が「む（ん）」で書き表すことができたのに対して、n音便[n]の撥音は書き表す文字がなかったからである。しかし、[m]と[n]の混同が始まり、十一世紀後半頃からは次第にn音便も「む・ん」で書かれるようになった。また、促音便も当初これを書き表す文字がなかったが、十二世紀初め頃から「つ」と表記されるようになる。

†態の助動詞

前代の「ゆ・らゆ」に代わって「**る・らる**」が、自発・可能・受身の意に加えて、尊敬の意でも用いられるようになった。この尊敬の用法は、上位の人物が行う動作をそのまま直接に言い表すのではなく、〈自然に実現する〉というように婉曲に言ったことに由来する。また、人間以外の無生物が主語となる、いわゆる非情の受身は、「箏《さう》の琴かき鳴らされたる、横笛《やうぢやう》のふきすまされたるは」(更級日記)というように古典語に見えている。同じく、迷惑の受身も「春は霞にたなびかれ」(古今集　一〇〇三)のようにすでに用いられていた。

使役では、和文に「**す・さす**」(下二段活用)が使役・尊敬の意で用いられるようになった。「声高にものも言はせず」(土佐日記)のような許容・放任の表現もすでに見受けられる。これに対して、「**しむ**」は、使役の意では主として漢文訓読調に使用が限られるようになった。その一方で、「しめたまふ」などのように尊敬語を伴って尊敬の意にも用いられた。このような使役に由来する尊敬の用法は、身分の高い人物は人を使って物事を行わせることが多いことから、「そうさせる」という意が「そうなさる」という意に変化したものと考えられる。ただし、「しむ」は中世前期以降口語では衰退していった。

†推量の助動詞

根拠のある推量を表す「**らし**」は、次第に歌語として単なる推量の意で用いられるようになり、やがて消滅してしまった。その一方で、この時代には新たに「**めり**」「**やうなり**」が推量の意味で用いられるようになった。

尼君の見上げたるに、少しおぼえたるところあれば、子なめりと見たまふ。（源氏物語　若紫）

〈尼君が見上げたところ、少し似ているところがあるので、〈尼君の〉子であるようだと御覧になる。〉

「めり」は視覚による判断・推量を表す助動詞として、この時代には盛んに用いられたが、その後次第に勢力を失った。このほか、「**むず**（んず）」が「**む**（ん）」の俗語的表現として、「**べらなり**」が「**べし**」の別語形として用いられるようになった。

車なりける人、この蛍《ほたる》のともす火にや見ゆらむ、ともし消《け》ちなえむずるとて、（伊勢物語　三九）

〈車の中にいる人は、この蛍のともす灯で女の顔が見られるかもしれない、火を消してしまおうとして〉

桂川《かつらがは》わが心にもかよはねど同じ深さに流るべらなり　（土佐日記）

〈桂川は私の心の中に流れているのではないが、私の思いと同じ深さで流れているようだ〉

「むず（んず）」は「む」の古い連用形「み」にサ変動詞「す」が付いた「みす」から転じたものである（misu→mzu）。「べらなり」は助動詞「べし」の語幹「べ」に接尾語「ら」が付き、これに断定の「なり」が付いたものである。

また、否定推量では、前代の「ましじ」から「し」を脱落させた「**まじ**」が生じた。

少々《せうせう》の殿上人《てんじやうびと》に劣るまじ。　（源氏物語　蛍）

〈ありきたりな殿上人に劣らないに違いない。〉

†その他の助動詞

完了の「**り**」は四段・サ変にしか接続しないという制限の多い助動詞であり、意味も「**たり**」と異なるところがなかったことから、十一世紀以降次第に消滅していった。

名詞「やう〈様〉」に助動詞「なり」が付いた「**やうなり**」が「扇を広げたるやうに」〈扇を広げたように〉（源氏・若紫）のように比況の意を表すようになった。この出現によって、「**ごとし**」は漢文訓読調に使用が限られるようになった。

願望の「**まほし**」が新たに生じた。これは、「む」のク語法「まく」に形容詞「欲《ほ》し」が付いた「まくほし」の「く」が脱落したものであろう（形式名詞「ま」に「欲し」が付いたとする説などもある）。

紫のゆかりを見て、つづきの見まほしくおぼゆれど、　（更級日記）

〈『源氏物語』の紫の上にまつわる巻を読んで、その続きが見たくてならなかったが〉

「まほし」の反対語としては「**まうし**」〈…したくない〉があった。「欲《ほ》し」を「憂《う》し」（つらい・いやだ）に置き換えた語で、中世前期まで用いられた。

この君の御童姿、いと変《か》へまうく思《おぼ》せど、十二にて御元服したまふ。　（源氏物語　桐壺）

〈この君の童子姿をまったく変えたくないとお思いになるが、十二歳でご元服なさる〉

断定の助動詞では、「**なり**」は前代では名詞に付くだけであったが、古代後期になると、連体形にも接続し、その後広く用いられることとなった。

親の常陸《ひたち》になりて下《くだ》りしにも誘《さそ》はれで、参れるなりけり。　（源氏物語　須磨）

〈親が常陸介《ひたちのすけ》になって任国に下ったのにも付いて行かずに、君のお供で参ったのだった〉

また、格助詞「と」に動詞「あり」が付いた「とあり」から転じた「**たり**」も断定の助動詞として用いられた。

人を救ひ法を益する軌則たり。　（石山寺本『法華玄賛』平安中期点）

ただし、和文での使用は少なく、主として漢文訓読調の文章に用いられるだけであった。なお、否定の助動詞では、「ず」が前代から引き続き使われたが、連体形・已然形には、漢文訓読調で「ざる」「ざれ」、和文で「ぬ」「ね」が一般に用いられた。

†格助詞

「の」が、「大君の命《みこと》」「上《うへ》の御前《おまへ》」などのよう敬意の対象となる語に付くのに対して、「が」は敬意のない場合の連体格に用いられた。

僧正遍昭がもとに、ならへまかりける時に、（古今集　二二七）

〈僧正遍昭のもとに行くとて、大和に下向したときに〉

このような「の」「が」による敬意の有無を表す用法はその後江戸時代まで見られる。「が」が、上接する語に主点を置き強示するという性格によって、婉曲表現が敬意になるのとは逆に、あからさまにすることで、敬意が表されないのである。また、「の」には、言い切りの文の主格を表す用法があり、近世に至るまでしばしば見られた。

ことならば言《こと》の葉《は》さへも消えななむ見れば涙のたきまさりけり（古今集　八五四）

〈同じく消え失せるのだったら、父の和歌も父と一緒に消えてしまってほしい。この形見を見ていると、早《は》瀬《せ》のような涙が激しく流れてくることよ〉

連体止めにおいて主格を表す「の」が多いことが、その類推でこのような語法を許容したのであろう。

「**に**」には「梅に鶯」のような列挙の用法も生じた。これに接続助詞「て」が付いた「にて」は、次第に「**で**」という語形で用いられるようになり（nite→nde）、場所・手段などの意で使用されるようになった。

右大臣宣命、以右手、此院では用左。（御堂関白記　寛仁元年正月七日）

この院では、右手ではなく、左手を用いる、という意である。

格助詞「**へ**」は、古代前期では、こちらから遠く離れた地点に向かうという意で用いられたが、「宮もこなたへ入《い》らせたまひぬ」（枕草子　淑景舎《しげいさ》、東宮にまゐり給ふほどのことなど）のように、話し手の近くへの移動にも用いられるようになった。

「**から**」も、経由点の意から起点の意が生じた。しかし、起点の意にはすでに「**より**」が用いられていたことから、その後は俗語として用いられる。

波の花沖から咲きて散りくめり水の春とは風やなるらむ（古今集　四五九）

〈寄せてくる波を見ていると、咲いた花が風に吹かれて沖から散ってくるようだ。水の上の春とは、風が春の役目をするものなのだろうか〉

「**して**」は、サ変動詞「す」の連用形に接続助詞「て」がついたもので、手段・方法の意のほか、漢文訓読調では「(を)して」の形で用いられた。

御使にも、女房して土器《かはらけ》さし出《い》でさせたまひて、強《し》ひさせたまふ。　（源氏物語　若菜上）

〈お使者にも女房に命じて杯を差し出させなさって、無理に飲ませなさる〉

彼の天等をして福力を増明にあらしめ、　（西大寺本『金光明最勝王経』平安初期点）

「令・使」の訓読が「をして…しむ」の専用になるのは十世紀ごろからで、それまでは「に…しむ」「を…しむ」などとも読まれた。

「とて」は格助詞「と」に接続助詞「て」が付いて生じた語で、会話などの引用、行為の目的、原因・理由などの意を表した。

「あな腹々《はらはら》。いま聞こえむ」とて過ぎぬるに　（源氏物語　空蟬）

〈「ああお腹《なか》が、お腹が、あとでまた」と言って行ってしまったので〉

†接続助詞

「**からに**」が〈…と同時に〉の意、また「むからに」の形で逆接仮定条件を表すようになった（ただし、まだ体言性が残存している）。

吹くからに秋の草木のしをるればむべ山風を嵐といふらむ　（古今集　二四九）

〈ちょっと吹くだけで、すぐに秋の草木がしおれるものだから、なるほどそれで人は山の風を「荒らし」

（山風↓嵐）というのだろう〉

など帝《みかど》の皇子《みこ》ならむからに、見む人さへかたほならずものほめがちなる。（源氏物語　夕顔）

〈帝のお子だからといって、どうして見知っている人までが欠点もないかのようにほめてばかりいるのか〉

逆接の仮定条件では、「とも」の「も」が脱落した「**と**」が用いられるようになった。ただし、会話文や贈答歌に用いられるだけであった。

つつむことさぶらはずは、千の歌なりと、これよりなむ出でまうで来まし。

（枕草子　五月の御精進のほど）

〈遠慮することがございませんなら、千首の歌であっても、こちらから口をついて出てまいることでありましょうに〉

他方、逆接の確定条件では、和文では「**ど**」が多用されるのに対して、漢文訓読調では「**ども**」がもっぱら用いられた。また、「**ものの**」「**ものから**」も多用された。

月は有り明けにて光をさまれるものから、かげさやかに見えて、（源氏物語　帚木）

〈月は有り明けの月で光は薄らいでいるのに、月の形がはっきりと見えて〉

をかしきものの、さすがにあはれと聞きたまふ節《ふし》もあり。（源氏物語　明石）

〈おもしろく感じられるけれども、それでもやはりしみじみとお聞きになる点もある〉

「ものの」は中世以降衰えていき、近世になって再び逆接の意で用いられるようになる一方、

「ものから」、そして奈良時代から用いられていた「**ものゆゑ**」は「から」「ゆゑ」の意味が影響して、中世以降は順接の意に変化していった。

単純接続の「**して**」は漢文訓読調では「長くして」「にして」「として」などの形で用いられるのに対して、和文では「長くて」「で（にて）」「とて」などの形で用いられた。

否定の接続では、奈良時代に「ずして」「ずて」があったが、平安時代になると、「ずして」は主として漢文訓読調に、「ずて」は和歌に用いられるだけで、平仮名で書かれた散文では「**で**」が用いられるようになった。これは「ず」の古い連用形「に」（「知らに」などの「に」）に接続助詞「て」が付いた「にて」から［nite］→［nde］のように転じたものである。

起きもせず寝もせで夜《よる》を明かしては春のものとてながめ暮らしつ　（古今集　六一六）

〈起きているでもなく、寝ているでもなしに、一夜を明かしたけれど、長雨に降り込められて、景色をながめつつ、物思いにふけって一日を過ごしてしまった〉

†副助詞・係助詞

副助詞では、「だに」「すら」「**さへ**」は前代ではそれぞれ、期待される最低限の物事を示す意〈せめて…だけでも〉、程度の甚だしい（または、軽い）物事を取り上げて他を類推させる意〈…さえ〉、同類の事実を添加する意〈そのうえ…までも〉を表した。これが平安時代になると、

「**だに**」は「すら」の意でも用いられるようになり、「**すら**」は次第に衰退していった。

一文字《いちもんじ》をだに知らぬ者、しが足は十文字《じふもんじ》に踏みてぞ遊ぶ。（土佐日記）

〈一という文字さえ知らない者が、その足が十の字になるように足踏みをして踊る〉

「**まで**」は時間的、空間的な限界点を表す一方、意味が抽象化し、〈限界となる事態の程度〉〈限界まで達すること〉の意にも用いられた。

わが宿は道もなきまで荒れにけりつれなき人を待つとせしまに（古今集　七七〇）

〈我が家の庭は気がつくと、道も見えないほど荒れてしまった。来てくれない無情な人を待とうなどとしている間に月日が過ぎてしまって〉

あやしの法師ばらまで喜びあへり。（源氏物語　賢木）

〈身分の卑しい法師連までが喜び合っている〉

また、否定の「ず」に付いた「ぬまでも」の形で、逆接の仮定条件〈…としても〉の意にも用いられた。

月を見て荒れたる宿にながむとは見に来《こ》ぬまでも誰《たれ》に告げよと（和泉式部日記）

〈月を見て荒れはてた宿で物思いをしていることは、どうせ見においでにならないとしても、宮様以外の誰に告げればよいのでしょうか〉

強調の意を表す「**し**」は、順接条件句における「…し…ば」というような固定的な用法に限られるようになり、次第に用いられなくなった。

から衣着つつ馴れにし妻しあればはるばる来《き》ぬる旅をしぞ思ふ（伊勢物語　九）

〈唐衣を着なれるように馴《な》れ親しんだ妻が都にいるので、はるか遠くやってきた旅がしみじみ悲しく思われる〉

「**ばかり**」は前代ではもっぱら程度・範囲〈…ぐらい、…ほど〉の意であったが、新たに限定〈…だけ〉の意が生じた。また、用言の場合、主に連体形を受けて用いられた。

涙に溺《おぼ》ほれたるばかりをかごとにて、はかばしうもえ答へやらずなりぬ。（源氏物語　蜻蛉）

〈涙にむせぶだけであるのを口実にして、はきはきとしたご返事もできずじまいであった〉

前代では限定の意は「**のみ**」がもっぱら担っていたが、次第にこれを圧倒していった。

「**など**」は体言に付いた「何《なに》と」が［nanito］→［nando］と変化したものから生じ、他にも類例のある中から取り立てるという例示の意を表す語として、その後多用されていく。

係助詞は一定の活用形で結ばれるもので、基本的には前代と変わらない。このうち、「なむ」は前代の「なも」から変化したものである。

これなむ都鳥。（伊勢物語　九）

〈これが都鳥です〉

「なむ」は会話や手紙文に多く見える一方、和歌や漢文訓読ではほとんど用いられなかった。

†**終助詞**

希望の意では「**てしか**」に加えて「**にしか**」(「に」は助動詞「ぬ」連用形)も用いられるようになった。しかし、平安時代に現れた「**ばや**」が多用されて、その後「しか」は次第に衰退していった。

世の中に物語といふもののあんなるを、いかで見ばやと思ひつつ、(更級日記)

〈世間には物語というものがあるそうだが、なんとかして見たいなあとしきりに思って〉

体言などに付く「**もがな**」は、前代の「もがも」に代わって生じた。他者への希望の意では前代の「なも」から転じた「**なむ**」(未然形接続)が用いられるようになったが、院政時代には衰退した。

わたつみのちふりの神に手向《たむけ》する幣《ぬさ》の追風《おひかぜ》やまず吹かなむ (土佐日記)

〈海原の行路の安全を守る神に祈る幣を散らす西の追い風よ、やむことなく吹いてほしい〉

感動・詠嘆の意では、前代の「かも」から転じた「**かな**」が平安時代から室町時代まで広く用いられた。また、係助詞の文末用法と見られる「**か**」「**は**」「**も**」もこの意で用いられた。「**かし**」は強く念を押す意で、平安時代に用いられるようになったが、鎌倉時代以降は命令形に付く用法に限られるようになった。

よみつべくは、はや言へかし。　（土佐日記）

〈詠めるのならば、早く言いなさいよ〉

禁止表現では、平安時代に「な…」「な…そね」が消滅し、「**な…そ**」が優勢になった。

あたりよりだにな歩《あり》きそ。　（竹取物語）

〈家の付近を歩くことだけでもしないでほしい〉

†間投助詞

「**な**」は聞き手に持ちかけるニュアンスが強い言い方となった。

さても、うちうちに宣《のたま》はせよな。　（源氏物語　葵）

〈それにしても、内々で仰せつけてくだされればよいのにね〉

「**や**」は文末に用いられることが多くなり、次第に終助詞化していった。

かきしぐれたる紅葉の、たぐひなくぞ見ゆるや。　（更級日記）

〈折からの時雨に濡れた紅葉の趣は、並ぶものがなく美しく見えたことだ〉

また、「…**や**…や」という並立の用法も十世紀に生じた。

御修法《みずほふ》や何やなど、我が御方にて多く行はせたまふ。　（源氏物語　葵）

〈お祈りやら何やらと自分のところで多く行わせられる〉

第三章 中世前期——院政鎌倉時代

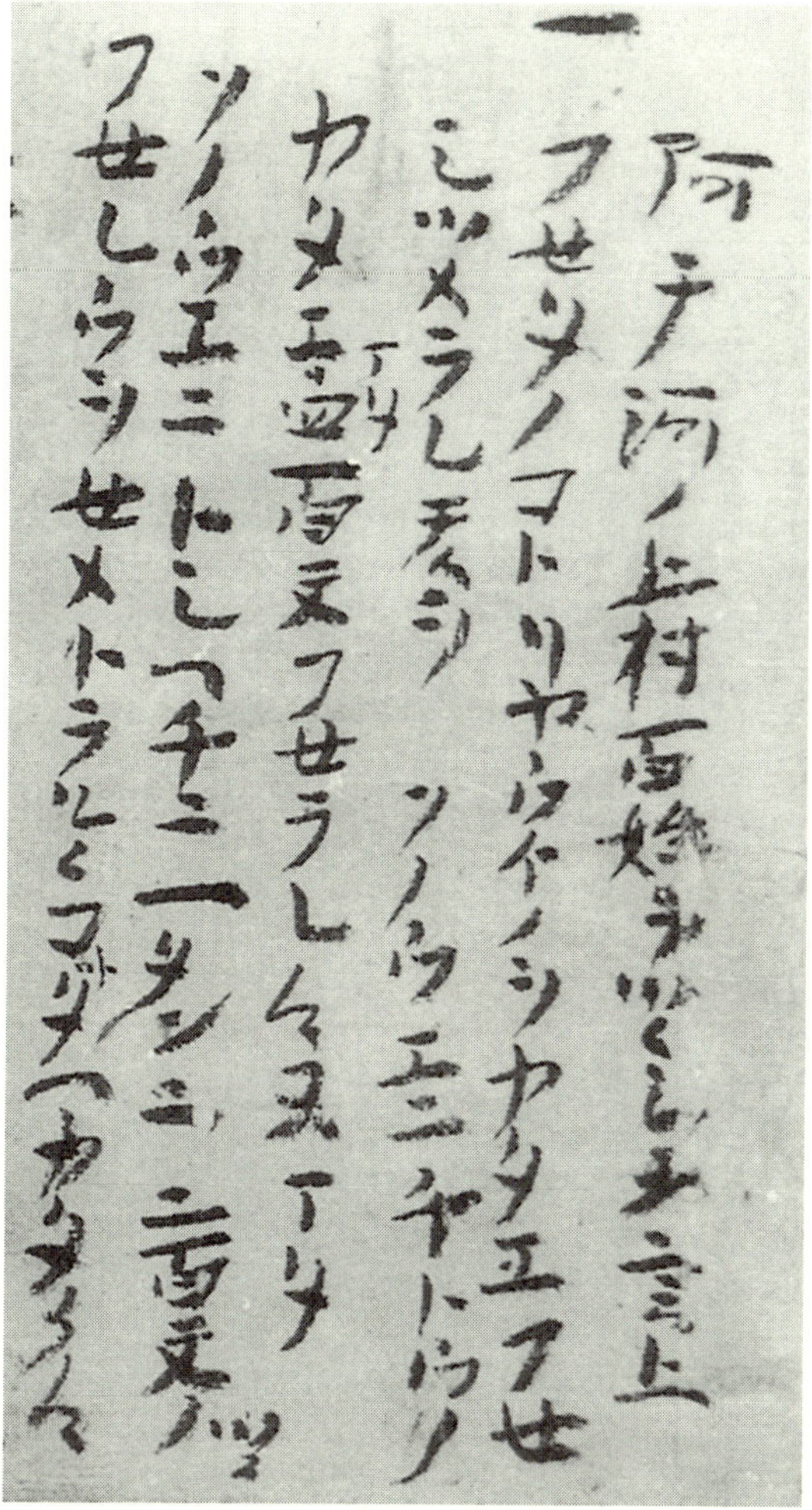

阿弖河荘上村百姓等言上状(高野山蔵)

1　総説——古代語が瓦解する

†中世前期とその言語

藤原氏を中心とする摂関政治が衰退し、一〇八六年に白河上皇が院政を行うようになると、旧来の社会構造、経済生活が大きく変わり、また、武家が中央に進出し、次第に政治の中心を担っていくという日本史上における一大変革が生じた。日本史の時代区分では、一般に「古代」は平安時代の貴族を中心とした政治体制が終わるまでを指し、白河上皇が院政を始めた時期からを「中世」と呼んでいる。

この区切りは政治体制の大きな変化という面に特に着目しているが、言語の上でも、後世から模範とされる古典語に綻《ほころ》びが見え始める。大きな頂点を形作ったということは、比類のない輝かしき時代のままには存続せず、次第に下り坂を転げ落ちるように瓦解していく姿が待ちうけているということでもある。古典とされる前代のことばから見ると誤用である言い方が次第にふつうの言い方となり、後世へと受け継がれていくのである。ただし、それは日常の話しことばにおいてであって、書きことばにおいては、物語にせよ和歌にせよ、模範とすべき十世紀を中心とする古典語を継承した。このように、古典語は文語としてその後長らく規範性を保ち続けることになるが、話しことば（口語）はそれから徐々に乖離《かいり》していく。このような時期を「言文二途の時代」ともいう。そして、近代語的な要素の萌芽期とも言える南北朝時代以降とは、さまざまな側面において質的に異なるため、一〇八六年から一三三三年までの時期を中世前期と位置づけることにする。

†口語の変化に着目する

残された文献からしか当時の言語を知ることはできないにもかかわらず、その書かれた文章から話しことばの要素を見出すというのは一見、矛盾しているように見える。しかし、文語に基づいて書くべき文章に、ちょっとした不注意から、また、文脈上から必然的に、当時ふつうに話したり考えたりする時に用いる日常の話しことばが紛れ込んでしまうということは、至極自然な成り行きである。古典語から見れば誤りであるという言い方が、時に散見されるが、これはしばしば生じうることである。

日本語の変遷を知る上では、そのような、文語にとって誤用であり、口語として自然な言い方である断片が重要な手掛かりとなる。したがって、規範的でない言い方で記されたものが、よく知られた文学作品ではなく、聞いたこともないような文献であることも少なくない。そして、見つかった誤用例を質的にどのように位置づけるかは一概に論じられないが、多くの場合その背景には相当数の同じ現象があったと見るべきである。

†『徒然草』に当時の口語を垣間見る

一三三一年頃に成立した『徒然草』は、周知のように日本の古典として高く評価されている。しかし、その文章は模範とすべき古典語に則っているとは言いがたい擬古文である。たとえば、次のように、会話を引用した箇所では、本来は動詞の終止形で終わるべきところに連体形が用いられている。

> 門《もん》に額懸《がくか》くるを「打《う》つ」といふは、よからぬにや。勘解由小路《かでのこうぢの》二品禅門《にほんぜんもん》は、「額懸くる」とのたまひき。「見物の桟敷《さじき》うつ」も、よからぬにや。「平張《ひらばり》うつ」などは常の事なり。「桟敷構《かま》ふる」などいふべし。「護摩焚《ごまた》く」といふも、わろし。「修《しゅ》する」、「護摩する」など云《い》ふなり。「行法《ぎやうぼふ》も、法の字を澄《す》みていふ、わろし。濁りていふ」と、清閑寺僧正《せいかんじのそうじやう》仰せられき。常に言ふ事に、かゝる事のみ多《おほ》し。（第一六〇段）

「額懸くる」の「懸くる」は「懸く」の連体形、「桟敷構ふる」の「構ふる」は「構ふ」の連体形、「修する」「護摩する」はそれぞれ「修す」「護摩す」の連体形である。連体形を文の終止に用いるのは古典語の用法を逸脱した言い方であるが、吉田兼好の時代では、話しことばにおいて連体形の終止用法が一般化していたことを物語っている。これが、前述した「書かれた文章から話しことばの要素を見出す」ということである。話しことばが当世の姿を呈している以上、書きことばにも自ずからそれが反映されるということである。

2　文字表記——仮名の使用が促される

†東鑑体

平仮名・片仮名が成立した平安時代においても、一般社会における文字表記は男性を中心に、原則として漢字が用いられた。それは、本来、中国語の用法に則って書く漢文（純漢文）であるべきだが、そのような正しい漢文が書けるのは相当な漢文能力のある人に限られ、ほとんどの日本漢文は文法や語彙において日本語的な要素を含むものである。不用意にも漢文の語法を逸脱してしまったというものもないわけではないが、ほとんどは日本化した漢文であることを認識した上で漢字で書き記されたものである。

鎌倉幕府の記録書『東鑑《あづまかがみ》』（『吾妻鏡』とも）は漢文だけで書かれたもので、一一八〇年から一二六六年までの八十七年間にわたる歴史書である。ただし、漢文訓読調の流れを引く類型的な表現に基づき、日本語に影響された漢字の用法を含む、いわゆる和化漢文（変体漢文）で書かれている。たとえば、副詞の「定」に対して文末に「歟」を呼応させて「定めて…か」としたり、「豈……哉」〈あに…や〉、「云……者」〈いはく…てへり〉、「縦……雖」〈たとひ…とも〉などの類型的表現を用いたり、その独特な文体は「東鑑体」とも呼ばれる。

このほか、『玉葉』（九条兼実《かねざね》 一一六四年から一二〇三年まで）、『明月記』（藤原定家《ていか》 一一八〇年から一二三五年まで）などの日記や、仏教活動における願文・諷誦文《ふじゅもん》などにも、和化漢文で書かれたものが多数残されている。

真名本が生まれる

男性を中心に漢文は実用的な書記手段とされ、この時代特有の漢字文として「真名《まな》本」を生み出した。これは真名、すなわち漢字だけで書かれた本（漢文）のことで、同じ題の作品が仮名によって書かれた本と対をなすものを指す。そもそも『古今和歌集』の序文に、漢文による真名序と、仮名文による仮名序とがあるように、また、漢詩文と和歌を並べて記す『和漢朗詠集』のように、漢文と和文の対比は古くから強く意識されていた。そうした中で、九八四年に源為憲《ためのり》が編集した仏教説話集『三宝絵詞《さんぼうえことば》』の平仮名文が、漢字片仮名交じり文（「観智院本」東京国立博物館蔵 一二七三年書写奥書）や真名本（「前田本」前田尊経閣蔵 一二三〇年本奥書）に書き換えられた。中世においては漢字のステータスが依然として高かったからであり、『伊勢物語』も、平仮名文から片仮名本（「時頼本《ときより》」最明寺蔵　鎌倉中期頃）、さらには真名本（鎌倉中期以降、南北朝以前成立か）が作られている。

ちなみに、『曽我物語』（鎌倉後期から室町初期頃の成立）のように、最初に真名本が作られ、後に漢字片仮名交じり文や漢字平仮名交じり文で書き改められたというものもあった。

†漢字の字体と書風

漢字に対する意識は多様で、俗字や当て字も多く用いられていた。漢和辞典の一種である観智院本『類聚名義抄』には「俗字」の注記が多く見え、また、本来の意味とは無関係に読みを借りて表記するという当て字の増加は、当時における漢字の隆盛を物語っている。

上ド（浄土）　二色（錦）　目出タシ　酒月（盃）　人見（瞳）　浅猿シ（あさまし）

裏病（うらやまし）　仮染（かりそめ）　心みやう（身命）

漢字の字体についても当時の人々が高い関心を持っていたことは、『徒然草』の「しほといふ文字はいづれの偏にか侍らん」（一三六段）の一節からうかがわれる。医師の篤成《あつしげ》は何でも知っているというので、源有房《ありふさ》が「しお」という文字はどんな偏かと質問した。篤成は「土偏」と答えたところ、「その程度の才知か」と笑われたというのである。「しお」の訓を持つ漢字に

「塩」のほか、「鹽」があることを常識としていたという背景が知られる。

また、この時代になると、漢字の書体は流麗な筆致から太くて力強い書風に変化し、さまざまな和様の書法が行われるようになった。その代表的な流派には、藤原行成《ゆきなり》を祖とする世尊寺《せそんじ》流があり、柔らかで丸みのある書風が特徴であった。これに宋代の力強さを加えた書風が青蓮《しょうれん》院第十七代門主、尊円《そんえん》法親王（一二九八～一三五六年）によって作り出され、これが後に「御家《おいえ》流《りゅう》」と呼ばれる。その豊潤で親しみやすい書風は、武家だけでなく庶民の用いる書体として江戸時代末に至るまで主流をなした。

†仮名で和語を書く

慈円《じえん》が著した『愚管抄』（一二二〇年）は、必然的な道理によって政治や社会が展開されるという歴史観を述べたものである。この書は、漢文ではなく、漢字仮名交じり文で書かれているが、その理由について次のように述べている。日常的に用いる「はたと・むずと・しゃくと・どうと」などのことばはわかりやすいが、それを漢字で書き記すことはできない。漢文では意味が伝わりにくく、また、それを理解できる人も少ないから、多くの人々に理解してもらいたい文章には仮名を使い、和語（日本固有の語）を用いて表現することにしたというのである。

ほかにも、一般庶民に対して仏教の教えを平易に説こうとする人たちにおいて、和語、そして仮名を用いるべきだという主張が見える。浄土宗の開祖、法然《ほうねん》は「南無阿弥陀仏」と唱えれば、貴賤、男女にかかわらず極楽往生ができる、すなわち学問も経済力もない庶民でも救われるという考え方を説いた。「ヤマトコトバハソノ文見ヤスク、ソノ意サトリヤスシ」（『黒谷上人《くろだにしょうにん》語灯録』）と述べるのは、民衆に仏教を教える手段としては、平易な和語、読みやすい仮名を用いることが最適であるというのである。同じく鎌倉新仏教を開いた親鸞《しんらん》や日蓮《にちれん》も、教義を説く場合、信徒に手紙を書く場合など、その場面に応じて仮名を用いたことが知られている。

†仮名使用の広がり

仮名は平易に読めることから、もともと漢文であった書物が平仮名を中心とした漢字仮名交じり文で書き直されることもあった。『仮名書き往生要集』（一一八一年）、『仮名書き法華経』『仮名書き仏説阿弥陀経』などの出現は、仮名が多くの人々の間に浸透しつつあったことを如実に物語っている。また、武家でも、政権を担当する者としてわきまえておくべき政道に関する漢籍を、仮名で平易に概説した仮名抄が読まれた。源光行《みつゆき》が著した『蒙求《もうぎゅう》和歌』『楽府《がふ》和歌』は『蒙求』『白氏文集』（第三・四巻）の中から主要なことばを仮名で解説し、その要点を詠《よ》み込んだ和歌を添えたものである。

前代において、片仮名の使用範囲は限定的であったが、この時代になると、いろは歌を沓《くつ》冠《こうぶり》とする『極楽願往生歌』、講義の記録である『法華百座聞書抄《ききがきしょう》』（一一一〇年以降）、また仏教説話集である『今昔物語集』『打聞集《うちぎぎ》』（一一三四年以前）『宝物集《ほうもつ》』などの仏教関係の書物に、漢字交じり片仮名文（片仮名を主体として漢字を交ぜた書き方）や、漢字片仮名交じり文（漢字を主体として片仮名を交ぜた書き方）が出現するに至った。片仮名の使用は、国書（日本撰述の書）にも及び、『古今和歌集』を注釈した藤原教長《のりなが》『古今集註』（一一七七年）、顕昭《けんしょう》『古今集註』、片仮名で書き直した『片仮名本古今和歌集』『片仮名本後撰和歌集』や『片仮名本伊勢物語』、自らの和歌を片仮名で記した『明恵《みょうえ》歌集』などに見え、『方丈記』も原著は鴨長明自筆かと言われる大福光寺本のような片仮名文であったと考えられている。そのほか、『草案集』などの草稿や手控え・備忘録などにも片仮名が使用された。こうしてみると、この時代を特徴付ける一つとして、和語と仮名、特に片仮名の使用を挙げることができよう。

†片仮名の使用者層

短篇小説集『堤中納言物語』に収められた「虫めづる姫君」（十二世紀ごろの作か）には、ある男が、虫をかわいがる幼い姫君の噂を聞いて贈った和歌に対して、姫君がごわごわした趣のない紙に返歌を書く場面が「仮名はまだ書きたまはざりければ、片仮名《かたかんな》に」と描かれている。姫君は幼くて、平仮名はまだ書けなかったので、片仮名で書き記したというのである。この当時、女性は女手、すなわち平仮名を使うのであるが、平仮名は変体仮名も多く、流麗に繊細な筆跡で書くことが求められた。そこで、最初に習うのは、平易に用いることのできる実用的な片仮名であって、その後で平仮名の習得に及んでいくのが一般的であったようである。

このような片仮名の使用が、この頃には農民階級でも上層の人に及んでいたことは、『阿弖《あて》河《がわ》庄《しよう》上村《かみむら》百姓等言上状』（一二七五年）から看取される（本章扉参照）。

阿テ河ノ上村百姓ラツ、シテ言上

一　フセタノコトリヤウケノヲカタエフセシツメラレテ候ヲソノウエニチトウノカタエマタ四百文フセラレ候ヌマタソノウエニトシヘチニ一タンニ二百文ツツノフセレウヲセメトラル、コトタヘカタク候

〔阿弖河の上村百姓等《ら》、謹《つつし》（ン）で言上《ごんじやう》（ス）

一　臥田《ふせた》の事。領家《りやうけ》の御方へ臥《ふ》せ鎮められて候《さふらふ》を、その上に地頭《ぢとう》の方へ、又《また》四百文臥せられ候《さふらひ》ぬ、又その上に年別《としべち》に一反に二百文づつの臥料《ふせれう》を責め取らるること堪へがたく候ふ。〕

「ふせだ」は領主に報告しない耕作地のことで、その臥田を領家（荘園領主）には認めてもらっているのに、地頭（幕府側の管理者）に過酷な年貢を納めさせられていることを訴える内容である。これは、農民階層でもその指導者的な立場にある人は、片仮名および一部の漢字を習得していたことを示すもので、当時は見聞を得るために、幼い時に寺に預けられたことから、そ

こで片仮名や、漢数字など基礎的な漢字の習得がなされたのであろう。

文字の特権階級とでもいうべき貴族中心の漢字・平仮名の文字文化に加えて、一般大衆にも使用可能な片仮名の普及によって、識字層が徐々に拡大していく時代であった。

†片仮名の字体

片仮名の字体は、平安時代では漢字の字画を省略した形を色濃く残していたが、十二世紀頃からは、たとえば、「ウ・ツ・ラ」などの終画のはらいが次第に長く鋭角的になったり、「シ・ル・レ」などの終画のはねが鋭角的になったりするなど、漢字らしい字形から徐々に乖離していった。そして、十三世紀になると、今日に近い字体に統一されるようになる一方、大部分が一音節一字へと整理されていった。片仮名は、もともと漢文訓読の場において生じ、漢字に従属的なものであったが、ここに至って、漢字から遊離した独自の文字体系という地位を確立したのである。

†促音・撥音の表記

仮名と漢字が交用されるようになると、仮名の部分を多くして読み誤りを避けようとして、「水《み》ツ・夜《よ》ル・間《あひ》タ」などの捨て仮名や、活用語尾などに送り仮名を付すことが広まった。

また、促音は古代後期までは無表記であったが、この時代に入ると、「サッシホドニ」〈去りし程に〉（草案集　一二一六年写）のように「ッ」の表記が見えるようになる。そして、十四世紀に入る頃にはその「ッ」表記が一般化した。また、後で述べるように二つの撥音、唇内撥音［m］と舌内撥音［n］との区別がなくなり、撥音はすべて「ん」「ン」で表記されるようになった。

仮名文では、文節に相当する位置に「・」という句読点を付けるものが現れるようになった。ただし、濁点が平仮名で書かれた資料に用いられるのは十三世紀以降のことである。

†定家仮名遣

歌人としても著名な藤原定家（一一六二～一二四一年）は文献考証学者としても大いに活躍した人物で、『下官集《げかんしゅう》』という歌論書の中で仮名の遣い方について自説を主張している。まず、仮名の混用について留意する人が少ないことを嘆き、古くから仮名遣いの乱れはあるが、今の時代はさらにはなはだしくなっていて、まことに残念であると記した上で、「を」「お」などの仮名遣いについて実例を挙げて指針を示している。その使い分けの原則は、アクセントで高く発音する場合には「を」、低く発音する場合には「お」を用いる、そのほかの「い」「ひ」「ゐ」、「え」「へ」「ゑ」については古い写本による、というものであった。

アクセントの高低による「を」「お」の使い分けは、すでに十一世紀から、たとえば真福寺本『将門記』（承徳三〈一〇九九〉年点）などにも見えており、定家の独創ではなく、当時一部に行われていた方法を踏襲したものであった。ちなみに、このアクセントの高低による「を」「お」の使い分けは、「いろは歌」における「散りぬるを」（助詞「を」は高く発音された）と「有《う》為《ゐ》のおくやま」（「奥山」のオは低く発音された）の当時のアクセントの高低によるもので、空海が開宗した真言宗の僧侶の間で始められたとされている。「を」「お」以外の仮名遣いについては、定家が根拠とした写本にはすでに音韻が混乱した状況が反映されていたところから、結果的に「追」に「おひ・おい」の両用を認めたり、「音」は「をと」、「植」は「うへ」などというように、歴史的仮名遣いと異なっていたりしている。

十世紀以降音韻が混同されて、発音と仮名との関係が一対一の対応関係を失ったため、どのような仮名を用いればよいか、判断しづらい事態になっていた。そこに、初めて仮名遣いを主張し、それを自ら実践したことの意義は大きく、藤原定家の歌道における権威の下に、この「定家仮名遣」は歌人の間では近世に至るまで行われた。

3　音韻——音韻が整理されていく

†イとヰ、エとヱ

イ /i/ とヰ /wi/、およびエ /je/ とヱ /we/ を混同した例は、語頭以外ではすでに前代からあったが、語頭における混同はなかった。しかし、十二世紀末になると、その混同は語頭にまで及ぶようになった。

鹿ノ師子ヲ内裏ニイテ参テ、［率《ヰ》ル〈率いる〉］（『三教指帰《さんごうしいき》注』院政末期点）

酒ヲノマセテエハス。［酔《ヱ》ハス〈酔わせる〉］（『三教指帰注』院政末期点）

こうして、イとヰは［i］に、エとヱは［je］に完全に音韻が統合されたが、改めてア・ハ・ヤ・ワ行の混同をまとめて示すと、次のようになる。

(1) /e/（エ）と /je/（ヤ行のエ）の混同　→［je］（十世紀半ば以降）
(2) /o/（オ）と /wo/（ヲ）の混同　→［wo］（十一世紀初頭）
(3) ハ行転呼音［ɸ］→［β］→［w］（十一世紀初頭）
　語頭以外で［ɸa］→［wa］［ɸi］→［wi］［ɸu］→［u］［ɸe］→［we］［ɸo］→［wo］
(4) /i/（イ）と /wi/（ヰ）の混同　→［i］（十二世紀末ごろ）
(5) /e/［je］（エ）と /we/（ヱ）の混同　→［je］（十二世紀末ごろ）

それぞれ［i］［je］となったのは、ヰよりもイ［i］の、ヱよりもエ［je］の発音が多くの語において行われていたために、優勢な方に統合されたと考えられる。

合拗音のクヰ [kwi]・グヰ [gwe]、クヱ [kwe]・グヱ [gwe] が唇音のwを脱落させ直音化して、キ [ki]・ギ [gi]、ケ [ke]・ゲ [ge] と発音されるようになった。もともと合拗音は日本固有の語にはなく、中国語の発音に由来するもので、その直音化は日本固有の音韻体系に同化したものである。

朧月《ラウケツ》 (『和泉《かせん》往来』文治四〈一一八八〉年点)

拱《キヨウ》 (興福寺本『大慈恩寺三蔵法師伝』康和元〈一〇九九〉年点)

「月」「拱」は本来「グヱツ」「クヰヨウ」と書き表されるものであるが、これが「ゲツ」「キヨウ」となっている。十二世紀頃から現れるようになり、十三世紀には一般的に直音化したようである。

これに対して、クヮ [kwa] とカ [ka]、グヮ [gwa] とガ [ga] は標準的な発音では依然として区別され、近世に至るまで原則として音韻の別が保たれた。ただし、前掲の『阿弖河庄上村百姓等言上状』に「ケンチカンネン (建治元年)」とあって、本来はグヮン (元) とあるべきところが「ガン」となっている。このように、グヮ [gwa] がガ [ga] と混同される場合もあり、特に、漢字音が学習されない階級では、合拗音の直音化が進行していたと見られる。

†直音と拗音

「拗音」という語が「キャ・ショ」などの類を指す意味で用いられるようになったのは鎌倉時代中期ごろの悉曇学《しったん》においてである。『悉曇初心抄』(一三二〇年以前)に、キャは拗音、カは直音であるという記述が見え、これ以降は音韻として拗音が意識されるようになる。

このような拗音の把握はカとキャ、タとチャなどにおいては問題ないが、サとシャの関係においては少なからぬ混乱があったと見られる。古代後期におけるサ行の子音は[ʃ]であり、「さ・す・そ」はシャ[ʃa]・シュ[ʃu]・ショ[ʃo](「し・せ」はシ[ʃi]・シェ[ʃe])と発音されていて、たとえば「初夜」は仮名で「そや」と書いて[ʃoja]と発音されていた。しかし、漢字音の拗音を意識的に直音と区別する意識が高まるにつれて、直音の子音は[s]、拗音は[ʃ]というように区別されるようになった(ザ行についても直音の[z]と拗音の[ʒ]の対立へと推移した)。

十六世紀末期のキリシタン資料において、サ・ス・ソの子音が「s」で、シ・セの子音が「x」で表記されていることから見ると、直音と拗音とが対立する、サ/シャ、ス/シュ、ソ/ショにおいては、直音が[s](濁音では[z])に次第に変化していったと考えられる。つまり、ソ/ショに代表させると、仮名の「そ」が[ʃo]から転じて直音[so]と発音される一方、漢字音で拗音に当たる[ʃo]はそれはとは別に「しよ」と書き分けられるようになった。

†鼻濁音

ガ・ザ・ダ行音では「彼岸《ひがん》」を「ひん|がん」、「自然《しぜん》」を「シン|ゼン」、「件《くだん》」を「クン|ダン」というように、濁音の前に「ん・ン」が記されている例が見える。

二《ふた》たびのひんがんに　（『菊大路家文書』一二九七年）

自然《シンセン》　（高山寺本『古往来』院政末期写）

シャウクンダンノコトシ〔状如件〕　（『古佐布村彦二郎加地子銭借券』一三三七年）

これによって、濁音の子音は直前に鼻音を伴う［ng］［nz］［nd］であったと見られ、またバ行音も「侍《はべ》り」を「ハムベリ」（『古文尚書』平安中期〈九〇〇年頃〉点）と記す例があって、同じく鼻音を伴う［mb］であったことが知られる。このように、古くは濁音には鼻音的な入りわたり音があり、今日のガ行における鼻濁音はその名残であることがわかる。現代でも、方言ではガ行以外にも鼻濁音が広く分布しており、十七世紀の初め頃まで濁音はすべて鼻濁音であった。

このような濁音は、日本語ではもともと語頭にこないという法則があった。しかし、平安時代になると、「奪ふ」を「バウ」（『漢書高帝紀』平安中期点）と記す例も見えるようになり、この時代になると、語頭の濁音がかなり多くなった。

ダキアケズ〔ダキ←抱《イダ》キ〕　（打聞集）

其ノ義ヲ出《タ》ス可《(ベ)》シ〔ダス↑出《イ》ダス〕（『和泉往来』文治四年写「タ」は濁点無表記）

どれ近し〔ドレ↑イドレ↑何《イヅ》レ〕（梁塵秘抄　二・四句神歌）

何《トコ》〔ドコ↑イドコ↑何処《イヅコ》〕（『将門記』承徳三〈一〇九九〉年点「ト」は濁点無表記）

†連濁と連声

清音か濁音かを、古代において万葉仮名で書き分けることはあったが、仮名による表記ではその区別がなく、濁音かどうかは仮名文では明確にしがたい。ただ、次第に濁音符が使用されるようになり、『類聚名義抄』などの古辞書には声点と兼用の濁音表示もなされるようになったことから、「テダテ（歩楯）」「テボコ（矛）」などの連濁した例を確認することができる。一般に、時代が下るにつれて、連濁する語が多くなったと言える。

また、連濁は和語だけでなく、漢語にも見えるようになった。この時代の資料では、もともと濁音であるものを「本濁」、新たに連濁したものを「新濁」と称している。たとえば、「じんづう（神通）」ではジは本濁、ヅは新濁というように説明している。このほか、「ちゃうじゃ（長者）」「にんげん（人間）」「おんじゃう（音声）」「しんぢう（心中）」など、漢字音も日本語に同化してきたため、漢語においても連濁が増えるようになった。前掲の『徒然草』一六〇段には「行法も、法の字を澄みていふ、わろし。濁りていふ」と見え、「行法」はギャウホウではなく、連濁してギャウボウと発音するべきだということが記されている。漢字音の連濁について注意した記述で、このような漢語の連濁は呉音によく見える現象である。

「連声《れんじょう》」とは、撥音m・n、入声tに続くア・ヤ・ワ行音がそれぞれマ行・ナ行・タ行になる現象をいう。「三位《さんみ》」「陰陽師《おんみやうじ》」は、撥音のmとnが区別されていた時代に、この連声が生じていることを示している。院政時代以降、「因縁《いんねん》」「観音《くわんのん》」「感応《かんのう》」「安穏《あんのん》」など漢語に少なからず見られるようになってきた。

†開合

十二世紀末期には、「書《か》かう」「早《さう》」などのauという母音連続から転じたオ段長音と、「良《よ》う」「送《そう》」などのouという母音連続から転じたオ段長音とが生じることとなった。前者を「開音」「ひらく」などといい、後者を「合音」「すぼる」などという。この二つは当初発音の上では区別されており、「開合の別」と呼ばれる。ただ、この区別は十三世紀半ば以降乱れはじめ、次のように「おほ」(大)を「ヲウ」と記した例が見える。

大原《ヲウハラ》　（古今目録抄　巻上）

これは「ほ」がハ行転呼音を起こして「おほ」が[wowo]となり、さらに[wo:]というオ段の長音となった発音を「ヲウ」と記したものであろう。

和語だけでなく、漢字音でも、「能」（本来はノウ）を「ナウ」（高山寺本『論語』巻四鎌倉初期点）と記すなど、[au] と [ou] の開合に誤用が生じた例が現れた。二重母音 [eu] と [jou] との混同については、十一世紀ごろに「せうよう（逍遥）」（関戸本『古今和歌集』平安後期写。「遥」は本来エウ）という例があり、[eu] → [jo:] のように拗長音化していたことがうかがわれる。

†促音と撥音

「モハラ（専ら）」「モトモ（最も）」などは古くは文字通りに発音されていたが、この時代になると、促音が介入して「モッパラ」「モットモ」と発音されるようになった。

もんはらに上土《じやうど》をもとむるなり。（仮名書き往生要集）

是ヲモʋトモ領解ス。（『三教指帰注』院政末期点。「ʋ」は撥音もしくは促音を表す記号）

このほか、「ひさぐ」も「ひっさぐ」（「どの面《つら》ひっさげて」の類）となったり、「非《あ》ラズンバ」（高山寺本『古往来』院政末期写）、「少《すく》ナクンバ」（『文選』一三〇二年校本）などのように撥音が介入したりする例も生じた。

マ行・バ行から転じたm撥音と、ナ行・ラ行から転じたn撥音とは前代において区別されていたが、この時代になると、その区別が失われ始めた。たとえば『法華百座聞書抄』には次のような例が見える。

御《ヲン》クシ　（法華百座聞書抄）

「大御《おほみ》」から転じた「御《おむ》」は語尾はm撥音でなければならないが、これが「オン」と訓じられているのはmとnが混同された例となる。また、『三教指帰注』院政末期点に見える「ノンド」（咽、ノミトの転）と「ナンナンノ事」（ナンナンはナニナニ「何々」の転）はそれぞれ本来m撥音、n撥音に相当するが、これらがいずれも「ʋ」のような記号で記されているのも、その混用をうかがわせる。ちなみに、この記号が入声のtに用いられた例もある。

此ハ夏ノ時ノケʋ王ノ因縁也。「ʋ」の右傍に「ツ」　（『三教指帰注』院政末期点）

「ケʋ」は「桀」の字音ケツを表したもので、［t］と［n］の発音が近似していることによる通用であろう。

m撥音とn撥音の混同は、漢字音のm韻尾とn韻尾の区別の消失にも同様に見られ、『法華百座聞書抄』には「乱」「団」を「ラム」「タム」と、『文鏡秘府論』保延四（一一三八）年点には「任」「允」を「シン」「イム」と記した例がある。

このように、m撥音とn撥音の区別が十二世紀頃から乱れ始め、十三世紀にはまったく失われてしまった（朝鮮漢字音では今日でもm韻尾とn韻尾の区別が保たれている）。

†漢字音の日本語化

漢字音の撥韻尾のmとnが区別を失うようになったと同じく、この時代になると、漢字音が日本語化し、入声韻尾では-tを除き、-kはキ・ク、-pはウというように開音節化するようになった。後者については、母音uを添えて開音節化したフがハ行転呼音によってウとなり、十二世紀前後から次第に定着していった。そのため、たとえば「法（ホフ）」と「宝（ホウ）」、「執（シフ）」と「修（シウ）」は同じ音で発音されるようになった。一方で、入声韻尾の-pの中には、「接《せつ》する」「雑居《ざつきょ》」「法度《はつと》」などの「セッ」「ザッ」「ハッ」というように、促音化するものも現れた。

東国方言の音韻

「秘書」紙背文書三十一号（中山法華経寺蔵）に「なへ、しんさいさうく、お、あさいろゝゝニ」と記された「しんさいさうく」は「しんだいざうぐ（身代雑具）」、「十石三斗八升の籾ニハくわんさうつかまつりて候」の「くわんさう」は「かむぢやう（勘定）」のこととされている（石井進、一九九〇）。そうだとすれば、東国ではザ行とダ行との混同、ならびにカとクヮの合拗音にも揺れがあったことになる。十六世紀初め頃に混用が始まるジ・ヂ・ズ・ヅの四つ仮名も、日蓮（一二二二～一二八二年）の消息に「嫁がづ（とつがず）」「ぢうあう（縦横）」などと混同した例がかなり見える。四つ仮名の混乱も、関東では中央語に先立つとも考えられる。

また、漢字音の韻尾のムとンの混同もいち早く起こっていたようで、明覚《みょうがく》の『悉曇要訣』（一一〇一年）に、東国の人は「オム」を「オン」と混同しているという記述がある。

如日本ノ東人《アヅマ》ノ唵オムヲ習テオントイヒ、（悉曇要訣　巻一ノ三八）

このように、東国方言には上代から中央語（畿内のことば）との差異が見られる上に、独自の言語変化も生じていることが資料から確認できる。この中には、千葉県中山法華経蔵『三教指帰注』院政末期点に「ウシナʋテ」（「ʋ」はtに相当する）という例もあり、ハ行四段活用動詞の連用形が促音便になるという、今日の東日本方言の特徴をうかがうことができ、東日本と西日本との言語の対立がこの時代にすでに生じていたことが知られる。

4　語彙――漢語が一般化する

†代名詞の語彙

指示代名詞では、不定称では院政時代から「いどこ」の語頭のイを脱した「どこ」（『将門記』承徳三〈一〇九九〉年点）が用いられるようになり、ド系の「どれ」「どち」「どなた」も生じた。こうして、コソアド体系が整備されるに至った。

人称代名詞では、一人称には「わたくし・おれ・それがし」のような謙称が用いられる傾向が強く、また、二人称には「そなた」のような敬称も用いられるようになった。

一人称（自称）	二人称（対称）	三人称（他称）	不定称
わ　われ	なむぢ　おまへ　おこと	か　かれ	た　たれ
わたくし　おれ　まろ	おもと　そなた		
それがし・小生（男性）	貴殿・御辺（男性）		

女性の一人称では「まろ」も用いられるようになるとともに、「わらは」が専用された。

†和語と漢語

『愚管抄』に「ハタト・ムズト」などが日常的に用いられていることが記されているように、平易な和語が話しことばでは相当用いられていたと見られる。その一方で、漢語の語彙も文章に用いることばとして浸透してきたことは、初の国語辞書ともいうべき『色葉字類抄《いろはじるいしょう》』（橘《たちばなの》忠兼《ただかね》撰　一一六四〜一一八一年）に多くの漢語が収められていること、『平家物語』では、異なり語数で和語より漢語の方が多く用いられていることなどから知られる。このような、漢字尊重という前代からの流れの中で、和語が漢字表記され、それを音読した結果、「返事」「火事」などの和製漢語が作り出されるようになった。

かへりごと　↓［漢字表記］返事《かへりごと》　↓［音読］ヘンジ
ひのこと　↓［漢字表記］火事《ひのこと》　↓［音読］クヮジ

ほかにも、次のような語がこの類である。
こもりゐ↓籠居（ロウキョ）　こちなし↓無骨（ブコツ）　うちうち↓内々（ナイナイ）
ものさはがし↓物忩（ブッソウ　近世以後の表記では「物騒（ブッサウ）」とも）

また、〈大いに切《せま》る〉の意から「大切《たいせつ》」という語も用いられるようになったほか、「急所・存外・模索」などもこの時代に使われ始めた和製漢語である。そして、「堂上《たうへ》」「騒人《さうひと》」という重箱読みや、「今様《いまやう》」「臥料《ふせれう》」などの湯桶《ゆとう》読みもさらに増加していった。

†和漢の混淆

古代後期には、平仮名で和語を主に用いる和文体と、漢字を主体として漢文訓読語や漢語を多く交え用いる漢文訓読体とが別個に存在していた。しかし、話しことばでは古典語を逸脱して、次第に新しい言い方が広まっていったことから、書きことばでも新たな流れが生じることになる。『徒然草』第一三二段に、「はなはだ」という、漢文訓読に特有の言い方が用いられていることは注目される（平安時代の和文ではふつう「いと」が用いられた）。

鳥羽《とば》の作道《つくりみち》は、鳥羽殿建《た》てられて後の号《な》にはあらず。昔よりの名なり。元良《もとよし》親王、元日の

奏賀《そうが》の声、甚だ殊勝にして、大極殿《だいこくでん》より鳥羽の作道まで聞えけるよし、李部王《りほうわう》の記に侍るとかや。（第一三二段）

そもそも、〈すばらしい〉意の「殊勝にして」が用いられていることも極めて漢文的であり、さらに「はべり」という和文特有の丁寧語も使用されている。このように和文語と漢文訓読語の対立は、この時代を通して徐々に解消されていった。

和文体と漢文訓読体とが混在する文体を和漢混淆文というが、鎌倉時代にはこれが実用的な文体として中心的な位置を占めるようになった（前掲『徒然草』の第一三二段も和漢混淆文の要素を濃く有している）。両者の融合は『今昔物語集』に始まり、『平家物語』などがその代表とされる。話しことばが和文体から姿を変えていったのであるから、平安時代の和文体も漢文訓読体もいずれも修得すべき旧套《きゆうとう》の文体であるため、その文体上のさまざまな差異が次第に曖昧になっていくことは自然の流れである。

†唐音とその漢語

十二、十三世紀以降多くの日本人の禅僧が入宋し、また、中国人の禅僧が渡来して、中国江南の浙江地方あたりの中国語を日本に伝来させた。このような漢字の音を「唐音《とういん》」（トウオンとも）、または「唐宋音《とうそういん》」という。その後も江戸時代にかけて、その時どきの漢字音がもたらされたが、それらをも総称して唐音（唐宋音）と呼ぶ。ただ、時代の差が大きいため、この両者を区別して、鎌倉室町時代のものを「宋音《そういん》」、江戸時代のものを「唐音」、もしくは、前者を「唐音」、後者を「華音《かおん》」と呼ぶこともある。いずれにしても、「唐音」の「唐」は王朝名ではなく、単に「唐土」（中国）という意味で用いられるものである。

中世における唐音は、禅宗の修行を通して用いられたもので、「看経《かんきん》・和尚《をしやう》」などの禅宗に関係する仏教用語のほかには、「石灰《しつくい》・箪笥《たんす》・蒲団《ふとん》」などの事物名に使われるものがほとんどであった。

亭《ちん》　瓶《びん》　鈴《りん》　湯婆《たんぽ》　行灯《あんどん》　行脚《あんぎや》　杏子《あんず》　羊羹《やうかん》　普請《ふしん》　緞子《どんす》　暖簾《のんれん》　西瓜《すいくわ》　饅頭《まんぢゆう》　胡乱《うろん》
栗鼠《りす》　竹篦《しつぺい》　外郎《ういらう》

これらの発音の特徴を挙げると、宋から元にかけて、中国音は入声《につしやう》韻尾のp、t、kを失い、それらは脱落したり、別の音に転じたりした。たとえば、「行脚《あんぎや》」「脚絆《きやはん》」の「脚」はキャクではなく、キャとなった。「栗鼠《りす》」の「栗」は呉音・漢音ともリツであるが、唐音ではt韻尾が消滅し、リとなった。他方、「鼠」は呉音ソ・ショ、漢音ショであるが、漢音オ段は「胡乱《うろん》」「胡散《うさん》くさい」の「胡」（漢音コ）のように、唐音ではウ段になり、「鼠」の唐音はスとなっていた。こうして、十五、十六世紀にはリッス、リッソなどとなり、次第に『日葡《にっぽ》辞書』に見えるRisu（リス）と発音されるようになった。

また、ŋ韻尾は、たとえば古くタウである「湯」が唐音でタン（「湯婆《たんぽ》」）となるように、ンと発音された。「提灯」の「灯」のチン、「鈴」のリン、「亭」のチン、「瓶」のビン、「普請」の「請」のシンなどの「ン」も同様で、中国の王朝名の「明《みん》」「清《しん》」もこの類である。「行」の唐音アンは、「行脚」のほか「行灯《あんどん》」「行火《あんか》」「行宮《あんぐう》」などにも用いられている。

右以外では、唐音の主な特徴は次のとおりである。

呉音・漢音でチのような音がサ行になる……竹篦《シッペイ》　喫茶《キッサ》

呉音・漢音でア段音がオ段音になる　……暖簾《ノンレン》（のれん）　蒲団《フトン》

ただ、唐音は自己の修養を目的とする禅宗を中心に用いられたため、限られた範囲での使用であって、社会全般に体系的に定着するには至らなかった。その意味で、漢語というよりも一種の外来語といった方が実態にあっているかもしれない。「餃子（ギョーザ）」や「焼売（シューマイ）」に近い意識で使われてきたと見てよかろう。

†武家詞

武士が台頭したことで、武士が好んで用いる特有のことばとして「武家詞《ことば》」が用いられるようになった。「射られる」を「射させる」というように自分が相手より優位に立っているという表現をするほか、漢語を多用して重々しく表現したり、忌詞《いみことば》を使ったりすることがあった。

たとえば、「退く」「引く」を嫌って「ひらく」と言った。

急ぎ、いづかたへも御ひらき候べし。（保元物語　中）

この「ひらく」という言い方は、現代でも「鏡びらき」「会をお開きにする」のように、〈割る〉または〈終わる〉の意で用いられているものである。

†待遇表現の語彙

「おはします」を「御座」と漢字表記し、この字音読みに「ある」が付いた「ござある」が生じた（中世後期には「ござる」となる）。「ある」「いる」「ゆく」「くる」の尊敬語として、また、補助動詞としても用いられた。

御直盧《ちよくろ》に暫《しばら》く御座《ござ》あるべきにて（平家物語　一・殿下乗合）

謙譲語・丁寧語では、「候ふ」が「侍り」に代わって古代後期から徐々に勢力を増してきた。そして、『平家物語』では「さうらふ」は男性が、「さぶらふ」は女性が用いるという使い分けも見られた。

いとけなき子《こ》をもふり捨《す》て、老《おい》たる親《おや》をもとどめをき、是《これ》までつきまいらせてさぶらふ心ざしをば、いかばかりとか思《おぼ》しめされさぶらふらむ。（平家物語　九・小宰相身投）

乳母の女房が北の方に語る場面で、女性には「さぶらふ」が用いられているのに対して、樋口次郎のことばには、次のように「さうらふ」が用いられている。

あな無慚《むざん》や、斎藤別当で候《さうらひ》けり。（平家物語　七・実盛）

「まゐる」は本来謙譲語であったが、次のように今日の丁重語のような用法をも持つようになった。

ここにて対面し奉らば、道場をけがし侍るべし。前の河原へ参り合はん。（徒然草　一一五段）

ここでは、動作の対象となる「前の河原」を敬う表現ではなく、単に聞き手に敬意を表す言い方である。

軽卑語では、相手を見下げた言い方として「やつばら」（「奴原」。「双紙要文」中山法華経寺蔵　紙背文書十一号など）などがあった。

†国語辞書の出現

『色葉字類抄』（橘忠兼、三巻）は最初の国語辞書といわれるもので、一一四四～一一八一年の間に補訂を加えて成立した。漢語を含む見出し語を、第一音節の仮名でイロハ順に四七部に分け、さらにそれぞれの内部を、天象・地儀・植物・動物・人倫・人体・人事・飲食・雑物・光彩・方角・員数・辞字・重点・畳字・諸社・諸寺・国郡・官職・姓氏・名字の二一部に分けたものである。語の読みに従って漢字表記を求めるためなど、日常的な実用文や漢詩を作成する際に用いる目的で編纂されたものと考えられる。百科語に類するものが多い中で、日常的に用いる普通語が収められている点でも国語辞書にふさわしい体裁をなしている。たとえば「辞字」は、「在《イマス》坐同謂《イハク》又イフ言曰猶侔云道《イフ》已上同」のように、ある語にあてる漢字一字表記を示したもので、上から順に慣用的なものが配列されていると見られる。また、「畳字」はいわゆる熟語に相当するもので、「陰晴《インセイ》天部 陰雲《インウン》同 淫雨《インウ》五月已上雨也」のようにその読みや大まかな意義（もしくは意義分類）が付されている。

十二世紀ごろになって、このような国語辞書が出現しえた大きな要因に、配列基準としての「いろは歌」が十一世紀前半において成立し、次第に普及してきたことがある。「いろは歌」は仮名を重複させずに網羅したものであるから、その仮名によって語を分類することが可能となる。従って、「いろは歌」の社会的定着によって、ようやく一定の基準で語を配列させた「音引き国語辞書」の成立する条件が整ったのである。

ただ、その音引きによる分類は語の第一音節のみで、第二音節以降には採用されなかった。むしろ、旧来の意義分類の方式（たとえば源順『和名類聚抄』）をも併用することで、その検索の利便性を図ろうとしている。確かに、音引きに慣れれば今日のように引きやすいと感じるかもしれないが、表現辞典としての使用法を考えると、同じような意味を持つ語がまとまって示されている方が便利でもある。語頭の音引きと意義分類との折衷方式は、前代からの流れの中で、実用的な配列基準として採用されたものであり、その便利さゆえに近世の「節用集」に至るまで国語辞書の主流を占めた。

ちなみに、五十音順引き辞書は『温故知新書』（大伴広公《ひろきみ》　一四八四年）が最初で、近世では『和訓栞《わくんのしおり》』（谷川士清《ことすが》）などにも用いられたが、今日のように普及するのは大槻文彦の『言海』（一八八九〜九一年刊）以降のことである。

5　文法――古代語法が衰退する

†連体形の終止法

連体形は活用語を体言と同じ働きにさせる活用形で、文末に置かれると体言止めの一種として「連体止め」となる。

春はあけぼの。やうやう白くなりゆく山際すこし明りて、紫だちたる雲の細くたなびきたる。（枕草子）

〈春はあけぼのがいい。次第に白くなっていく山際が少し明るくて、紫だった雲の細くたなびいているのが

いい〉

「あけぼの」が体言止め、「たなびきたる」が連体止めで、いずれも強調表現となり、余情・余韻、詠嘆の気持ちを表すものである。このような表現は、聞き手の注意をひくという表現効果によって好まれ、平安時代を通して次第に多用されていった。その結果、連体形が本来持っていた強調という表現効果が次第に薄れていく一方で、文を終止する形式として一般化するに至った。こうして、院政時代に入ると、連体形でふつうに文を終止するようになる。

即チ皆経ヲヨミタテマツリケル。（法華百座聞書抄）

御髪ハ新カフソリシテ剃リ奉リ給ヒケル。（打聞集）

ちなみに、院政時代の用例は「ける」が文末にしばしば用いられているが、それは「けり」が客観的に過去の事柄を述べるという働きを有することから、聞き手に対して持ちかけるような語りとうまく合致したからであろう。

右のように、連体形が終止形の働きをもするようになったことから、終止形を用いるべきところに連体形を、逆に連体形を用いるべきところに終止形を用いるという現象が起こった。

我がまさりたり。（古本説話集）

コレハマコトニ獅子ノ血ニ侍《ハンヘリ》メリ。（法華百座聞書抄）

前者の「わがまさりたり」では、格助詞「が」は本来体言、もしくは、体言相当である活用語連体形にかかる「我がまさりたる」となるべきところである。後者の「はんべりめり」では、「はべり」というラ変活用の動詞が助動詞「めり」に続く場合は連体形接続であって、「はんべるめり」となるはずである。このように、終止形は連体形と混同され、次第に古代語の終止形が消滅し、連体形が終止形をも兼ねるようになっていった。鎌倉時代を通じてこの現象はさらに定着していき、その結果、連体形で結ぶ係り結びに大きな影響を及ぼすことになる。

†係り結びの消滅

古典語には、係助詞「ぞ」「なむ」「や」「か」は連体形で結ばれるという法則があった。しかし、連体形が文の終止に用いられることが一般化したため、連体形にかかるという係助詞の表現価値が希薄化し、書き言葉において終止形で結ばれるという用法が生じた。

物入レハクヒ、イレヌトキニハムナシクテナムスコシ侍リケリ。（宝物集）
〔物《もの》入れば食《く》ひ、入れぬ時には空しくてなむ過ごし侍りけり〕

本来は「なむ…ける」となるべきところであるが、係り結びの意義が消滅してしまったのである。その結果、「こそ」の結びにも影響が出てきた。「こそ」の結びは本来「こそ…けれ」のように已然形であるが、一般的な文終止の形式である連体形で結ばれるに至った。

ひとりこそ定に入りては聞かざりし。（梁塵秘抄　二）

太子コソ此両三日王城ノ南ナル山荘ニ遊セ給ナル。（草案集）

「こそ」の結びについては、「古止古曽与之」（事こそ良し）（東遊歌・駿河舞　九二一）のように、古くから例外的な表現もしばしば見られたが、右のような「こそ」の結びの乱れが十二世紀以降次第に増加していった。また、「こそ…已然形」ではなく、「ぞ〜已然形」というような違例も見えるようになった。

山置かれたりけるぞ、罪すこし軽《かろ》みにけむかしとはおぼゆれ。（古本説話集　上・八）

もともと係り結びという表現が取り立ての強調の意を表していたのであるが、係助詞が単なる強意を表すだけの用法となり、特定の結びを必要としなくなったのである。

†二段活用の一段化

連体形が終止形の働きをも兼ね、終止形が消滅してしまうと、活用形は上二段活用を例にすると、次のようになったことになる（上二段動詞「起く」を例に、六八ページと同じ形式で示す）。

	未然形	連用形	終止形	連体形	已然形	命令形
上二段	-i	-i	~~-u~~	-uru	-ure	-i (yo)

これまで活用語尾の母音は《i：u》という対立があり、それが活用形の違いとして機能していたが、終止形がなくなると、その違いは《i：uru（ure）》となる。この対立は母音の違いというよりも末尾の《φ：r（u、e）》、すなわち「ルレがない形」と「ルレがある形」という対立と認識することもできる。ここではもはや《i：u》という母音の対立は意味がない。むしろ、簡略化して母音は一つにして交代させない方が効率がよいと言える。こうして、未然形・連用形のiに、それぞれの活用形を識別する「る」「れ」を添加することで、あらたに活用形の体系が組み直されることになったのである。

	未然形	連用形	終止形	連体形	已然形	命令形
上二段	-i	-i	~~-u~~	-uru	-ure	-i（yo）
↓	（未然連用形に同化）			↓	↓（＝母音を交代させない）	
上一段	-i	-i	(-iru＝)	-iru	-ire	-i（yo）
下二段	-e	-e	~~-u~~	-uru	-ure	-e（yo）
				↓	↓	
下一段	-e	-e	(-eru＝)	-eru	-ere	-e（yo）

この結果、上二段活用は上一段活用と、下二段活用は下一段活用と同じ活用の種類となった。これを「二段活用の一段化」という。たとえば「過ぐる」が「過ぎる」、「栄《さか》ゆる」が「栄える」という語形で用いられるようになったのである。

ツリシテ返シ時ニ道ニ長者ノ門ヲスキルニ、　（『三教指帰注』院政末期点）

〔釣りして、帰りし時に道に長者の門を過ぎるに〕

栄後（ト）云《イフ》ハマコヒニ至ルマテサカヘルト云フ意也　（『三教指帰注』院政末期点）

二段活用の一段化は十二世紀以降徐々に広まっていき、十八世紀の中ごろに一段活用に統一された。その間しばらくは、二段活用の動詞は「過ぐる」と「過ぎる」、「栄ゆる」と「栄える」というように二段活用と一段活用とが併用されることになる。

†ラ変活用の消滅

連体形が終止形を兼ねるようになると、ラ変活用は、四段活用と唯一異なっていた、終止形における違いがなくなったことから、ラ行四段活用に吸収されてしまった。

是大明神御房トツレマイラセテ御降臨アルト覚ユ　（上山本春日明神託宣記）

<table>
<tr><th>例</th><th>語幹</th><th>未然形</th><th>連用形</th><th>終止形┆連体形</th><th>已然形</th><th>命令形</th><th></th></tr>
<tr><td>とる（取）</td><td>と</td><td>ら</td><td>り</td><td>る</td><td>れ</td><td>れ</td><td></td></tr>
<tr><td>ある（有）</td><td>あ</td><td>ら</td><td>り</td><td>る</td><td>れ</td><td>れ</td><td>もとラ変活用</td></tr>
<tr><td colspan="7"></td><td>↓ 四段</td></tr>
</table>

†形容詞活用の一本化

形容詞も同じく、ク活用とシク活用の違いは終止形だけであったために、その終止形が消滅したことによって、活用は完全に一本化するに至る。

<table>
<tr><th>例</th><th>語幹</th><th>未然形</th><th>連用形</th><th>終止形┆連体形</th><th>已然形</th><th>命令形</th><th></th></tr>
<tr><td>ながし（長）</td><td>なが</td><td rowspan="2">から</td><td>く</td><td>き</td><td>けれ</td><td rowspan="2">かれ</td><td>もとク活用</td></tr>
<tr><td>かなし（悲）</td><td>かなし</td><td>かり</td><td>かる</td><td>かれ</td><td>もとシク活用</td></tr>
</table>

これを背景として、文語形を用いようとしたときに「よ・き」→「よ・し」というク活用の場合と同じように、もとシク活用の形容詞においても同じように語幹に「し」を付けて「あし・き」→「あし・し」というように古形を誤って類推するということも見られた。「悪《あ》しし」（続古事談）、「名立《なだ》たしし」（草案集）のような語形は、その後も「ふぐは食ひたし、命は惜しし」

（いろは歌留多）というように後世まで行われた。

なお、形容詞の新たな用法として、その前に尊敬の意の接頭語「お」を付けた言い方も生じた。

御いたはしければ、御つかひな給ひそ。（とはずがたり　一）

現代語でも、女性を中心として「おかたい」「おうつくしい」などという言い方として用いられるものである。

†連体形活用語尾「る」の脱落

その文章が擬古文と称されることもある『徒然草』に、次のような段が見える。

延政門院《えんせいもんゐん》いときなくおはしましける時、院へ参る人に御ことつてとて申させ給ひける御歌、

ふたつもじ牛の角もじすぐなもじゆがみもじとぞ君はおぼゆる

こひしくおもひ参らせ給ふとなり。（徒然草　六二段）

この歌は第四句までのそれぞれの句に平仮名を読みこんだもので、最初の「ふたつもじ」は漢数字「二」と類似する「こ」、「牛の角もじ」は牛の角のような文字「ひ」、「すぐなもじ」は真っ直ぐに書かれる文字「し」、「ゆがみもじ」は歪んだ形をした「く」を意味する。これらの仮名を続けると「こひしく」となり、第五句「君はおぼゆる」を修飾するもので、すなわち

〈恋しく、あなた（延政門院の父、後嵯峨上皇）のことが思われます〉という内容の和歌を、院（後嵯峨上皇の御所）に参上する人に託したというのである。

ここで注目すべきは、形容動詞「すぐなり」の連体形語尾が「なる」では「な」となっている点である。すなわち、連体形活用語尾末尾の「る」が脱落している。このような「る」の脱落は、すでに『和歌童蒙抄《どうもう》』（一一六五年）に「いかなこと」（古典語では「如何《いか》なること」）と見え、院政時代から始まった変化であった。こうして、「静かな海」（古典語では「静かなる海」）というように現代語と同じ言い方になった。

連体形活用語尾「る」の脱落は、完了の助動詞「たり」においても見られる。次のように「北《きた》」と「来た」（来《こ》し）とが掛けられた歌がすでに院政時代に詠まれている。

ゐたりける所のきたのかたに、声なまりたる人のものいひけるを聞きて

あづま人の声こそ北に聞こゆなれ　永成

みちのくによりこしにはあるらん　慶範

（金葉和歌集　六九二　一一二七年）

これは、永成が、居る場所の北の方角に、訛った物言いを聞いて「東国の方言が北《きた》に聞こえるようだ」と歌ったのに対して、慶範が「陸奥国から『来し』、すなわち『来た』というのだろう」と詠んだものである。つまり、東国では「来たる」を「来た」と言っていたようで、院政時代の東国方言では連体形語尾の「る」を脱落させた言い方が広まっていたことがわかる。お

そらく、そのような言い方が都の話しことばにも影響を与えて、「る」の脱落が進行していったものと考えられる。

この結果、古典語の助動詞「たり」は連体形（終止形）で「た」となり、現代語の過去の助動詞（「昨日、来た。」）となるのである。

†形容動詞の活用

形容動詞には、古典語ではナリ活用・タリ活用があった。ナリ活用の系統は今日に引き継がれているが、タリ活用は『平家物語』などの和漢混淆文では漢語を語幹とする形容動詞の多用もあって、この中世前期までが盛んであった。

峨々《がが》たる嶺《みね》の高きをば、神徳《しんとく》の高きに喩《たと》へ、嶮々《けんけん》たる谷《たに》の深《ふか》きをば、弘誓《ぐぜい》の深きに准《なぞら》へて、

（平家物語　一・山門滅亡）

しかし、これ以降タリ活用は徐々に衰退していった。

一方、ナリ活用では、連体形が「な」となったほか、連用形においても活用語尾「に」に接続助詞「て」が付いた「にて」から転じた「で」[nite]→[nde]が用いられるようになった。

わごぜは今様《いまやう》は上手《じやうず》でありけるよ。

（平家物語　一・祇王）

〈そなたは今様（現代風の歌）が上手だなあ〉

†接続詞

日本語には本来、接続詞はなかった。しかし、漢文には接続詞があり、「而」を「しかうして」、「且」を「かつ」、「及」を「および」などというように訓読してきた。そのため、和漢混淆文が用いられるようになると、漢文訓読の影響によって散文において接続詞が使われるようになった。ただし、和歌などの韻文ではあまり用いられなかった。

「しかうして」は、〈このように〉という意の副詞「しか」もしくは「しかく」(クは副詞語尾に「して」(サ変動詞連用形「し」+接続助詞「て」)が付いたもの、「および」は動詞「およぶ」の連用形に由来するものであるなど、他の品詞から転用、もしくは合成されて広く用いられるようになったものである。

ゆく河の流れは絶えずして、しかももとの水にあらず。(方丈記)

十月、諸社の行幸、その例も多し。ただし、多くは不吉の例なり。(徒然草　二〇二段)

平安時代には接続助詞が多用されていたが、文頭、もしくはそれに準じる位置に示されることで、文章が論理的に構成されるようになり、以降次第に発達していった。

「る・らる」は二段活用の一段化にともなって「**れる・られる**」という形でも用いられるようになった。その可能の用法は、前代までは「射られず」などのように、必ず否定表現とともに用いられて不可能の意を表したが、十二世紀になると、肯定表現でも用いられるようになった。

魚ヒトツトラレタリケルモノ、ヨロコビテトリアルクホトニ、　（法華百座聞書抄）

〔魚一つを獲られたりける者、喜びて獲り歩くほどに〕

「**す・さす**」も一段化して「**せる・させる**」ともなったが、単独で尊敬の意を表すことはなくなった。特殊なものとして〈させてやる〉というような意で用いる用法があった。

向《むかへ》の岸《きし》より山田次郎《やまだのじらう》が放《はな》つ矢《や》に、畠山馬《はたけやまむま》の額《ひたひ》を篦深《のぶか》に射《ゐ》させて、弱《よわ》れば、河中《かはなか》より弓杖《ゆんづゑ》をつゐておりたッたり。　（平家物語　九・宇治川先陣）

これは〈山田次郎に馬の額を射られる〉という意味を、〈山田次郎に馬の額を射させてやる〉というように、他人からそうされたという受け身の表現ではなく、他人をそのようにさせたのは主体自身の意志であるというように言い表したものである。このような、主体の働きかけを強調する言い方は、武士に特有な武家詞として使われたものである。

†「しむ」をめぐる混乱

「しむ」の尊敬の用法は口語でも勢力を失って、和漢混淆文で使役の用法を保つだけとなった。このように用法が収縮していった結果、「しむ」への接続においてサ入れ言葉・セ入れ言葉とでも呼ぶべきものが生じた。

万ノ所ヲ清《きよ》メサシム。（今昔物語集 一・三）

これは下二段活用「きよむ」の未然形「きよめ」に使役の助動詞「さしむ」が付いた例で、この「さしむ」は助動詞「さす」と「しむ」が混交したものと見られる。

このようなサが介入する言い方に対して、セが介入する言い方も次のように見える。

国王ヨロコビテクスシヲメシテ、ミセシメタマフニ、（『法華百座聞書抄』）

（国王、喜びで薬師《くすし》を召して、見せしめたまふに）

右は一段活用「見る」に使役の助動詞「せしむ」が付いた例である。本来は「見しむ」となるべきところであるが、下二段活用相当の使役動詞「見す」の未然形「みせ」に、さらに使役の「しむ」を重ねた表現である。ほかにも「得《え》セシム」「服《き》セシム」などの使用例がある。使役表現が二重になっているということは、それだけ「しむ」の使役性の意味合いが弱くなっていたからであろう。次のような、権力者の意向によって行動が行われるというようなニュアンスで用いられる用法も、使役性の弱化によるものと見られる。

越後の国の住人、城四郎長茂、数万《すまん》の軍兵《ぐんぴやう》を率《そつ》して発向せしむる間、当国横田川原にして合戦す。 （平家物語　七・木曽山門牒状）

〈越後の国の住人、城四郎長茂が（平家の命令で）数万の軍兵を率いて出発したので、その国の横田川原で合戦した〉

ちなみに、使役性の「つかはす」に使役の助動詞「す」が付いた例もある。

病者ノ候ハムヲハ春山ヘツカハサセ給《たまふ》ベシ。 （上山本『春日明神託宣記』鎌倉後期写）

†推量の助動詞

「む」は推量の表現に広く用いられた語で、平安時代には「ん」とも書かれた。これが次第に鼻母音化して（[m]→[n]→[ũ]）、十二世紀ごろには「う」で表記されるようになった。イロハ歌のそれぞれの仮名を沓冠《くつこうぶり》に詠んだ歌を記す『極楽願往生歌』（一一四二年）には次のように見える。

憂《ウ》シヤ憂《ウ》シ厭《イト》ヘヤ厭《イト》ヘカリソメノ仮《カリ》ノ宿《ヤド》リヲイツカ忘《ワス》レウ

この第五句は「いつか忘れむ」の推量の助動詞「む」が「ウ」に変化している例である。

同じく「む」の俗語的表現である「むず」も「うず」となって中世には盛んに用いられた。

当家かたぶけうずる謀叛の輩、京中に満ち満ちたんなり。（平家物語　二・西光被斬）

現在推量を表す「らむ」、過去推量「けむ」もそれぞれ「**らう**」「**けう**」の形が生じた。「まし」は本来、事実に反する事態の推量を表していたが、鎌倉時代以降は「む」と同じように単なる推量の意として用いられるようになった。その結果、次第に「む（う）」に吸収されて姿を消してしまった。伝聞推量の「なり」（終止形接続）、様態推量の「めり」も、鎌倉時代以降口語では次第に使用されなくなっていった。

適当・推量・可能などの意を表す「**べし**」は、十二世紀以降は意志の意で用いられることが多くなった。

毎度ただ得失なく、この一矢《ひとや》に定むべしと思へ。（徒然草　九二段）

〈毎回ただ当たりも外れもなく、この一本の矢で決めようと思え〉

また、「**べきなり**」という言い方も当然・適当などの意で用いられるようになり、これが「べきだ」「べきだった」に引き継がれることになる。

本意を遂げずして、さながら捨つべきなり。（徒然草　五九段）

推量・比況の意を表す「やうなり」は、その連体形「やうな」が終止形となって用いられた。否定推量の「**まじ**」はそのまま終止連体形「まじき」、そのイ音便「**まじい**」の形で用いられたが、「じ」は口語では衰退していった。

など祇王は返事はせぬぞ。参るまじいか。　　（平家物語　一・祇王）

†過去・完了の助動詞

過去の時制を表すものとして、古典語では「き」「けり」があった。「き」は、連体形が終止形を兼ねるようになると、連体形「し」が過去を表す語として用いられるようになった。しかし、この「し」は「浮きし脂」〈浮いている脂〉（古事記　中）のように、もともと変化の結果の状態を表す意を強く有していたことから、時制としての過去を表す用法は「たり（たる・た）」に吸収されて、次第に口語では用いられなくなった。

「けり」も「き」とともに時制を表す用法を次第に失い、単なる詠嘆の意で用いられるだけとなった。これが東国方言に終助詞「け」の形で残存する（現代東京語の「…たっけ」「…だっけ」の類）。

完了では、「ぬ」は、変化した結果、新しい状態が発生したという意を表す語で、十一世紀まではナ変活用「死ぬ」には付かなかった。しかし、十二世紀頃になると、「死にぬ」（今昔物語集　二・二九）という例も見えるようになる。こうして「ぬ」が本来の意味用法から変質し、次第に衰退に向かっていった。他方、「つ」は、動作・作用が完了した意を表していたが、これも「ぬ」とともに鎌倉時代以降口語では用いられなくなった。

「り」は平安時代にすでに衰退の一途をたどっていたことから、過去・完了の意は「たり」だけが担うこととなった。そして、その「たり」は前述のように、十二世紀には連体形「たる」の語尾が脱落した「**た**」の形でも用いられるようになっていた。

着《キタ》摺衣男　（高山寺本『古往来』院政末期写）

〔摺り衣を着《き》た男〕

「着タル」とあるべきところを「着タ」と表現した例である。

†断定・否定の助動詞

断定の助動詞では、「なり」の連用形「に」に接続助詞「て」が付いた「にて」が「で」の形で用いられ、さらに「ある」と接続した「**である**」という語形が生じた。

馬はまことによい馬でありけり。　（平家物語　四・競）

一方、断定の「たり」は口語では衰退したが、慣用的な言い回しでは、現代でも「教師たる者」のように用いられている。

否定の助動詞「ず」は口語では連用形でのみ用いられ、連体形「**ぬ**」が終止用法をもち、それがさらには「**ん**」(nu→n) に転じた。

切骨ト云フハ、ネムコロノ意也。容装ハ、ネンコロニシテヲロソカニセント云フ意也。

「容装」という語は「懇《ねむご》ろにして疎《おろそ》かにせぬ」、すなわち「疎かにしない」という意味であることを記したものである。

（『三教指帰注』院政末期点）

†願望・希望の助動詞

願望の助動詞では、「まほし」の使用が衰退し、院政時代にはこれに代わって「**たし**」が用いられるようになり、この連体形「たき」のイ音便「**たい**」の形で継承されていった。

今朝《けさ》はなどやがて寝《ね》暮《くら》し起《お》きずして起きては寝《ね》たく暮るるを待つ

〔話し手の希望〕（栄花物語　あさみどり）

琴《きむ》のことの音聴《き》きたくは、北の岡の上に松を植ゑよ。

〔話し手以外の希望〕（梁塵秘抄　二・四句神歌）

この語は、当初通俗の語として意識されていたようで、『千五百番歌合』（一二〇一年）には次のように記されている。

いざいかに深山の奥にしをれても心知りたき秋の夜の月　藤原季能〈中略〉

左は知りたきといへる雖聞俗人之語、未詠和歌之詞歟」（千五百番歌合　七七一　定家の判詞）

藤原季能《すえよし》の「いざいかに」の歌に対する藤原定家の判詞に、「たし」ということばは「俗人の語」であって、和歌では用いないと評されている。当初は口語的な語感の強い語であったことが知られる。この語源は形容詞「いたし」と考えられ、その萌芽はすでに奈良時代に見える。

凡《おほ》ならばかもかもせむを畏《かしこ》みと振り痛《いた》き袖《そで》を忍びてあるかも　（万葉集　九六五）

〈普通であればどのようにでもしようが、畏れ多いと思って振りたい袖を耐え忍んでいることよ〉

この歌は九州の遊行女婦、児島《こじま》の作であることから、この用法は地方における俗語的なものであったとも言われており、方言における用法が次第に中央語化していったものかとも考えられる。

†格助詞

「が」は述語に対する主語の明示という論理的な役割として、院政時代には連体接続の主格を表すようになった。

年十三四ばかり有る若き女の、薄色《うすいろ》の衣一重、濃き袴着たるが、扇を指《さ》し隠して、片手に高坏を取りて出で来たり。　（今昔物語集　二二・七）

ただ、この時代ではいまだ用言の連体形に接続するだけであった。一方、連体接続は、院政時代以後、主格を表す働きが次第に弱まり、文章を下に続けるという接続の働きが強くなった。その結果、単純な接続を表す用法が生じた。

三井寺の智証大師は若くして唐に渡《わたり》て、此の阿闍梨を師として真言習《ならひ》て御《おはし》けるが、其《そ》れも共に新羅《しらぎ》に渡《わたり》て御《おはし》けれども、〔単純接続〕 （今昔物語集 一四・四五）

接続助詞となった「が」は単純な接続だけでなく、前に受ける内容と後に続く内容とに矛盾があるような場合にも用法が広がり、逆接の確定条件の意をも表すこととなった。

めでたくは書きて候《さふらふ》が、難《なん》少々候《さふらふ》。〔逆接〕 （古今著聞集 一一）

この用法が、今日のいわゆる逆接の接続助詞「が」の由来である。

「**で**」は場所の意のほか、手段や原因・理由の意でも用いられるようになった。

一人で書かば書きも違《たが》ふとて、三人して書く中に、〔手段〕 （打聞集 宝志和尚事）

奏聞しけれども、御遊の折節で聞こし召しも入れられず〔理由〕 （平家物語 五・勧進帳）

「**へ**」は格助詞「に」と混同されるようになり、方向を表す用法のほかに、移動する動作の帰着点や、動作の目的を表す場合にも用いられるようになった。

聖《ひじり》の馬を堀へ落してげり。〔帰着点〕 （徒然草 一〇六段）

ニン夫ヲサイモクノヤマイタシエ、イテタテ候エハ、テウマウノアトノムキマケト候テ、
〔人夫を材木の山出しえ、出で立て候えば、逃亡《てうまう》の跡の麦蒔けと候《さうらい》て〕〔目的〕
（『阿弖河庄上村百姓等言上状』一二七五年）

「**から**」は書きことばとしては使われなくなったが、話しことばの中では「仏カラ見レバ」

（解脱門義聴集記　四）のように用いられていた。

†**接続助詞**

「**ものゆゑ**」は奈良時代から、そして「**ものから**」は平安時代に逆接として用いられたが、いずれも中世以降は、「ゆゑ」「から」の影響によって次第に順接の確定条件の意（…ので、…から）を表すようになった。

さきだち奉《たてまつ》らむことも、いと罪深く思《おぼ》さるるものから、心の内もいとうたてくて、（苔の衣）

後述する副助詞「ほど」に「に」の付いた「**ほどに**」も原因・理由の意を表すようになった。

女房・侍《さぶらひ》おほかりけれども、或《ある》いは世《よ》をおそれ、或いは人目をつつむほどに、とひとぶらふ者一人《いちにん》もなし。（平家物語　二・大納言死去）

「人目をつつむほどに」とは、「人目をはばかるために」という意である。

「**からに**」は体言性が失われ、完全に接続助詞化して逆接の意を表すようになった。

神宮といはむからに、国中にはらまれて、いかに奇怪をばいたす。（宇治拾遺物語・三・一四）
〈神官とはいうけれど、この国に生まれて、どうして不埒なまねをする〉

また、連語「**ところに**」も逆接の用法が見えるようになった。

此は何《いか》に、碁《ご》を打つを役《やく》にて年月を送り給ふと聞く所に、善《よ》く所行を見奉れば、証果《しようくわ》の人にこそ坐《ましま》すめる。（今昔物語集・四・九）

〈これは何と、碁を打つのを唯一の仕事として年月を送っていらっしゃると聞いていたが、よく行いを見申し上げると、仏道修行の結果悟りを得た人でいらっしゃるようだ〉

「**も**」はもと係助詞であったが、中世以降単独で逆接を表すようになった（近世以降は「ても」に吸収されていった）。

同時動作の意では、「**つつ**」が次第に衰え、「**ながら**」が用いられるようになった。

大きなる鉢にうづ高く盛りて膝元に置きつつ、食ひながら文《ふみ》をも読みけり。（徒然草・六〇段）

並列の動作を表す用法では前代に生じた「……**ぬ**、……ぬ」とともに、「……**つ**、……つ」が用いられるようになった。

僧都、乗ってはおりつ、おりては乗っつ、あらまし事をぞしたまひける。（平家物語　三・足摺）

＊あらまし事…将来の計画・約束などの意。

†副助詞

「だに」は最低の限度の意が「**さへ**」に取って代わられて、程度の甚だしい物事からの類推の意〈…さえ〉だけを担うようになった（その意も中世後期には「さへ」に取って代わられる）。
程度・範囲の意は「**ほど**」だけが担うようになった。「ほど」は前代では名詞であったが、「ばかり」に代わって、程度・限度の意を表す副助詞に転じた。古くは名詞の名残として活用語の連体形を受けることもあったが、体言に接するようになるのはこの時代以降である。

まことに男の心ほど頼み少なき物はなし。（曽我物語　四・虎を具して曽我へゆきし事）

「**ばし**」もこの期に現れて、強調や取り立ての意を表し、多くは疑問・推量・禁止を表す句中に使われた。

人ニ頸《くび》バシ切ラレウトテ不覚ノ人哉《カナ》。（延慶本平家物語　二末・文学熊野那智ノ滝ニ被打事）

この「ばし」は会話に用いられる俗語的なものと見られる。語源は係助詞「は」に副助詞「しも」が連接したものに由来する。

いなや、心も知らぬ人を宿《やど》したてまつりて、釜《かま》はしもひきぬかれなば、いかにすべきぞと思ひて、え寝《ね》で回《まは》り歩《あり》くぞかし。（更級日記）
〈いえね、心の内も知らない人をお泊めして、釜でも盗まれたならば、どうしたらいいかと思って、眠れずに歩きまわっているのです〉

この「はしも」が目的格を表す「をば」からの類推で「ばしも」となり、やがて「ばし＋も」と分析されて、「ばし」の形でも用いられるようになった。

†係助詞

「か」「や」「ぞ」「なむ」は連体形で結ぶという表現価値を失った結果、「**か**」は文末で疑問を表す終助詞、そして、不定の意（「来るとか言ったが」の類）、選択の意（「今日か明日かには戻るだろう」の類）の副助詞となった。一方、「**や**」は疑問詞とともに用いられることがなかったこともあって、次第に衰退していった。ただし、「あらむ」が付いた「やあらむ（やらむ）」の転「**やら**」（不定の意）や、「…するや否や」のような連語にだけ残存した。

頸のほどに近づきて、何やら驚きて恐れたる気色にて逃げ去り給ひつる。
（貞享版『沙石集』八・九）

「**ぞ**」は断定の意を含みつつ、体言に直接付いて文末に用いられた（この終助詞「ぞ」が用言や「だ・です」に付くのは近世以降のことである）。

兵衛佐殿ノ使《つかひ》ハ誰《たれ》ト云《いふ》者ゾト問《とひ》ケレバ、
（延慶本平家物語　三末・兵衛佐与木曽不和に成事）

このほか「なんぞ」などの一部の語に副助詞として用いられるだけとなった。

「**こそ**」は已然形で結ぶ形式が次第に混乱していくが、中世前期ではまだ已然形で結ばれることが多かった。また、文末で未然形接続の「ば」に付いた「**ばこそ**」は強く否定する意を表すようになった。

今は世の世にてもあらばこそ。　（平家物語　七・一門都落）

〈今の世は自分の思い通りになるような世でもあるはずがない。〉

†終助詞・間投助詞

終助詞では、願望表現に「**ばや**」はそのまま用いられたが、「もがも」「なむ」「てしが」「にしが」などは口語で次第に衰退し、新たに生じた助動詞「**たし**（たい）」に取って代わられた。

禁止表現では、十二世紀には「な」を伴わず「…**そ**」だけで禁止を表すようにもなった。

父ノ御故ニ命ヲ失ハム事歎《なげ》カセ給《たまふ》ソ。　（延慶本平家物語　六末）

しかし、中世以降は次第に「**な**」（「行くな」「するな」の類）の勢力が大きくなっていった。

感動・詠嘆の意の「**かな**」はこの時代にも広く用いられたが、強く念を押す意の「**かし**」は命令形に付く用法に限られるようになった。

今参《まゐ》り侍る供御の色々を、文字も功能《くのう》も尋ねくだされて、そらに申し侍らば、本草《ほんざう》に御覧じ合はせられ侍れかし。　（徒然草　一三六段）

〈今参りますお食事の数々について、名前でも効能でも何でもお尋ねくださって、そらでお答えしましたなら、その後で医学書を御参照なさって下さいませ〉

詠嘆や強調指示などの意を表す間投助詞に、前代では「を」「や」「よ」「な」があったが、

「を」は口語では衰退した。「**や**」「**よ**」はその後も広く用いられ、「や」は俳句の切れ字ともなった。

ことも　おろかや、清和天皇十代の御末、鎌倉殿の御弟、九郎太夫判官殿ぞかし。

（平家物語　十一・嗣信最期）

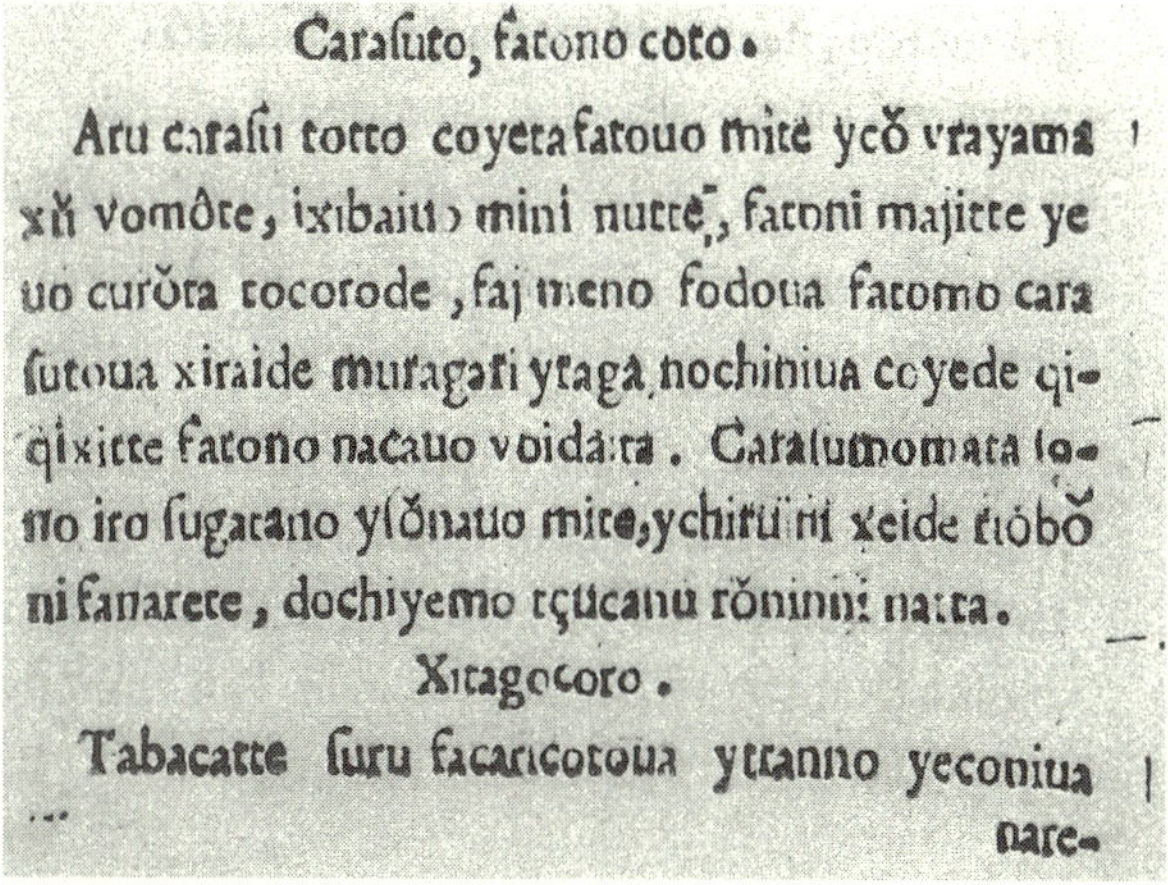

Caraſuto, fatono coto.

Aru caraſu totto coyeta fatouo mite ycŏ vrayama xŭ vomôte, ixibaito mini nuttē, fatoni majitte ye uo curŏta tocorode, fajimeno fodoua fatomo caraſutoua xiraide muragari ytaga, nochiniua coyede qiqixitte fatono nacauo voidaita. Caraſumomata ſono iro ſugatano yŏnauo mite, ychirui ni xeide ſiobŏ ni fanarete, dochiyemo tçucanu rŏninni natta.

Xitagocoro.

Tabacatte ſuru facaricotoua ytanno yeconiua nare-

第四章
中世後期——室町時代

天草本伊曽保物語(大英図書館蔵、『天草版伊曽保物語』勉誠社)

1　総説——近代語が胎動する

†中世後期とその言語

一三三三年に鎌倉幕府が滅び、後醍醐天皇による建武の新政が始まる。その後、一三三六年に室町幕府を開いた足利尊氏との間で対立が起こり、南北朝時代という動乱の世に入ることになる。一三九二年に足利義満が北朝と南朝を合一させて、南北朝時代が終わるが、その後の室町幕府も専制的権力が弱体で、地方におかれた守護が強大化していった。そして、守護大名は時に将軍とも対立し、やがて社会を混乱に陥れる応仁の乱（一四六七〜一四七七年）が起こる。こうして、下剋上の風潮が広まり、戦国大名が登場して、百年以上もの戦乱の時代に入る。その後、織田信長の天下統一を経て徳川家康が江戸幕府を開いたのが一六〇三年で、この間の二七〇年を中世後期として扱うことにする。

この時代の特徴は民衆が歴史の表舞台に登場したことである、地方では、南北朝の動乱を通して自治組織の「惣《そう》（村）」が形成され、それらが結合して、やがて土一揆・国一揆などの経済闘争も起こった。一方、都市に定住した商人は堺、博多などで自治を根づかせ、財力を蓄えた。こうして、識字層が庶民階級にも少しずつ拡大していき、実用的文章の作成が求められるようになった。各種の手紙文例集である往来物、たとえば『庭訓往来《ていきんおうらい》』や、国語辞書の『節用集』、漢和辞書の『和玉篇《わごくへん》』など実用的な辞書も編集された。

文化面で見れば、能の母体となる猿楽は武家や寺社の庇護のもとで芸術性を高めていき、滑稽を旨とする狂言とともに芸能に新たな息吹を吹き込んだ。能の詞章である謡曲には古典に題材を取るものが多いが、同じく連歌もこの時期に集大成され、多人数による連作という座を重視した文学活動も盛んになった。他方、漢籍などの漢文を日本語でわかりやすく解説した書も求められるようになり、そのような注釈の講義を筆記した「抄物《しょうもの》」が作られた。禅僧や博士家の人たちの講義を漢字片仮名交じり文で筆録したもので、中には文語体ではなく、口語体で書き記したものも作り出された。

†外国語との交流

国際情勢に目を向ければ、明が勘合貿易を許可し、また、朝鮮との交易も活発に行われて、大陸との交流は次第に活発になった。そのため、朝鮮・中国において日本関係資料が著され、日本語に関する記述も見られるようになる。

さらに、大航海時代を背景として一五四三年にはポルトガル人を乗せた中国船が種子島に漂着し、南蛮貿易が始まった。一五四九年にはイエズス会のフランシスコ・ザビエルが鹿児島に上陸してキリスト教を布教しようと企てた。しかし、戦国時代の落ち着かない世情であったので、十分な成果があげられずに離日したが、その後日本に残った宣教師たちの尽力によって、一五六九年には織田信長から許可を得て、キリスト教の布教が始まった。

イエズス会の宣教師たちは、世界のさまざまな地域に布教のために赴き、その土地の口語を記録しているが、日本語も例外ではない。一五九〇年、イエズス会宣教師アレキサンドロ・ヴァリニャーノは日本におけるキリスト教の布教を促進するため、ヨーロッパからグーテンベルク式の活版印刷機をもたらして、肥前（長崎県）の加津佐で出版を始めた。出版された書物には、漢字や仮名で書かれた「国字本」のほか、ポルトガル語のつづり字に基づいて当時の標準的日本語である京都のことばで書き記した「ローマ字本」もあった。現存最古のローマ字本は日本語版使徒行伝『サントスの御《ご》作業《さぎょう》の内抜書《うちぬきがき》』（一五九一年刊）で、宗教書・文学書のほかにも、対訳辞書の『日葡《にっぽ》辞書』（原題"Vocabulário da Língua do Japão"一六〇三～〇四年刊）、文法書のジョアン・ロドリゲス『日本大文典』（原題"Arte da Lingoa de Iapam"一六〇四～〇八年刊）などが刊行された。これらを総称して「キリシタン資料」と呼んでいる。

†『天草本伊曽保物語』に口語の全容を見る

キリシタン資料の一つである『天草本伊曽保物語』（原題“ESOPONO FABVLAS”一五九三年刊）の一節「烏と鳩のこと」を次に示す（以下、本章ではこの本からの引用は〔 〕に説話の題を示すにとどめる。また、引用は表音的な平仮名文に改め、助詞のワ・エは「は」「へ」に、オ段長音は歴史的仮名遣いに拠る）。

[原文]

Carasuto, fatono coto.

Aru carasu totto coyeta fatouo mite ycǒ vrayamaxǔ vomôte, ixibaiuo mini nutte, fatoni majitte yeuo curǒta tocorode, fajimeno fodoua fatomo carasutoua xiraide muragari ytaga, nochiniua coyede qiqixitte fatono nacauo voidaita. Carasumomata sono iro sugatano ysǒnauo mite, ychiruini xeide riǒbǒni fanarete, dochiyemo tçucanu rǒninni natta.

[翻字]

烏と鳩のこと

ある烏とっと肥えた鳩を見て、いかう羨ましう思うて、石灰を身に塗って、鳩にまじって餌　を食らうたところで、初めのほどは鳩も烏とは知らいで群がりいたが、のちには声で聞き知って鳩の中を追い出いた。烏もまたその色すがたの異相なを見て、一類にせいで両方に離れて、何方《どち》へもつかぬ浪人になった。

Xitagocoro

Tabacatte suru facaricotoua yttanno yeconiua naredomo, tçuiniua chijnnimo, xitaximinimo fanarete, mino voqidocoromo nai mono gia.

下心

たばかってする謀りことは一旦の依怙にはなれども、遂には知音にも、親しみにも離れて、身の置き所もないものぢゃ。

これは宣教師が日本語を学習するために編集されたもので、標準的な京都の話しことばで書かれており、そのローマ字つづりによって当時の発音が克明に描き出されている。そのため、十六世紀末の京都の話しことばを知るうえで、資料的価値がきわめて高い。

そのことばは現代語にかなり近く、古典語と現代語の中間のような様相を呈している。このことから、中世後期のことばは古代語からの脱却、近代語の幕開けと位置づけることもできる。

2　文字表記――文字の使用が広がる

†キリシタン資料のローマ字つづり

日本語がアルファベットによって表記された最初はキリシタン資料においてである。現行のローマ字つづりとは多少異なるものの、似ている点も多く、前掲の「鳥と鳩のこと」を中心に、主な音節表記を適宜補って五十音図にまとめると、ほぼ次のようになる。

a	i,y	u,v	ye	uo,vo				ŭ（ウウ） ŏ（アウ） ô（オウ）
ca	qi	cu	qe	co	qia		qio	qua（クヮ）
sa	xi	su	xe	so	xa	xu	xo	
ta	chi	tçu	te	to	cha	chu	cho	
na	ni	nu	ne	no	nha	nhu	nho	
fa	fi	fu	fe	fo	fia			
ma	mi	mu	me	mo	mia			
ya		yu		yo				
ra	ri	ru	re	ro	ria		rio	
ua,va								
ga	gui	gu	gue	go	guia			gueô（ゲウ）

za	ji	zu	je	zo	ja	ju	jo
da	gi	zzu	de	do	gia	giu	gio
ba	bi	bu	be	bo			
pa	pi	pu	pe	po			

促音の表記は子音を重ねる点で同じであり、母音にはa、i、u、e、oが用いられ、子音のs、t、n、m、y、g、z、d、b、pなどは現行と同じで、そのまま読むこともできる。この表音的表記によって十六世紀末の日本語の発音が詳細にわかるが、それは次節「3 音韻」において後述する。

†印刷技術のもう一つの伝来

イエズス会宣教師による活字印刷とほぼ同じ時期に もう一つの活字印刷技術が朝鮮からも伝えられた。一五九二年に豊臣秀吉が朝鮮半島に出兵の命を下し、その翌年に朝鮮で入手した銅活字や印刷道具が日本にもたらされた。この銅活字、それを模して作られた木活字などによって、十六世紀末から十七世紀初めにかけて印刷された本を「古活字版（古活字本）」という。最も古いものは一五九三年に刊行された勅版『古文《こぶん》孝経』で、その後も活字印刷は盛んに行われ、印刷技術を飛躍的に向上させていった。

†漢字

十二世紀に禅宗が伝わり、中国の新たな文化思想は武家を中心に行動の規範となった。禅宗寺院の寺格の最上位を中国で「五山」と呼ぶ風習に倣《なら》って、日本でも幕府は鎌倉に五山を定めた。その後、京都にも五山が定められ、また、一部変更されて、南禅寺を五山の上とした、京都五山・鎌倉五山が今日に至っている。

禅宗では中国のそれを模範としたことから、衣服・料理などすべてが中国風に行われ、虎関《こかん》師錬《しれん》の『元亨釈書《げんこうしゃくしょ》』(一三二二年)の中で、建長(一二四九~五六年)・正嘉(一二五七~一二五九年)の頃の日本においては「禅語未醇矣」、すなわち、禅を語ることばが純粋の中国語ではなかったと記している。逆に、このことは、当時の禅僧たちが純粋の中国語、漢文を求めていたということを物語っている。そして、南北朝時代を中心に、五山の僧たちによって優れた漢詩文が作成されるようになるが、これらを総称して五山文学という。中には、中国人から中国人の作であると見紛うばかりであると評価される格調の高い作品もあった。平安時代では白居易《はくきょい》に高い評価が与えられたのに対して、五山では杜甫《とほ》・蘇軾《そしょく》(蘇東坡《そとうば》)・黄庭堅《こうていけん》(黄山谷《さんこく》)などが好まれ、また、南宋の禅宗寺院で流行した四六駢儷体《しろくべんれいたい》が最も高度な表現と意識された。

ただ、高い漢文能力をもつ者は禅僧を中心に極めて限られており、一般的には前代と同じく、文章は日本語の要素が混じった漢文、すなわち和化漢文（変体漢文）で書かれた。さらに、実用的な文章表記では、漢語だけでなく和語にも漢字の当て字が自由に用いられた。十五世紀後半に成立した、イロハ順の仮名引き辞書『節用集』の中から「易林《えきりん》本」（一五九七年刊）の表記例を次にあげておく。

無《ナシ》レ半《ハシタ》　於何《ナニヨリモ》　懐気《ナツカシゲ》　六借《ムツカシ》　六箇《ムツカ》敷《シク》　可愛《ウツクシ》　真成《マメヤカ》　浅増《アサマシ》　穴賢《アナカシコ》　牀敷《ユカシク》　師友《モロトモ》

また、書簡には「…（て）さうらふ」という形で文末を終える候文が広く用いられた。これには、上の語句を受けて名詞化する「条《じょう》」「段《だん》」などが慣用されたり、敬語の接頭語「御《おん》」が「御…有」（おん〈お〉……あり）、「御…成」（おん〈お〉……なる）などのように用いられたりする特徴も見られた。

†仮名

平安時代から「かな・おんなで」と呼ばれていた平仮名が、その名で呼ばれるようになるのはこの時代である。最も古い使用例は『千字文　序』（桃源瑞仙　十五世紀後半）に見える。

倭字有三、曰片仮名者焉、曰平かな者焉、曰伊路半者焉。

この「ひら」とは〈普通、平凡〉（「平社員、平の取締役」のヒラの類）の意である。仮名のうち、片仮名ではなく平仮名が通常用いる文字体系であるという意識に基づく名称である。キリシタン資料でも「国字本」には平仮名の使用は見られるが、片仮名は用いられていない。また、豊臣秀吉が平仮名で書状を書いた話もよく知られている。

一方、片仮名は、漢籍や仏典を注釈した抄物《しょうもの》など漢文的な世界で、主に漢字交じり文に用いられた。また、世阿弥自筆の謡曲には平仮名の使用とともに片仮名で書かれたものもあった。片仮名の字体は前代よりもいっそう現行のものに近くなった。

†濁点・半濁点

濁点は、漢文訓読もしくは学問の世界から社会一般に広がっていった。右肩に濁点が固定するのは十五世紀後半以降のことで、十七世紀初頭になると、その位置がほぼ定着するようになった。ただし、濁点は片仮名書きにはかなり忠実に付されるものの、平仮名書きにおいてはまだあまり普及していなかった。そして、二点の濁音符「゛」だけでなく、三点の濁音符も一部に用いられていた。

半濁音符「゜」は、キリシタン資料の『落葉集《らくよう》』(一五九八年刊)に見られるのが最も古いようである。もともと声調表示においては、一点が清音、二点が濁音を表していた。そのため、パ行子音[p]は濁音[b]に対して無声音であることから、ハ行の仮名の右上に、濁音ではなく清音相当であることを明示するために「。」を付したと解釈される。この補助符号は、十五世紀ごろから禅宗関係の表記法において清音であることを特に注記するために加えた「不濁点」に由来する。元来はパ行音のみに特定して用いられるというものではなかったが、[ɸa] [ba] ではなく [pa] であるという日本語の姿を、外国人という外からの視点で明確にとらえたものと言える。

3　音韻——現代語の発音に近づく

†母音

キリシタン資料のローマ字つづりによって、十六世紀末の京都の規範的な発音をかなり正確に知ることができる。まず、キリシタン資料には、ア行が「a, i, y, u, v ye, uo, vo」と記されていて、母音が単独で音節となる場合のア・イ・ウは [a] [i] [u] であるが、エ・オは [je] [wo] であったことが知られる。

co<u>y</u>eta（肥えた）　<u>v</u>omôte（思うて）

このように母音の発音は十、十一世紀以降変わっておらず、[je] が [e] に、[wo] が [o]

になるのは近世においてである。子音のあるエ段の音節でも、朝鮮版『伊路波』（一四九二年刊）のハングル表記によって、その母音エはすべて［je］であったとする説もある。

オ段の長音では、開音（「ひらく」とも）と合音（「すぼる」とも）がそれぞれǒとôでかき分けられている（以下、本章では、用例は原則として歴史的仮名遣いで表記する。音声を明示する場合には片仮名表記を用いることもある）。

curǒta（食らうた）　ysǒ（異《い》相《さう》）　vomôte（思うて）

それぞれ、「くらうた」「相《さう》」などのauという母音連続に由来するオ段長音が開音ǒ、「おもうて」「用《よう》」などのou（oo）という母音連続に由来するオ段長音が合音ôであり、それぞれ［ɔː］［oː］と発音されていたと見られる。また、拗長音では「両方《りやうばう》」などのリャウというyauから転じたものは開拗音［jɔː］、「寵愛《ちようあい》」「豹《へう》」などのチョウ、ヘウというyou, euから転じたものは合拗音［joː］で発音されていた。

riǒbǒ（両方　りゃうばう）　chôai（寵愛　ちょうあい）　fiô（豹　へう）

このほかに長音はウ段にもあり、イ段音にウが続いたもの（vrayamaxǔ「羨ましう」）、ウ段音にウが続いたもの（cǔ「食う」、sǔ「吸う」）に見える。

†子音

カ（ガ）・ナ・マ・ヤ・ラ・ワ行の子音は現代語と同じであり、それ以外について次に述べておく。まず、サ行は「sa, xi, su, xe, so」と見え、サ・ス・ソでは［s］、シ・セでは［ʃ］であった。濁音も「za, ji, zu, je, zo」とあることから、ザ・ズ・ゾは［z］、ジ・セは［ʒ］であった。拗音のシャ・シュ・ショ「xa, xu, xo」、ジャ・ジュ・ジョ「ja, ju, jo」では、それぞれ子音は清音［ʃ］、濁音［ʒ］であった。ちなみに、セ・ゼは『日本大文典』（以下、原文のポルトガル語を翻訳して記す）に「セの音節はささやくように［se］に発音される」と記されており、十七世紀初めの東国では今日と同じ［se］［ze］となっていたことも知られる。

次に、タ行は「ta, chi, tçu, te, to」とあり、タテトの子音は現代音と同じ［t］であるが、チは［tʃi］、ツは［tsu］である。その濁音は「da, gi, zzu (dzu), de, do」とあるから、ダデドの子音は［d］、ヂは［dʒi］、ヅは［dzu］である。チャ・チュ・チョ「cha, chu, cho」、ヂャ・ヂュ・ヂョ「gia, giu, gio」では、それぞれの子音は清音［tʃ］、濁音［dʒ］であった。

ハ行は「fa, fi, fu, fe, fo」と見え、子音は両唇摩擦音の［ɸ］であった。このことは、『後奈良院御撰何曽《なぞ》』（一五一六年）の次のような記事からも知られる。

母には二度あひて父には一度もあはず　　くちびる

「ハハにおいては二度合うが、チチにおいては一度も合わない」とかけて、「唇」と解いたものである。それは、ハの発音は両唇摩擦音で、唇が合うが、チの発音では唇が合わないからである。ただし、ハ行子音を現代語と同じ［h］の音で書き写した資料に『華夷訳語日本館訳語』（一五四九年以前）、『日本風土記（日本考）』（一五九二年）などがあるので、十六世紀半ばからは声門摩擦音［h］の発音に揺れる場合もあったようである。

また、「p」で表記されるパ行音の子音も音韻として成立した。パ行音は前代にも「あっぱれ」（「あはれ」の転）など促音に続く場合などに臨時的に現れていたと考えられるが、条件異音であって音韻としては存在していなかった。それが、十六世紀中葉以降外来語の流入によって、たとえば、「ハン」（半・反など）、「バン」（番・晩など）とは別に「パン（pan）」〈英語 bread の意〉が語として区別されるようになり、［ɸ］：［b］：［p］が意味上で対立するようになった。こうして、パ行子音が音韻として確立されることになった。

なお、カ「ca」とクヮ「qua」の対立によって、合拗音が区別されていたことも確認できる。

†四つ仮名

朝鮮版『伊路波』には、ハングルでチ・ツが［ti］，［tu］に相当する音として記されている。これに対して、中国資料の『日本寄語（日本国考）』（一五二三年刊）には「太刀」に「打祭」（タチ)、「七」に「乃乃子」(ナナツ)というように発音が示されていて、チ・ツには当時の漢字音における破擦音系の「祭」「子」が当てられている。これによって、チ・ヂ・ツ・ヅが破擦音化して[tʃi][dʒi][tsu][dzu]となったのは十六世紀初めごろかと見られる。

その結果、[dʒi]は[ʒi]と、[dzu]は[zu]とそれぞれ発音が似ているため、ジ・ヂ、ズ・ヅが混同され始めた。もっとも、こうした「四つ仮名」の混同は前代から起こっており、室町時代末期には「立派に発音する人もいくらかあるであろうが、一般にはこの通りである」(『日本大文典』)というように混乱が進行していて、規範的にかろうじて区別されるという状況であったようである。もちろん、キリシタン資料では四つ仮名ジ・ヂ・ズ・ヅはji、zu、gi、zzu(dzu)と記されていて、その区別が守られている。

†連濁と連声

連濁は、現代よりも漢語に特に多く、『天草本伊曽保物語』に見える例をあげると、次の通りである。

奇特《きどく》　生長《せいぢやう》　進退《しんだい》　郎等《らうどう》　心中《しんぢう》　見参《げんざう》　難堪《なんがん》　生死《しやうじ》　両方《りやうばう》　養子《やうじ》　下知《げぢ》　領掌《りやうじやう》

パ行音(半濁音)も「一疋《いツぴき》」のように重箱読みの語に見えるほかに、漢語にも「安否《あんぷ》・実否《じツぷ》・一遍《いツぺん》」のように、撥音・促音の直後に現れている。

連声《れんじょう》は鎌倉時代では漢語に限られていたが、「さんみ（三位）」「おんみょうじ（陰陽師）」など固定的に用いられたもののほか、「コンニッタ（今日は）」「ジセット（時節を）」「ネンブット（念仏を）」のようにタ行音や、「オンナルジ（御主人）」「ニンゲンナ（人間は）」「ムザンニャ（無漸や）」のようにナ行音にも出現するに至った。このように、連声は字音語だけでなく和語にも及ぶようになった。

†漢字音

南北朝時代に入ると、漢字音のイウ・キウがユウ・キュウへと変化していった（「優」「宮」など）。また、漢語のアクセントも前代までは本来の漢字音の声調を有していたが、この時代になると和語のアクセントの影響を受けるようになって、日本語の語彙に融合していった。

舌内入声のｔ韻尾は前掲『天草本伊曽保物語』に「深切」がsinxetと書かれているように十七世紀初め頃まで［t］のままで発音されていた。ちなみに、親鸞は唇内入声韻尾ｐ、喉内入声韻尾ｋを「ユル」（緩）、舌内入声韻尾ｔを「キフ」（急）と呼んでこの二つを区別していることが知られている（『浄土高僧和讃』親鸞自筆本）。この「急」とは母音を添えずにｔと発音されていたことを指すものと見られる。

4　語彙——外来語が登場する

†代名詞の語彙

指示代名詞は前代にコソアド体系が整ったが、これに加えて方角を表す「こちら・そちら・あちら・どちら」も用いられるようになった。

人称代名詞では、室町時代末期には、相手が目上か目下か、対等であるかによって明確に使い分けが行われるようになっていた。主なものを次に示す。

	一人称	二人称	三人称
目上に対して	それがし　わたくし	こなた　そなた	あの人　その人
対等の場合	こち　これ	そち　おのれ　なんぢ	かれ　あれ
目下に対して	み　われ	そのはう　おぬし	あいつ　あいつめ　あれめ

それがし（soregaxi）申し当てたならば、　〔イソポが生涯のこと〕

そちは（sochiua）痛むところがあらば見せい、　〔獅子と馬のこと〕

あれが（arega）取って食らうたものぢゃ。　〈イソポが生涯のこと〉

目下に対する三人称には相手を卑しめるニュアンスを伴うことがある。また、「貴・御・拙・愚」などの漢語の接頭語が多用されるようになり、「拙者・拙子《せっす》・愚拙」「貴辺《きへん》・貴方《きはう》・貴殿・御辺《ごへん》」なども人称代名詞として用いられた。

御辺（gofenua）は過ぎた夏秋は何事を営まれたぞ。　〈蟬と蟻のこと〉

「御辺・貴所《きしょ》」は目上の相手に荘重に言う場合（二人称）に用いられた。

この時代には、男女によって異なる語が用いられるようになった。一人称で言うと、「わたくし」は男女兼用であるが、「それがし・拙者」は男性に、「わが身・みづから・わらわ」は女性に、というように違いがはっきりしてきた。

†副詞の語彙

ロドリゲス『日本大文典』には、副詞について次のように記されている。

この国語は副詞をはなはだ豊富にもっている。しかも、それらは事物の状態をきわめて生々と表すのである。なぜかというに、ただに動作の状態を示す副詞があるばかりでなく、事物の音響・挙動までも示すものがあるからである。

例として、漢語によるもの以外にも、同じ音を繰り返す畳語《じょうご》として「あらあら・ばらばら・

ばりばり」などの語が示されている。そこで、『天草本伊曽保物語』からオノマトペ（擬態語）の類を少しあげておこう。

目算も無う、ざっと（zatto）言うて出《だ》いた。〔ネテナボ帝王イソポに御不審の条々〕

無体に獅子に奪い取られて、すごすごと（sugosugoto）帰った。〔獅子と犬と狼と豹とのこと〕

薪《たきぎ》をば傍《かたわ》らに下ろしおいて、ひたと（fitato）倒れ伏《ふ》いて吐息をついて、〔老人のこと〕

このようなオノマトペは次第に増えていくが、今日の感覚でも理解できる語が数多くある。

また、連語の副詞も使用が目立ち、次のようなものが見える。

そこでこの馬追いは為《せ》うことが無《な》うて（xocotoga note）、驢馬につけた荷物をことごとく馬一匹にとりつけて、〔馬と驢馬のこと〕

眼《まなこ》とおぼしいあたりを力に任せてしたたかに踏めば、さしもに（saximoni）猛《たけ》い獅子王も眼が眩《くら》うで、〔馬と驢馬のこと〕

仰せは天山《あめやま》（ameyama）かたじけないといへども、〔狼と狐のこと〕

†感動詞の語彙

『天草本伊曽保物語』に見える感動詞を少しあげておく。「獅子と馬のこと」という話に、見つけた馬を食おうとしたライオンがそれに近づいて、痛い所があったら直そうと言ったところ、馬は足が悪いといって片足を上げ、目の辺りを踏みつけてライオンを失神させた後に、次のようなことばを言う場面がある。

やあ、したりや（yà xitariya）。

〈うまくいった〉と、ライオンを嘲《あざけ》った、という意である。このような表現は、狼が身を隠してうまく狩人をやり過ごして逃げ延びた場面にも次のように描かれている。

狼《おをかめ》えたりかしこし（yetari caxicoxi）とそこを逃げ去った。　〔パストルと狼のこと〕

〈しめしめ〉という訳がぴったりする箇所である。

†現代語と異なる語形

現代語と異なる語形も少なからず見られる。『天草本伊曽保物語』から例を示す。

はわ（fawa）〈母〉　おおかめ（vôcame）〈狼〉　かいる（cairu）〈蛙〉　はい（fai）〈蠅〉

つっしんで（tçuxxinde）〈謹んで〉　まいちにん（maichinin）〈もう一人〉

とってかやいて（tottecayaite）〈取って返《かえ》して〉

「言ふ」はすでにユーというようにウ段長音に発音されていて、『天草本伊曽保物語』には終止連体形 yŭ、連用形 yui と表記されている。

現代語では濁音であるが、この時代ではまだ清音で発音されていた語もあった。

輝《かかや》かし（cacayacaxi）　貢物《みつきもの》（mitçuqimonno）　企《くわた》て（kuuatate）　夥《おびたた》しい（vobitataxij）

逆に、古くは濁音であったと見られる語に「山牛《うじ》（yamavji）」があり、mとbの交替も「狭《せば》い（xebai）」「鞭《ぶち》（buchi）」「尊《たっと》む（taattomu）」などに見られた。

†漢語

漢語の増加が前代から引き続き見られ、和語の漢字表記を音読させた和製漢語もさらに作り出された。たとえば、「出張《しゅっちょう》」は「でばり」という語の漢字表記を音読したものであるが、〈外に突き出していること〉という意味から転じて、「出張《しゆつちやう》（Xutçhŏ）戦争に赴くこと」（日葡辞書）という意で用いられた。これが〈用事で出向くこと〉の意となる。「案外」は「案の外《ほか》」から、「推量」は「おしはかり」、「大根」は「おほね」の漢字表記にそれぞれ由来する。

和製のものでは「看板・極意・存分・見当・本気・面倒」なども用いられるようになった。たとえば、「面倒」は、「め（目）」に〈物を浪費する〉意の接尾語「だうな」（「食物だうな」〈食物を無駄に浪費すること〉、「玉だうな」〈玉を無駄に浪費すること〉など）が付いたもので、〈見るのが無駄なさま→体裁が悪いさま、見苦しいさま〉の意に由来する語である。「目だうな」の「だ」が鼻濁音［nda］であることから、その鼻音的要素が撥音となって「めんどうな」となり、その「めんどう」に「面倒」の漢字が当てられたものである。

この時代の漢語は漢音よりも呉音によるものが多くを占めていた。また、現代とは異なる読みで用いられたものも相当ある。そこで、字音が現代と異なる漢語を、『天草本伊曽保物語』からあげておく。

［呉音による］音声《おんじやう》　差別《しやべつ》　大海《だいかい》　地下《ぢげ》　柔軟《にうなん》　人民《にんみん》　凡夫《ぼんぶ》　猛火《みやうくわ》　無益《むやく》　礼拝《らいはい》　憐憫《れんみん》

［漢音による］海上《かいしやう》　漁人《ぎよじん》　食物《しよくぶつ》　珍物《ちんぶつ》　天道《てんたう》　秘《ひ》蔵《さう》　天下無《ぶ》双《さう》

漢語の使用では、その語形変化はあまり目立たないが、たとえば「食物」には、『日葡辞書』に「ジキモツ」「ショクブツ」の両形が見え、そのほか同時代に「ショクモツ」（運歩《うんぽ》色葉《いろは》集）という読みもあるなど、歴史的に見ると変化しているものも少なくない。「食物」は今日ではショク（漢音）とモツ（呉音）の混淆による語（これを「雑揉語《ざつじゆうご》」と呼ぶことがある）として定着している。「大海《だいかい》」が「たいかい」、「無益《むやく》」が「むえき」というように、古く呉音であったものが漢音に変わるという傾向があるが、そのような字音体系が混淆したものには（漢音＋呉音）に「精力《せいりき》・群集《くんじゆ》」、（呉音＋漢音）に「談合《だんかう》・言下《ごんか》」などがあった。

　ちなみに、『日本大文典』には、女性の手紙にはやさしい語が用いられ、男性から女性への手紙にも字音語は交えないと記されている。

†ポルトガル語からの外来語

キリスト教の伝来に伴って、ポルトガル語からの外来語が、キリスト教関係の用語をはじめとして、服飾・食品に関係する事物名などに用いられるようになった。

キリスト教関係……クルス　サンタマリア　デウス　バテレン　ロザリオ
服飾関係……カッパ（合羽）　ジュバン（襦袢）　ビロード（天鵞絨）　ボタン（釦）
食品関係……カステラ　コンペイトー　テンプラ（天麩羅）　バッテラ　パン（麺麭）
その他……オルガン　カルタ（歌留多）　タバコ（煙草）　ビードロ

また、ポルトガル語を介して借用された語に、「サラサ（更紗）」（ジャワ語）、「キセル（煙管）」（カンボジア語）などがあった。

この後、スペイン語（一五九二年以降）から「メリヤス」なども借用された。ただし、「シャボン」はポルトガル語 Sabão からと言われるが、スペイン語 jabón からとする説もある。

†女房詞と武家詞

十五世紀初めごろから御所に仕える女房に用いられた特有のことばを「女房詞《にょうぼうことば》」という。直接にその語を用いるのではなく婉曲に言い表して、上品さ、優雅さを醸し出す隠語の一種である。語構成によって分類すると、次のようになる。

(1)語の第一音節に「もじ」を付ける（文字詞《もじことば》）……「しゃもじ〈杓子〉」「すもじ〈鮓《すし》〉」「ひもじ（「ひだるし」〈苦しい〉）」

(2)接頭語「お」をつける……「おかず〈菜〉」「おひや〈水〉」「おつけ〈汁〉」「おなか〈腹〉」「おから〈御殼〉」「お造《つく》り〈刺身〉」「おでん〈田楽〉」「おつまみ〈漬物〉」

(3)音の繰り返し……「かうかう〈香の物〉」「とと〈魚〉」

(4)その他……「青物《あをもの》〈野菜〉」「かちん〈餅《もち》〉」「かべ〈豆腐〉」「九献《くこん》〈酒〉」「黄《き》な粉《こ》」

文字詞は日蓮の書簡に「味《み》もじ一をけ」（一二八一年）という例（「味もじ」は「味噌」のこと）があり、中世にすでに「もじ」が接尾語として使用されていた。これらはやがて将軍家や大名の奥向きの言葉として用いられ、江戸時代には町家の女性にも広まり、今日の女性語の源流をなすことになる。

武家詞は前代から引き続き用いられ、「打たれ」を「打たせ」と表現する例が見える。

さんざんに切り立てられ、精兵《せいびやう》あまた打たせ（vtaxe）、風に木《こ》の葉の散るやうに東西《とうざい》に敗北《はいほく》した。〔鳥と獣のこと〕

代名詞では一人称に「われ」「み」、二人称に「それ」が用いられ、また文末には「ござる」が多用されるなど、待遇表現の面でも独自に発達していった。

†待遇表現の語彙

待遇表現では、尊敬語・丁寧語の発達がこの時代の大きな特徴である。たとえば、最も高い敬意では「こなた」「(て)くださるる」などが、次の段階では「そなた」「(て)たもる」などが用いられるというように、敬意の段階に応じて使い分けられた。たとえば、イソポが国王に言ったことばに「くださるる」、蠅が獅子王を指したことばに「そなた」が見える。

いかに帝王の中の　帝王にてござる(gozaru)おん身、少しのお暇をくだされば(cudasare-ba)、奏聞申さうずることがござる。〔イソポが生涯のこと〕

そなたは(sonataua)身《み》よりも強うはない。それによってそれがし(soregaxiua)は貴所を(qixouo)物とも思わぬ。〔蠅と獅子王のこと〕

接尾語については、「どの」は古代後期には身分の高い人、特に摂政・関白にある人を指して「関白殿・右大臣殿」などと用いられたが、中世前期になると、数多くの人物を指したことから次第に敬意が低下した。さらに、この時代になると、「どの」に代わって、「さま」がより高い敬意を表す接尾語となり、「若君様《わかぎみさま》」(義経記　八)のように用いられた。「どの」はその後、近世後期には奉公人に付けて「おんばどん」(浮世床)などのように「どん」という語形で用いられるようにもなる。他方、相手を卑しめる軽卑語には接尾語「め」の使用も現れた。

蝿めは（faimeua）どこにをるぞ。〔蝿と獅子王のこと〕

†尊敬語

①本動詞を中心に

前代に生じた「ござある」が盛んに用いられた。

罷り出でたる者は、洛中に住居いたす者でござある。（虎明本狂言　煎物）

この「ござある」から転じて「ござる」が、敬意の度合いのかなり高い語として用いられるようになる。前掲の、イソポが国王に言ったことばに「いかに帝王の中の帝王にてござるおん身」とあり、補助動詞の用法も百姓が主人に申し上げたことばの中に次のように見える。

それをばイソポこそ盗んで食べてござれ（tabetegozare）。〔イソポが生涯のこと〕

この打ち消しには「ござない」が主として用いられたが、「ござらず」の形も見える。

なぜにと言《ゆ》うに、女は夫《おっと》を大切に思うといえども真実《しんじつ》ではござない（gozanai）。〔イソポが生涯のこと〕

そしらず、とって退くこともござらず（gozarazu）、やがて立ち直らば、〔イソポが生涯のこと〕

また、「する」の尊敬語として「めす」も用いられた。

それがしが頼うだ人は、このごろ夫婦《めうと》いさかいをめされたに（mesaretani）よって、

〔イソポが生涯のこと〕

②付属形式を中心に

動詞の連用形に付いて尊敬表現に用いられる形式として「……なる」「……ある」という言い方が生じた。

去《さ》んぬる夜、御寝《ぎょしん》なら（nara）なんだ故ぢゃ。 〔天草本平家物語　二〕

ナニヲ　ハヅカシイト　ヲモイ　アルゾ。 〔日本大文典〕

さらに「お」「ご」を冠した「お…ある」の形式が敬意の高い表現として盛んに用いられた。

いかにシャントお聞きあれ（voqiqiare）。 〔イソポが生涯のこと〕

皮肉を包み暖めさせられれば、ご平癒あらうずる（gofeiyŭarōzuru）。 〔狼と狐のこと〕

この「お…ある」の言い方では、「ある」の直前の母音がイである場合には拗音となって「お…（い）ゃる」の形で用いられた。

慈悲の上から、この一間《ひとま》を我にお貸《か》しゃれ（vocaxare）。 〔炭焼と洗濯人のこと〕

これが「やる」となって「お…やる」の形も見える。

なう、同心した人、なぜにそなたは力をお添えやらぬぞ（vosoyeyaranuzo）。 〔二人同道して行くこと〕

ちなみに、〈言う〉の尊敬語「おしゃる（←おほせある）」は「お…ある」からできた語ではないが、その一種として扱われていたようである。

二人に下さると仰せられたとおっしゃったほどに、（虎明本狂言　連歌毘沙門）

「おぢゃる」「おりゃる」は「いる・ある」の尊敬語・丁寧語として用いられたもので、それぞれ「お出《い》である」「お入《い》りある」に由来する。

智分のほどのただ一人《いちにん》なことを申したと答えておぢゃる（vogiaru）。〔イソポが生涯のこと〕

急ぎわが方《かた》へおりゃれ（voriare）。〔鳶と鳩のこと〕

「おりゃる」の否定形には「おりない」が用いられた。

知恵の長《た》けたものもこの人に並ぶことはおりなかった（vorinacatta）〔イソポが生涯のこと〕

これは「お入りない」から転じたもので、〈ございません・ありません〉の意の丁寧語である。

高い敬意を表す「お…なさる」は次のような国王に対することばの中に見える。

お許しなされば（voyuruxi nasareba）、国里をあまねく徘徊《はいくわい》いたさうず、〔イソポが生涯のこと〕

『日本大文典』には「ご…なさるる」が話しことばで最高の敬意を表すと記されている。

平生ご秘蔵なさるる（gofisônasaruru）この犬のことでござらうずると存じて〔イソポが生涯のこと〕

次のように、帝王のことばの中で、帝王自身が許すという尊大語にも用いられた。

帝王その優しい志を感じさせられて「御赦免なさるる」（goxamen nasaruru）と仰せられた

れば、　〔イソポが生涯のこと〕

③接頭語・助動詞

尊敬を表す接頭語「お」は和語に付くほか、漢語にも付いた。

お仲を（vonacauo）直しまらせうずる。　〔お＋和語〕〔イソポが生涯のこと〕

おのおのの仰せはもっともお道理（vodŏri）ぢゃ。　〔お＋漢語〕〔腹と四肢六根のこと〕

形容詞に「お」が直接付く言い方は前代に生じていたが、この時代になって一般化した。また、前記したように、動詞に付く言い方もこの時代に新たに発生した。

一方、「ご」が和語に付くことは少ないが、「御《ご》気《き》遣《づか》い（goqizzugai）」〔イソポが生涯のこと〕のような例があった。

このほか、高い敬意を表す形式として助動詞の複合した「せらる・させらる」も多用された。

何事を案じさせられて悲しませらるるぞ（anjisaxerarete canaximaxeraruruzo）。　〔イソポが生涯のこと〕

それがしが命を助けさせらるるならば（tasuqesaxeraruru naraba）、かの驢馬を御身《おんみ》の手の曲《わ》にまわるようにいたさうずる。　〔驢馬と狐のこと〕

これには次のような「られさせらる」という重複した表現も見える。

わが代わりにはさきに雑餉《ざつしやう》をおくりあった犬から寵愛せられさせられい（xeraresaxerarei）。

〔イソポが生涯のこと〕

†謙譲語

謙譲語では「いたす・いただく・存ずる・つかまつる・まうす」などが用いられた。

われは今よりおのおのに一味をいたすまい（itasumai）。〔燕と諸鳥のこと〕

「身は存ぜぬ（zonjenu）」と答えたれば 〔イソポが生涯のこと〕

そのうえ生生世世《しやうじやうせせ》その恩を忘却つかまつる（tçucamatçuru）ことはあるまじい。〔鶴と狼のこと〕

このなかで、謙譲語「まゐらする」から転じた「まらする」は助動詞「ます」の源流にあたるもので、謙譲語や丁寧語として用いられた。

しからば食した人は必ず現れまらせうずる（arauaremaraxôzuru）。〔イソポが生涯のこと〕

風呂にはただ一人居《いちにんい》まらする（marasuru）。〔イソポが生涯のこと〕

「まらする」は本来下二段活用であったが、連用形に「まらし」が用いられるようになって、サ変に活用されるようになった。

それを顕《あらわ》しまらしたらば（arauaximaraxitaraba）、何たる御恩賞にか預《あづ》かうぞ。〔イソポが生涯のこと〕

「まゐらする」から転じた語には「まいする」「まっする」「ます」などもあった（ただし、「申《まう》す」の影響もあるとも言われている）。

使者が聞くほどに、心得させまいせうとて、足をふむぞ。（史記抄　一三・准陰列伝）

いや、耳がちぎれまっする、ちぎれまっする。（虎清本狂言　蟹山伏）

酒はあまりくさうて、飲まれますまいほどに、ご無用でござる。（虎明本狂言　河原太郎）

この「まっす」には連用形「まっし」はなく、また本動詞としての用法もない。

「ます」は「まらする」と同じくサ変に活用され、否定の丁寧体では「ませぬ」が、その過去形には「ませなんだ」が用いられた。

武悪が事は扨置《さておき》、人影も見へませぬ。（虎寛本狂言　武悪）

某はききませなんだが、そなたの名は何と申すぞ。（虎明本狂言　腹不立）

†丁寧語

丁寧語には、「さふらふ」から転じた「さぅ」「そぅ」「す」などがあった。「さぅ」は、未然・連用・終止・連体形は「さぅ」、已然・命令形は「さぅえ」であり、〈です・ます〉の意で、多く補助動詞として男性が俗語的に用いた。

文章かきたてをして、略せしかと、思へどもえ取り置《を》きそうぬと云ぅぞ。［未然形「そぅ」］

（蒙求抄）

疾《と》うをかへりさうへ。［命令形「さうえ」］（四河入海《しかじつかい》　七・四）

前者の「え取り置きそうぬ」は「取り片付けることができません」という意である。命令形は「さうえ」から転じた「そえ」「そい」の形でも用いられたが、敬意の度合はよりいっそう低くなっている。

いかほどなりとも、お責《せ》めそへ。（虎寛本狂言　朝比奈）

所詮うたはせぬ料簡《れうけん》をいたそう。おなをりそひ。太刀ぬく。（虎明本狂言　二千石）

ちなみに、「またぞろ」は〈同じものがさらに存在するさま〉を、あきれた気持ちをこめて言う語であるが、副詞「また」に「そうろう」のついた「またそうろう」から転じた語である。

そののちは逢《（あふ）》事もなきと斗《（ばかり）》にまた候《（ぞろ）》さゆる月にみる文（若狐　五）

軽い敬意を表す「す」は「さう（そう）」がさらに転じた語で、指定の助動詞連用形「で」に続く場合「です」（←でさうろふ）という形で用いられた。

粟田口買《か》はふ、粟田口買《か》ひす。（虎明本狂言　粟田口）

富士参詣いたせば、主《しう》に暇《いとま》を乞《こ》わぬほうですか。（虎明本狂言　富士松）

前者の「買ひす」は〈買います〉の意である。後者の「です」は、主として狂言において、やや尊大な語感を伴って用いられたもので、現代語の「です」とは直接の関係はない。

このように、前代と比べて丁寧語が発達したこともこの時代の大きな特徴である。

5　文法――近代語法が芽生える

†二段活用の一段化の進行

二段活用の一段化は徐々に進行していったが、中世後期では依然として二段活用が規範的なものとして意識されていた。『天草本伊曽保物語』では助動詞「る」の連体形はすべて「るる」であり、下二段に活用されてはいない。一段化した例は、無語幹動詞の「経《ふ》」が「へる」となったものにしか見えない。

日《ひ》数《かず》を経《へ》る（feru）ほどに、次第に四肢六根は弱りはて、〔腹と四肢六根のこと〕

このほか、『日葡辞書』に「浴《あ》ぶる」「禿《ち》ぶる」は二段活用とともに一段活用の「あびる」「ちびる」も併記されている。二段活用の一段化は、京都よりも関東において進行が早かったようで、『日本大文典』には、関東方言では「あげる」「求める」などの下一段活用をふつうに用いると記されている。ちなみに、この書には「中国」「下《しも》（＝九州）」「豊後」「肥前・肥後・筑後」「筑前・博多」「備前」「関東」などの各地方の言葉が詳しく記述されている。

†動詞活用のヤ行化

下二段活用の動詞では、活用語尾がハ行・ワ行のものはすべてヤ行に活用された。たとえば、「訴《うった》ゆる」「蓄《たくわ》ゆる」「従《したが》ゆる」「教《をし》ゆる」（以上、もとハ行）、「植《う》ゆる」（もとワ行）などである。

ただ道理の推《お》すところを人に教ゆる（voxiyuru）ばかりでござる。〔イソポが生涯のこと〕

これは、下二段活用では、未然形・連用形の活用語尾「―エ」がイェ［je］と発音されていたため、その影響でヤ行の活用として意識されて、他の活用語語尾も「―ユル」［juru］となったものである。また、上一段活用でも「用ゆる」（もと、ワ行）となった例が見える。

唐物も和薬も用ゆるに（mochiyurumi）たらぬ。〔狼と狐のこと〕

これは、「もち」の-i語尾が「uru」に影響を与えて「i-uru→iyuru」となったものであろう。前の母音iが後ろの母音に影響を与えてヤ行化する現象は、複合動詞の後項となる「逢う」「合う」が［-ia-］→［-ija-］（-iya-）と変化して、「―やう」となる場合にも見える。

けだもの一匹行《ゆ》き逢《や》うたれば（yuqiyôtareba）、〔獅子と犬と狼と豹とのこと〕

乗り馬には似やわぬ（niyauanu）と言《ゆ》うて、〔馬と驢馬のこと〕

また、一字漢語のサ変動詞、たとえば「案ず」「感ず」などザ行のものが助動詞「さする（させる）」に接続する場合に「ぜ」ではなく「じ」をとることがあった。

何事を案じさせられて（anjisaxerarete）、悲しませらるるぞ。〔イソポが生涯のこと〕

帝王その優しい志《こころざし》を感じさせられて（canjisaxerarete）、〔イソポが生涯のこと〕

このように、未然形が「―じ」で、連用形ももとより「―じ」であることから、「案ず」「感ず」などは上一段化したことになる。さらには、サ行の「決す」も「させ」に続く場合に「―し」という語形となっている。

実否《じっぷ》をいまだ決し（qexxi）させられなんだれば、〔イソポが生涯のこと〕

また、「破する」〈破門する〉を「ハッスル」というように促音を添加する場合もあった。

こんにちより鳥類の一門を破《はっ》する（fassuru）ぞ。〔鳥と獣のこと〕

†動詞の命令形

動詞命令形は、「まかり出よ（macarideyo）」〔イソポが生涯のこと〕のように、古典語のままの語形で用いられることもあったが、下二段・カ変・サ変では、「上げい」「せい」「来い」のように語尾が「い」でも用いられた。ただし、上一段・上二段では「計略して見よ（miyo）」〔イソポが生涯のこと〕のように、前代のままの命令形活用語尾「よ」であった。これに対して、『日本大文典』には、関東方言や肥前・肥後・筑後では、「上げろ」「見ろ」「せろ」などのように活用語尾に「ろ」が用いられると記されている。

†可能動詞

「読む」に対して、〈読むことができる〉という意を表す「読める」の類を可能動詞という。五段活用（古典語では四段活用）の動詞を下一段活用（古典語では下二段活用）にすることで可能の意味を表すのである。

アノ人ノ手ハヨウ読ムル（yomuru）　（日葡辞書）

その発生は十六世紀のことであるが、ここで五段を下一段に活用させることで可能の意を表す理由について少し述べておく（以下、活用の種類は古典語に従うことにする）。そもそも四段（後の五段）と下二段（後の下一段）は動詞の意味・用法において密接な関係がある。たとえば、次のように自動詞と他動詞という対立をなしている。

四段（他動詞）⇔下二段（自動詞）　切る・割る・裂く・砕く・解く・焼く・脱ぐ

四段（自動詞）⇔下二段（他動詞）　あく・向く・沈む・痛む・並ぶ・立つ・育つ

「手が切れる」「手を切る」、「ドアが開《あ》く」「ドアを開ける」のように、その活用の違いによって動詞の自他が対応するのである。

このような四段と下二段の関係は、意味を派生させる場合にも機能している。たとえば、「てる」は四段活用では〈（日が）照る〉の意を表すのに対して、下二段に活用すると、「照れくさい」「照れ隠し」「褒められて照れる」などのように〈はにかむ〉の意となる。さらに、古くから使役・受身の意を派生させる関係でもあって、下二段活用の「知る」は次のように〈知らせる〉〈知られる〉を意味する。

春の野にあさる雉《きぎし》の妻恋《つまごひ》に己《おの》があたりを人に知れ（令知）つつ　（万葉集　一四四六）

〈春の野原で餌をあさる雉が妻恋をするように、自分の居場所を人に知らせながら〉

人知れず思へば苦し紅《くれなゐ》の末摘花《すゑつむはな》の色に出でなむ　（古今集　四九六）

〈人に知られないで恋しく思うと苦しい。紅の末摘花のように鮮やかに顔色に出してくれないかなあ〉

「給《たま》ふ」も、四段活用が〈与える〉意の尊敬語であるのに対して、下二段活用は〈いただく〉意の謙譲語となる。

魂《たましひ》は朝夕《あしたゆふべ》に給《たま》ふれど我《あ》が胸痛し恋の繁《しげ》きに　（万葉集　三七六七）

〈あなたの気持ちは朝夕にいただいて感じているが、私の胸は痛い、恋心が激しいために〉

〈与える〉に対する〈いただく〉は受動的であるから、この関係も下二段が受身の意で用いられた例になる。また、「含む」の下二段活用は次のように、「乳をふくめて」は〈乳を口に含ませて〉の意であって、使役性を帯びている。

父母よろこびてとりかへして、乳《ちち》をふくめてやしなふ。　（観智院本三宝絵　中）

このほか、日葡辞書には「取れる」の項に「風邪がとれた」「魚《うを》が多くとれた」、「練れる」

の項に「練れた人」という用例を示し、「売れる」の項には「ウルの受身」という説明も見える。すなわち、「取れる」は自発の意、「練れる」「売れる」は受身の意を表すのである。

このように、四段の下二段化は態（ヴォイス）の転換に深くかかわる派生形式であり、この点から自動詞と他動詞の対立も解釈できる。こうして、受身・自発という意から、さらに用法を広げていくと、可能の意が派生するのは自然の成り行きである。ただし、近世までは四段活用の未然形に助動詞「れる」が付いた言い方も多用されていて、可能動詞が広く用いられるようになるのは明治以降のことである。

†テ形の発達

「て＋補助動詞」の形式は、古代後期に「男もすなる日記といふものを女もしてみむとてするなり」（土佐日記）とあるように、すでに「**てみる**」という形が用いられていたが、中世後期になると、同じく〈もくろみ〉を表す「**ておく**」も生じた。

烏これを羨みて、曝《さら》いておいた（saraite voita）羊の皮の上に跳んできたによって、〔鷲と烏のこと〕

このほかに、〈しにくいことを敢えてする〉の意を表す「てのける」の使用も現れた。

そいつめをば打ち殺《ころ》いて、皮をはいでのけうぞ（faide noqeozo）。〔狼と子を持った女のこと〕

「動詞＋いる」「動詞＋おく」などの複合動詞による表現形式から、「て＋補助動詞」という、さらに分節性の高い表現形式へと形態上変化したのである。これは、本来有する動詞の意味をいっそう形式化させたことによるもので、古代語の助動詞が多く消滅していく過程において、「て」という、いわば強力な接着剤を介することで、より複雑な分析的表現を可能にする諸形式を生じさせたと言える（「ている」「てある」は二八七ページ参照）。

†授受表現

その一環として生じたものに、「**てやる**」などの一連の授受表現と呼ばれる表現形式がある。「てやる」は、古代後期から、物を与えるという具体的な動作に使用されていた。

さるべき受領あらば、知らず顔にてくれてやらんとしつるものを、（落窪物語　一）

くひ物はもちてきたるか。くはせてやれ。（宇治拾遺物語　七・五）

それが具体的な動作ではなく、恩恵や利益を相手に与えるという表現として用いられるようになったのである。

たちまちに赦《ゆる》いてやったれば（yuruite yattareba）、鼠は天《あま》の命《いのち》を助かって、（獅子と鼠のこと）

このような、ある行為をすることによって相手に恩恵を与えるという表現を「授受表現（やりもらい）」というが、授受動詞が実質的な意味を失って形式化したことで、「て＋補助動詞」の形式は新たな展開を迎えたわけである。こうして、「てやる」のほかにも、「**てくれる**」が話し手側に対して恩恵を与える表現に、「**てくださる**」がその尊敬語に、「**てもらう**」が恩恵を受ける話し手側を主語とする表現に用いられるようになるなど、次第に体系を整えていった。

如何にもして杣山《そまやま》の城へ入進《いれまゐら》せてくれよ。（太平記　一八・金崎城落事）

そばに呼うでくだされい（yôde cudasarei）。〔母と子のこと〕

仏師と談合いたし、よささうなお仏をつくってもらはふと存る。（虎明本狂言　仏師）

†形容詞

古典語の終止形が消滅し、連体形（終止形）では「―い」という活用語尾が一般化した。

いと易い（yasui）ことぢゃ。〔獅子と馬のこと〕

連用形も「―う」となっていて、中止法でも同じ形が用いられている。

恩を忘るる者は多う（vouô）、仇を報ぜぬ者は稀な。〔ある年寄った獅子王のこと〕

ただ、非音便形の「―く」も依然として使用された。

終止形はすでに消滅してしまったのであるが、古めかしく言う場合、シク活用の終止形には、誤った類推によって「―しし」が用いられることもあった。

世の聞こえもおそろしし（vosoroxixi）とあって、（天草本平家物語　四）

†形容動詞

終止形には、前代からの「である」も用いられたが、これが活用語尾末尾「る」の脱落によって「であ」となり、さらに［dea］→［dja］と音変化して「ぢゃ」が生じた。

その証拠は歴々ぢゃ（reqireqigia）。〔犬と羊のこと〕

連体形でも、ナリ活用の活用語尾の末尾「る」が脱落した「な」という形が多く使われるようになっていて、それがまた文の終止にも用いられた。

異形《いぎやう》不思議な（fusiguina）人体がおぢゃったが、〔イソポが生涯のこと〕
恩を忘るる者は多う、仇を報ぜぬ者は稀な（marena）。〔ある年寄った獅子王のこと〕

また、形容動詞語幹が「の」をとって連体修飾する例も見える。

遥かの（farucano）境なバビロニヤへなんとしてこの猫が一夜のうちに往来《ゆきき》をせうぞ〔ネテナボ帝王イソポに御不審の条々〕

他方、タリ活用は文語以外ではほとんど用いられなくなり、口語では衰退してしまった。連用形の「堂々と」、連体形の「堂々たる」の類はそれぞれ副詞および連体詞に相当する用法に限定されていった。今日ではこれらを「トタル活用」などと呼ぶこともある。

†音便

音便は、十六世紀末には音便を起こさない形（非音便形）よりも音便形の方が普通の言い方となっていた。

特に、この時代特有の言い方を示すと、次の二つがあげられる。

(1)ハ行四段活用動詞のウ音便（例：思うて）

あいわづらふて（aivazzurôte）、さんざんの体であったれば、　〔獅子と狐のこと〕

(2)バ行・マ行四段活用動詞のウ音便（例：叫うで・頼うだ）

上《かみ》たる人に諫めらるることを喜《よろこ》うで（yorocôde）交わりをなせ。　〔イソポ養子に教訓の条々〕

そのところに棺《くわん》のあったに、七つの文字を刻《きざ》うだ（qizôda）。　〔イソポが生涯のこと〕

(3)サ行四段活用動詞のイ音便（例：差いて・起こいて）

そこで人々も大きに笑うて赦《ゆる》いて（yuruite）やれば、　〔イソポが生涯のこと〕

腹をたて身の炎を燃《も》やいて（moyaite）、そしりまわって、　〔イソポが生涯のこと〕

また、「行く」の連用形では、「ユイテ（yuite）」「イッテ（itte, ytte）」「イテ（yte）」という三種の音便が見られる。

その翌日《よくじツ》いつものごとく行《い》てみれば（yte mireba）、　〔貪欲なもののこと〕

また、完了の助動詞「つ」につづく場合にも、「踊っつ（vodotçu）跳ねつして」「浮いつ沈《しづ》うづ（vytçu xizzŭzzu）する」というように音便形が用いられた。

現代において東日本方言と西日本方言とでは音便の現れ方に違いがあるが、ロドリゲスは『日本大文典』でその違いを明確に指摘している。形容詞連用形が京都ではウ音便「良《よ》う・甘《あま》う」であるのに対して、関東では非音便形「良く・甘く」になること、ハ行四段活用動詞の連用形が京都ではウ音便「払うて・習うて」であるのに対して、関東では促音便「払って・習って」になること、ラ行四段活用動詞には、その連用形が京都では促音便「借って」であるのに対して、関東では非音便形「借りて」になることなどが記されている。

†形式名詞「の」

用言が「…こと」という意で体言として用いられる例は、平安時代では「さいなまるるこそ、いと心づきなけれ。」（源氏物語　若紫）の「さいなまるる」のように、用言の連体形によって表されていた。これを準体句というが、『天草本伊曽保物語』にも同じ用法が見える。

おのれがふくんだよりも（fucunda yorimo）、一倍大きなれば、影とは知らいで、ふくんだを（fucundauo）棄てて水の底へ頭を入れてみれば、〔犬が肉をふくんだこと〕

烏もまたその色すがたの異相なを（ysônauo）見て〔烏と鳩のこと〕

前者は〈口にふくんだ肉〉、後者は〈姿が異相なようす〉という意を表している。しかし、その一方で、「連体形＋の」という形式も見えるようになる。

かたかけて付けてきたのは、どうも又いく物なり。（耳底記）

それがしが好《す》いてよむのは、盛衰記を好《す》いて読《よ》む。（狂言記　文蔵）

この形式名詞「の」の用法は、「今のあるじも前のも手取り交はして」（土佐日記）〈「前のあるじ」の意〉などに見える、文脈上で聞き手が予想できる名詞を省略する「の」の用法に由来するものと考えられる。

人妻《ひとづま》と我《わ》がのと二つ思ふには馴《な》れこし袖《そで》はあはれまされり（曽丹集）

〈…のもの、…のこと〉の意から形式名詞の用法が生じたと見られるが、述語を体言化する場合に、連体形に「の」が付くようになるのは準体句の再生でもある。もともと、終止形が文を終止させる用法（終止法）に、連体形が連体修飾法と、一旦叙述をまとめて体言化する用法（準体法）に用いられていたが、連体形がふつうに終止法を兼ねるようになると、連体修飾法は後の語句を修飾するものであるから別として、終止法か準体法かの区別がかなり曖昧になる。そこで、連体形は終止法と連体修飾法を担う一方、準体法においては、連体形に形式名詞「の」が付く形式によって表されるというように、形態上新たな分化が生じたのである。

†態の助動詞

「るる」「らるる」は前代から可能の意は肯定でも用いられるようになっていた。

大海《だいかい》の潮を一口に飲みつくさるる（tçucusaruru）みちがあらうか。〔イソポが生涯のこと〕

また、いわゆる第三者の受身もこの時代に見られる。

さすがに大敵《たいてき》を前においたれば、小敵《せうてき》を拒むに足らいで、くらわれた（curauareta）。〔獅子王と熊のこと〕

ライオンと熊とが一匹の羊をめぐって死闘を繰り広げたが、決着が付かずくたびれて休んでいたところ、その隙を縫って狐がその羊を食べてしまったという話の中に見えるものである。この「くらわれた」は、狐が羊を食べたことによって、第三者のライオンと熊が迷惑を被ったという意になる。次も、妻が夫の家にほかの女を入れることを迷惑だと表現した一節である。

とかく余《よ》の女房をシャントの家へ入れられては（irerareteua）なるまい。〔イソポが生涯のこと〕

このような受動態における実際の行為者は「に」のほか、「より」「から」でも示された。

謀《はか》りごとをイソポに（ni）教えられ、〔イソポが生涯のこと〕

ある鹿、狩人《かりうど》より（yori）にわかに追わるるによって、〔鹿と葡萄のこと〕

ある木陰の蜘蛛《くも》の網《い》にかかって、すなわち蜘蛛から（cara）食《く》らわれた。〔蝿と獅子王のこと〕

使役の「**する**」「**さする**」（古典語「す」「さす」）は使役のほか、放任の意でも用いられた。

わが眼の前で別の妻《つま》などを持たせては（motaxeteua）あられうものか、〔イソポが生涯のこと〕

ある冬の半《なか》ばに蟻どもあまた穴より五穀《ごこく》を出《だ》いて日に曝《さら》し、風に吹かするを（fucasuruuo）、

蟬が来てこれを貰《もら》うた。〔蟬と蟻のこと〕

それぞれ〈夫に別の妻を持たせる〉〈五穀を風の吹くのに任せて乾燥させる〉という放任の意を表している。また、サ変動詞「す」に使役の「さする」が付いた場合、「せさする」ではなく「さする（させる）」という形で用いられるようになった。

かの二人を裸になし、たちまち打擲《ちやうちやく》させられた（saxerareta）。〔イソポが生涯のこと〕

わが秘蔵《ひさう》大切にするものに食《しよく》させい（xocusaxei）。〔イソポが生涯のこと〕

尊敬の用法では「のたまはす」「せたまふ」のように複合する場合に限られていたが、次のような「らるる」に続く形でも用いられるようになった。

あの犬にばかりここかしこで追われさせらるる（vouaresaxeraruru）は、何が一つとして犬に劣らせらるる（votoraxeraruru）ことはあるぞ。〔鹿と子のこと〕

†推量の助動詞

「む」は十二世紀あたりから「**う**」という鼻母音［ũ］に変化していたが、中世後期にはさら

に鼻音性を欠いて［ɯ］となった。この助動詞「う」は、未然形語尾がア段音である場合には活用語尾と合わせて「書かう」［kakɔ:］というように［ɔ:］（開音）となり、ア段音以外の場合には、ホロビョー［ɸorobjo:］、カキョー［kakjo:］というように拗長音［jo:］（合音）となった（サ変でもショーとなる）。

　なぜにわれらは滅べうぞ（forobeôzo）。〔上二段活用〕〔山と杣人のこと〕

　わが腹中をひるがえいてお目に掛けう（caqeô）。〔下二段活用〕〔イソポが生涯のこと〕

　長生きをしてこのやうな辛労をせうよりも（xôyorimo）〔サ変活用〕〔老人のこと〕

ただし、「射る・居る」ではiyô（イョー）、「用いる」ではモチョー（ズル）［mochijo:］であった。

　ただ権柄ばかりを用ようずる（mochiyôzuru）儀ぢゃ。〔狼と羊の譬えのこと〕

一方、無語幹の動詞「見る」の場合、「見う」はミュー［mju:］を経て、ミョー［mjo:］のように発音されていた。

　いと易《やす》いことぢゃ、まづ見ょう（meô）。〔上一段活用〕〔獅子と馬のこと〕

　しかし、このような拗長音の発音では動詞語幹が不安定であることから、やがて未然形の「ほろび」「かけ」「み」という語形を確定したうえで、これに「**よう**」が付くという形式［ɸorobijo:］［kakejo:］［mijo:］に変化していく（次章三五二ページ参照）。

「む」と同じ意味の語である「むず」は、「**うず**」の形で盛んに用いられた。

いかさまこの祟りがあらうず（arôzu）。　〔イソポが生涯のこと〕

「う（む）」よりも改まった言い方であったと見られる（前掲「用ようずる」も参照）。

現在推量「らう」は前代に「らむ」から生じ、「うず」に接して推量を、完了の「つ」に接して「**つらう**」（「つらん」）の形で過去推量に用いられることもあった。

げにそれは然《さ》ぞあるらう（arurô）。　〔イソポが生涯のこと〕

さりとては魏其こそよからうずらうなんどと、太后に云わせまいしたぞ。　（史記抄　五・竇田《とうでん》列伝）

そなたとわれは縁こそ尽きつらう（tçuqitçurô）、今よりしては夫とも頼みまらすまい。　〔イソポが生涯のこと〕

名詞に続く推量の表現では「**であらう**」（「である」は後述参照）が用いられるようになった。

あら、うとましや、長生きをしてこのやうな辛労をせうよりも、今死んだはましであらう（maxide arô）。　〔老人のこと〕

「**さうな**」は様態推量の意で用いられた（伝聞推量の意は近世に生じる）。

まづ善《よ》う未来の損得を考え、後《のち》に難の起こりさうな（uocorisôna）ことをばするな。　〔鳶と鳩のこと〕

比況の「やうなり」は「**やうな**」の形で用いられ、不確かな断定の意も表すようになった。

其竹の翠が、天をも掃ふやうなぞ。［比況］ （中華若木詩抄 上）

マレニモ ウマニ メスヲダニ ヨニ ナイ コトノ ヤウニ（yōni）マウシタ。 ［不確かな断定］（日本大文典）

「**らしい**」は様態の意を表す接尾語（「男らしい」）として用いられていた、

上はなんとない様で内心が毒らしうて人を傷害するぞ。 （史記抄 一七・遊俠列伝）

これが近世には推量の助動詞となっていく。

否定推量の「まじ」は連体形「まじき」のイ音便「**まじい**」の形で用いられた。

定めて案内を知らせられまじい（xiraxeraremajii）とて、 （イソポが生涯のこと）

さらにこの「まじい」は「じ」を脱落させて「**まい**」という形に変化した。

学問をせいではかなうまい事ぢゃけると思たものぞ。（漢書列伝竺桃《じくとう》抄 公孫弘卜式《ぼくしき》児寛第二八）

とかく余《よ》の女房をシャントの家へ入れてはなるまい（narumai）。 （イソポが生涯のこと）

「まじい」が丁寧な表現であるのに対して、「まい」は日常語的に用いられた。「まい」は未然形に接続することもあった。

長《たけ》ては魚の中に入らまいぞ。 （史記抄 一〇・呉太伯世家）

†過去の助動詞とアスペクト

過去を表す「た」は前代に「たり」の連体形「たる」を経て成立していたが、この「た」が状態継続の意も表すようになった。

この風呂屋の入り口に尖《とが》った(togatta)石があって、〔イソポの生涯のこと〕

一方、存続の用法は「たり」が消滅して、十五世紀になると、「ている」が動作・作用の持続・反復進行、完了の継続の意を担うようになる。

たたしい道を修し行《おこなひ》ていれども、幸を蒙ることはならぬぞ。(蒙求抄 六)

遺賢とは野にのこりている賢人也。(中華若木詩抄 中)

ある時シャント沈酔していらるる(xite yraruru)ところへ、〔イソポの生涯のこと〕

そして、「てある」も自動詞に付いて継続・反復の意、完了の存続の意を表した。

此間、久《ひさし》く雨ふりてあるか。〔継続〕(四河入海 一・二)

口を揃えて同音に議定事《ぎぢやうこと》終わってあった(vouatteatta)。〔完了〕〔イソポの生涯のこと〕

その風呂屋の前に鋭《するど》な石が出てあったが(dete attaga)、出入りの人の足を破《やぶ》り、〔状態の存続〕〔イソポが生涯のこと〕

昔は龍が帝王をたすけて有か。〔経験〕(四河入海 二四・四)

ちなみに、「てある」が、現代語のように、他動詞に付いて完了した事態の存続の意を表すのは近世の江戸語からである。

このように、「ている」「てある」が新たにアスペクトを担うようになったことは近代語へと変容していく一つの象徴的な現象と言える。

†断定の助動詞

断定の助動詞では、活用語尾「に」に接続助詞「て」が接した「にて」から転じた「**で**」が前代から用いられていた。

音声《おんじやう》がいささか鼻声で(fanagoyede)、明らかにないと申すが、〔烏と狐のこと〕

さらに、この連用形「で」に「ある」が接続した「**である**」という語形も生じていたことはすでに述べたが、「なり」「たり」が連体形活用語尾の末尾「る」を脱落させたように、「である」も語尾の「る」を失って「**であ**」という形で用いられるようになった。

ミナ シッタ コトデア(dea)。〔日本大文典〕

このeaという母音連続は当時の発音では不安定であったため、[dea]→[dja]と変化して「**ぢゃ**」となった。

にっくき人ぢゃぞ。〔漢書列伝竺桃抄 陳勝項籍第一〕

その段はいと易いことぢゃ（gia）。〔イソポが生涯のこと〕

「ぢゃ」は、中世末期には京都を中心に用いられるようになり、その連体形には「ぢゃ」「ぢゃる」、そして、断定の助動詞「なり」の連体形に由来する「な」が見られた。

よい男どもぢゃほとに、誠に玉を連ねたるやうにあったそ。（蒙求抄・二）

ただ人には馴れまじ事ぢゃ、なれての後に、はなるるが大事ぢゃるもの。（閑吟集）

智分のほどのただ一人な（ychininna）ことを申した。〔イソポが生涯のこと〕

「であ」と「ぢゃ」について、『日本大文典』には次のように述べられている。

存在動詞のGia, giaru は、正しくはDea、dearu であって、口の中で作られる一種の力を持っている。即ち、Gia でもなく、明瞭なDea でもなく、その中間である。

十七世紀初めにおいては、その発音がまだはっきりと「ヂャ」とはなりきっていない段階であったようである。一方、東国方言では、「ぢゃ」から、さらに［dja］→［da］と変化して「だ」が用いられるようになっていた。ただし、終止形・連体形とも「だ」であった。

雑血の乳味とも成らぬ時だぞ。［終止形］（人天眼目抄　中）

爰の主は上だ事も無く、下た事も無い。［連体形］（大淵和尚再吟　下）

†その他の助動詞

願望の助動詞では、「たし」の連体形イ音便「**たい**」が口語で勢力を増していった。

わが母《はわ》に密かに言《ゆ》いたい(yuitai)ことがある。〔母と子のこと〕

否定の助動詞「ぬ」は中央語で前代から引き続き用いられ、その連体形「ぬ」が終止形となり、過去否定には「**なんだ**」が用いられた。

そのうちに狐ばかり見えなんだ(miyenanda)。〔獅子と狐のこと〕

雷義が、ついに取らなんだれば、雷義が居ぬまに、〔蒙求抄 三〕

未然形「なんだら」、連用形「なんで」、已然形「なんだれ」という活用形から見て、否定の「ぬ」と完了の「たり」が構成要素であると認められる。おそらく「ぬあった」が「なった」を経て「なんだ」に変化したものであろう。この「なんだ」は室町時代に生じたもので、今日でも関西方言で用いられる言い方である。

一方、三河以東の関東(坂東)では、『日本大文典』に「打ち消しには「ぬ」の代わりに「**ない**」を使う」と記され、「上げない・読まない・習わない」などの例があげられている。「ない」は終止形・連体形だけに用いられるだけで、「ない」以外に活用しなかった。現代語の否定の助動詞「ない」の起源である。これは、上代の東国方言で用いられていた助動詞「なふ」

に由来するもので、「なへ」（連体形「なふ」からの変形）が［naje］→［nai］のように変化し、「ない」となったものである。

ちなみに、同書では、中国や豊後などでは否定には「ざる」、その過去形には「**ざった**」を用いるとも記されている。否定の過去形「ざった」は「ずあった」の転であるから、先に述べた「なんだ」が「ぬあった」の転である可能性が高い。

†格助詞

主格を表す「**が**」は、それまでは活用語の連体形に接続するだけであったが、十五世紀に入ると、名詞に接続する主格の用法が出現した。

司馬遷之史記が千古之法になったぞ。　（史記抄　一一・老子伯夷列伝）

「なにさま魚が（vuoga）多いぞ」と、勇み喜ぶことが限りなうて、引き上げてみれば　〔漁人のこと〕

起点の「**から**」は古代後期以降次第に俗語化したようで、その後しばらく文献にはほとんど見えなかったが、この時代に再び口語において多用されるようになる。

これを乞うところで、山から（yamacara）「汝に許す」と下知《げぢ》をなすところで、その杣人《そまびと》斧の柄をしすげてから（xisuguete cara）山・林をことごとく伐りくづすによって

〔山と杣人のこと〕

「しすげてから」というように、接続助詞「て」に続いて〈…から後〉の意を表す場合にも用いられた（次項参照）。そのため、**「より」**は起点を表す用法が弱まり、次第に比較の意を表すという用法に限定されていく。

長生きをしてこのやうな辛労をせうよりも（xôyorimo）、今死んだはましであらう。〔老人のこと〕

方向を表す**「へ」**は、前代において方向・帰着点を表す用法で「に」と混同されるようになっていたが、動作の結果の意にも用いられるようになった。

皆手下へなったぞ。（寛永刊本蒙求抄）

我逃げうと思はうずる時は、御辺へ（gofenye）その御意を得まじい。〔イソポが生涯のこと〕

「京に筑紫へ坂東さ」（実隆《さねたか》公記　一四九六年正月九日）という諺が残されているように、十五世紀には方向の意を表す助詞が地方によって異なることが明瞭に意識されていた。

†接続助詞

原因・理由を表す語として新たに**「さかい（に）」**（現代でも関西方言に残る）を始めとして、複合辞の**「によって」「ほどに」「ところで」**などのほか、**「から」**も起点のニュアンスを残すものの、原因理由の意でも広く用いられるようになった。

習ふまいさかひに（sacaini）、さらに弁《わきま》うる道がなかったによって（nacattaniyotte）、案じ煩《わずら》うていらるる体《てい》をイソポ見て、

（日本大文典）

これはいづれも賞翫《しやうくわん》のものぢゃほどに（monogia fodoni）、持って行て、わが秘蔵大切にするものに食させい。

〔イソポが生涯のこと〕

それがしはまださようのことに慣れまらせぬほどに（fodoni）、小軽《こがる》い荷を下されい。

〔イソポが生涯のこと〕

さてかのイソポが死去した由が隣国は申すに及ばず、遠い国までも隠れが無《な》かったところで（tocorode）、エヂットの国のネテナボと申す国王イソポが逝去したということを聞かせられ、

〔イソポが生涯のこと〕

無用な事を云《い》ふから、七国も反《はん》したそ。

（蒙求抄　九）

古典語では、「ば」は未然形に付くと仮定条件を、已然形に付くと原因・理由などの意の確定条件を表すが、この時代に〈ので・から〉の意を表す、右のような多様な言い方が生じたことから、「已然形＋ば」による確定条件の用法が衰退していった。その結果、後期ごろになると、本来「未然形＋ば」が表した仮定条件が「已然形＋ば」でも同じ意味を表すという誤用が

生じた。

是がまことで御《ご》ざれば、おとなげなひ事で御ざる。（虎明本狂言　枕狂物）

すなわち、「ば」が付く形式が仮定条件を表すと意識されたのである。これが江戸時代に一般化し、現代語における「仮定形（已然形）＋ば」による仮定条件表現となる。ただ、この時代では依然として、未然形接続が順接の仮定条件を表すことが多く、特に助動詞「なり」「たり」の未然形に接続助詞「ば」が付いた「**ならば**」「**たらば**」が多用された。

此様《このやう》な心が本性にあるならば、なにか諸侯の盟主とはならうぞ。（史記抄　四・秦本紀）

そちと問答をするならば（suru naraba）、終わり果てがあるまい。〔イソポが生涯のこと〕

不審の様《やう》をも開かせたらば（firacaxetaraba）、なんの幸いかこれに若《し》かうぞ。〔イソポが生涯のこと〕

この「ならば」「たらば」の「ば」を脱落させた接続助詞「**なら**」「**たら**」もこの時期に現れている（已然形に由来する「なれば」「たれば」の転とする説もある）。

徐州前任守傅欽之との時なら、坐客でいらしむ舒堯文との幸に此にわたるか。（四河入海　七・一）

いとほしいといふたら、かなはふず事か、明日は又讃岐へくだる人を。（閑吟集）

「**と**」は格助詞「と」から派生して、この時代の末期には「一晩寝ると直る」のような順接の仮定条件を表す用法が生じた。

笛ふきいだすと、になひ茶屋を、橋がかりをもってのく。（虎明本狂言　煎物）

逆接の仮定条件では、「ども」が漢文訓読調に用いられたが、「ど」はこの時代の末期には口語では勢力を失った。そして、これらに代わって「**ても**」が次第に用いられるようになった。

憂《うれ》ヱテモ、カヰナシ。（論語抄　顔淵）

たとい害をなしたうても（naxitôtemo）、今この体では叶わねば、〔獅子と狐のこと〕

逆接を表す「**けれども**」は室町時代末期に助動詞「まい（まじい）」に接続助詞「ども」が付いた「まいけれ・ども」が「まい《終止連体形》・けれども」という解釈を経て、終止連体形接続の「けれども」が分出された。

水の中では見へまいけれども、詩人が云なすぞ（毛詩抄　二）

夢見て坐《ざ》する事久《ひさし》きけれども、さきに久くいねた程に其枕《そのまくら》痕がほうについて不消《きえぬ》ぞ。（四河入海　二一・一）

否定では、「**いで**」（未然形接続）が用いられた。これは「で」［nde］の入り渡りの鼻音［n］がイと発音されるようになったものである。

さうさうするほどに、のちには何をも持たいで（motaide）手うち振って、〔イソポが生涯のこと〕

並列を表す用法では、完了の助動詞による「**…たり…たり**」が用いられるようになった。

其様《そのやう》に秘したり禁じたりなんどせうずことではないぞ。（史記抄　九・孝武本紀）

†副助詞・係助詞

「だに」の類推の意は室町時代に「**さへ**」に取って代わられ、「さへ」は古典語の「だに」「すら」の意すべてを併せ持つこととなった（添加の意は江戸時代に「まで〈も〉」に取って代わられる）。

かうしているさえ（irusaye）腹の立つに、（イソポが生涯のこと）

「**ばし**」は前代に続き、強調の意で用いられた。『日本大文典』には、〈多分〉の意、もしくは品位を加える場合に用いると記されている。次の例は、鹿の子がその父親に尋ねる場面で、「ばし」は父親に対する丁寧さ、改まった態度を表すものと解釈できる。

何とした子細でばし（xisaidebaxi）御座るぞ。（鹿と子のこと）

「**ほど**」は程度の意のほかに、〈…とますます〉の意でも用いられた。

ミチヲ アリク ホド クタビレル。（日本大文典）

「**くらい**（ぐらい）」も名詞「くらい」から転じて、程度・範囲の意で助詞化していった。

頭《かしら》を結《ゆ》へば十位《くらゐ》も二十くらひも美《うつく》しう見ゆると申すが、さやうにもあろふ事じゃ。（虎明本狂言　鏡男）

また、〈程度の軽いもの、重いものとして強調する〉意も生じた。

　げにも頭を延《の》べて参る位ならば、出家して参るか。　（太平記　二九・師直師泰出家事）

「**まで**」は文末に「までぢゃ」「までよ」などの形で確認・強調の意にも用いられた。

　これ家の役なれば勤むるまでぢゃ（tçutomuru made gia）。　（陣頭の貝吹きのこと）

この用法については『日本大文典』に次のような記述が見える。

　マデヂャはしばしば文末にある直接法の語形の後に置かれるが、それは言った事なり、取り扱った事なりを確認して強調するだけのものである。たとえば、カイタマデョ。

「**やら**」は「やあらん」「やらん」から変化した形で、不確定の意を表す助詞となった。

　秋の夕の虫のこゑごゑ、風うちふひたやらで、さびしやなふ。　（閑吟集）

「**ぞ**」は古典語では係助詞であったが、文中の疑問語をうけて不定の意を表すようになった。

　さきの贈り物を誰《たれ》に与えたぞ（atayetazo）。　（イソポが生涯のこと）

　このことを何《なん》とぞ（nantozo）計略《けいりやく》してみよ。　（イソポが生涯のこと）

「**がな**」は、下に意志の表現を伴って用いられた。

　どこでがな（docodegana）返報《へんぽう》をせうと思《おも》いいる時分《じぶん》であったによって、　（イソポが生涯のこと）

係助詞「**は**」が形容詞連用形に付いて「くは」、否定の助動詞「ず」に付いて「ずは」の形で仮定条件を表す場合、この時代までワと発音されていた（江戸時代には「ば」となる）。

もし飲み尽くさせられずは（nomitçucusaxerarezuua）何《なん》と。〔イソポが生涯のこと〕

†終助詞・間投助詞

禁止表現には終助詞「**な**」が多く用いられるようになった。

わが声と、又このやうに叩《たた》かずは、粗忽《そこつ》に開《ひら》くな（firacuna）。〔野牛の子と狼のこと〕

本来は終止形に付くが、次のように未然形に付く例も見える。

ただ今隠れた所を人々問《と》うとも、露《あらわ》いてくだされな（cudasarena）。〔パストルと狼のこと〕

前代からの終助詞「**そ**」も依然として禁止の意で使用されていた。

少しもご気遣《きづが》いあられそ（arareso）。〔イソポが生涯のこと〕

感動・詠嘆の意では、「**かな**」が古代後期以降広く用いられていた。

さても無果報《ぶくわほう》なイソポかな（Esopo cana）。〔イソポが生涯のこと〕

聞き手に強く働きかける意では、新たに「**ぞ**」が用いられるようになった。

凡人《ぼんにん》は意見を受けて善人ともなるぞ（naruzo）。〔イソポ養子に教訓の条々〕

「**い**」も念を押す意で、多く命令文に付けて用いられた。

いかに行力《ぎようりき》がたっしたり共《とも》、祖父《おうぢ》が腰《こし》は直《なを》るまひと言はひ。（虎明本狂言　腰祈《こしいのり》）

命令形だけでなく、未然形・連用形などにも接続している。

また、係助詞の文末用法と見られる「**は**（発音はワ）」は男女の別なく用いられた。

わが誤りではなかったは（nacattaua）、（イソポが生涯のこと）

今は又ひきかえて身を殺そうは（corosôua）、やれ皮を剝《は》がうは（faagôua）、などと言うか。（狼と子を持った女のこと）

間投助詞では、「な」が長音化した「**なう**（のう）」が用いられ始めたことが特徴的である。

ヨミタイ　コトナウ。（日本大文典）

これとは別に、並立を表す語句に付く「**の**」も生じた。

日本には裳の、ひの袴のなんどと云てひきするは、（史記抄　八・孝文本紀）

複合辞の増加

この時代になると、実質的な意味を表す語を含む連語が助詞や助動詞のような付属語的な働きをするもの（これを、以下「複合辞」と呼ぶ）が多く見られるようになる。たとえば、格助詞相当では次のようなものが用いられるようになった。

「**にとって**」仰せは尤《もっと》もなれども、わが身にとっては（vagamini totteua）叶いがたい。（炭焼と洗濯人のこと）

「**において**」ある貧者、蝗を捕らうずると行《ゆ》く路次《ろし》において(roxini voite)蟬を見つけ、
〔イソポが生涯のこと〕
「**に対して**」道理をそだてぬ悪人に対しては(acunimi taixiteua)、善人の道理とそのへりくだりも役に立たず、
〔狼と羊の譬えのこと〕
また、接続助詞相当では、たとえば「ところ」を含む多様な言い方が現れた。
「**ところが**」(確定条件を表し、順接にも逆接にも、また、単純接続の意にも用いられた)
蔡の者が呉元済にあいて難儀していた所が、裴度が立《たつ》て呉元済をたいぢしたことの喜しいことは、
〔単純接続とも逆接とも解釈できる〕(玉塵抄　一七)
「**ところで**」(多く順接で用いられた。近代以降は逆接が多くなる)
よわき風がそろそろと吹くところで、つもりたる雪が乱れてちるぞ。
(中華若木詩抄　下)
「**ところに**」(中世の前期では逆接であったが、後期には単純接続でも用いられた)
イソポ風呂に行ってみるところに(tocoroni)、その風呂屋の前に鋭な石が出てあるが、
〔イソポが生涯のこと〕
このような複合辞は、この時代以降増加していく。

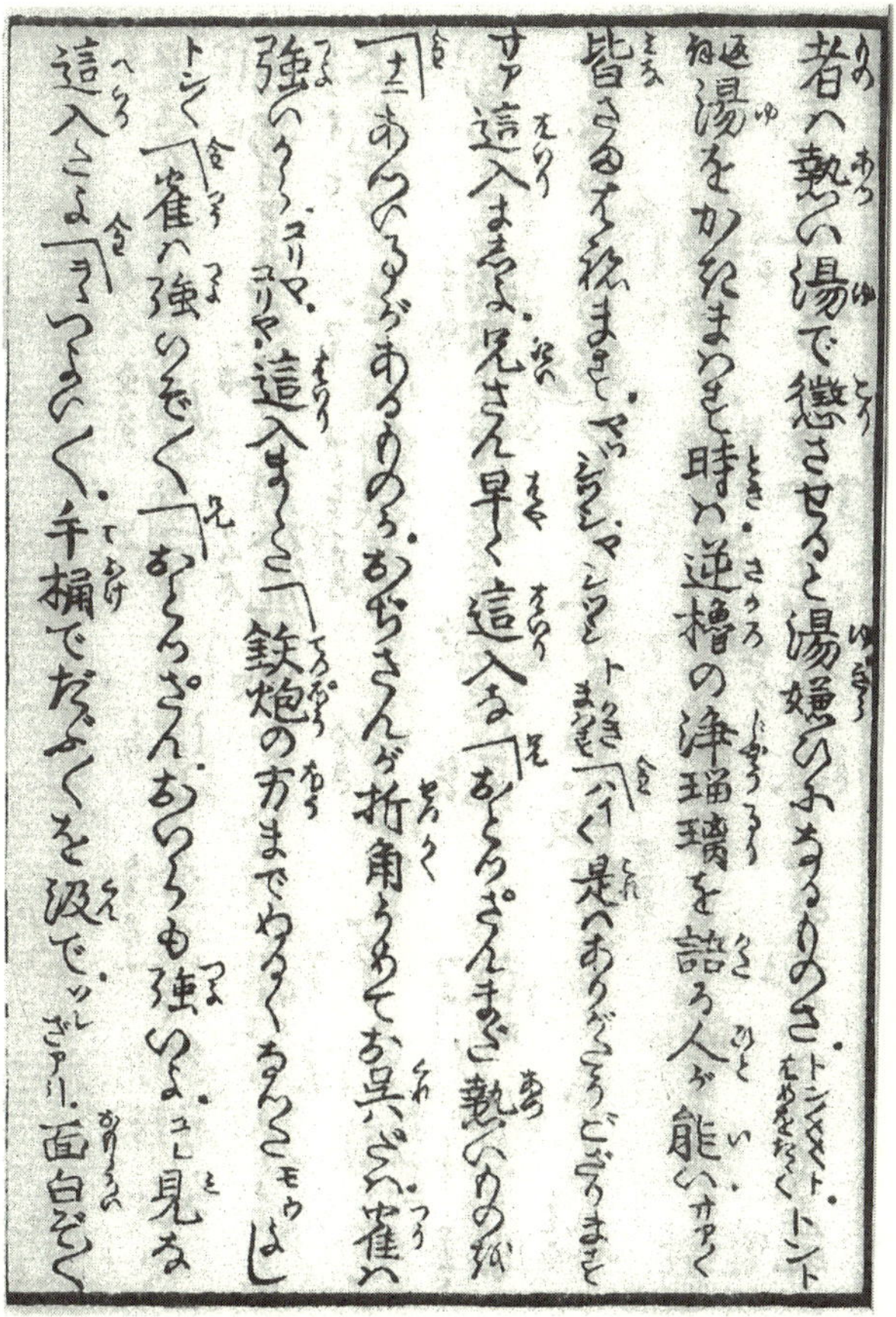

浮世風呂(新典社による複製)

第五章

近世——江戸時代

1　総説——近代語が発達する

†近世とその言語

江戸時代（一六〇三〜一八六七年）はさまざまな産業が発達し、金融制度・交通網などの社会的基盤も整備された。大名・朝廷だけでなく、寺院や民衆に至るまで統制が加えられた結果、国内の秩序は保たれ、身分制度も固化定していった。対外的には、幕府はオランダ・中国とだけに通商を限る一方、朝鮮とは外交関係を維持するという政策をとったが、十八世紀末以降、ロシア・アメリカ・フランス・ドイツなど諸外国との接触が次第に増大していった。

庶民階級は経済的社会的な勢力を獲得するようになり、隆盛になった出版を背景として文学作品などにそのことばが記されるようになる。身分制度が厳しかったため、身分・階級に応じたことば遣いが要求され、武士のことばと町人のことばには違いがあった。浄瑠璃や洒落本・滑稽本・人情本などでは、地の文には文語が用いられたが、会話の部分は生き生きとした話しことばで描かれ、当時の口語の一端を知ることができる。また、江戸時代末期には外国人が著した日本語の概説書・学習書なども編纂《へんさん》され、口語についての客観的記述も得られる。一方、書きことばは話しことばとの差がますます拡大し、その影響によって破格の語法も広まっていった。

†上方語と江戸語

前期は、井原西鶴・近松門左衛門などが活躍した元禄文化に象徴されるように、前代に引き続き京大坂が文化の中心地であり、上方語《かみがた》が中央語の地位にあった。他方、江戸は急速に都市化が進むものの、上方の出店の体をなしていて独自の資料に乏しく、言語的にも上方語の特徴を多く受け継いでいた。しかし、幕府の置かれた江戸は十八世紀初めには人口が百万人を超え、東都と呼ばれるようになる。このような人口の増加に伴って経済や文化が発達し、先進的であった上方（京大坂）に代わって次第に中心的役割を担うに至った。言語の面でも、宝暦（一七五一～六四年）を境にして、次第にその言語的特徴が形成されていき、文化・文政（一八〇四～三〇年）ごろになると、江戸語の完成期を迎える。『浮世風呂』『浮世床』などの滑稽本、『春色梅児誉美《ごよみ》』『仮名文章娘節用《まじりむすめ》』などの人情本、そして黄表紙・合巻などに、それが反映されている。

このように、中央語の地位も前期の上方語から、後期の江戸語に取って代わられた。それは方言書の記述のしかたにも現れていて、それぞれの藩のことば（方言）を、前期では京のことばと対照させていたが、後期になると江戸のことばと対照させるものが多くなる。したがって、中央語を記述するという観点から、近世のことばは、前期は上方語を、後期は江戸語を中心に記述するのが一般的である。

上方語と江戸語との違いはさまざまな面に見られる。『浮世風呂』（式亭三馬　一八〇九〜一三年刊）に上方の女性と江戸の女性とが口論して、上方者が「あのまア、『から』とはなんじやヱ」と言ったのに対して、江戸者が「『から』だから『から』さ。故《ゆゑ》といふことよ。そしてまた上《かみ》方《がた》の『さかい』とはなんだへ」（二・上）と言い返す場面がある。これによって、原因理由を表す接続助詞が上方語では「さかい」、江戸語では「から」が用いられていたことがわかる。このほかにも、次の表に示すような顕著な違いがあった。

上方語（中央語の系統）	江戸語（十八世紀半ば以後）
「足る」「借る」（四段活用）	「足りる」「借りる」（上二段活用）
ナ変（四段化は幕末頃）	ナ変の四段化
断定の「ぢゃ」	断定の「だ」
否定の「ん」「なんだ」	否定の「ない」「なかった」
接続助詞「さかい」	接続助詞「から」
終助詞「いの」「いな」「わいの」	終助詞「ぜ」「ね」「さ」

明治以降、江戸語のうち山の手ことばが標準語の基盤となり、上方語は関西方言へと受け継がれていく。本書では、東京、特に山の手ことばが現代共通語の基盤をなしていることを重視して、以下、江戸語を中心に話を進めていくことにする。

†『浮世風呂』に江戸語の位相差を見る

江戸語においては、同じ町人でも上層と下層とはことば遣いが異なり、場合によっては上中下の三層、また中層も上下で区別する必要があると言われている。『浮世風呂』を資料として、上層のことばから順に例示してみよう。

①上層の女性同士

けり子「鴨子《かもこ》さん。此間は何《なに》を御覧《ごらう》じます　かも子「ハイ、うつぼを読返《よみかへ》さうと存《ぞん》じてをる所へ、活字本《うゑじぼん》を求《もとめ》ましたから幸《さいは》ひに異同《いどう》を訂《たゞ》してをります。さりながら旧冬《きうとう》は何角用事《なにかとようじ》にさへられまして、俊蔭《としかげ》の巻《まき》を半過《なかばすぎ》るほどで捨置《すておき》ました　けり子「それはよい物《もの》がお手《て》に入ましたネ　かも子「鳧子《けりこ》さん。あなたはやはり源氏《げんじ》でござりますか　けり子「さやうでござります。加茂翁《かもおう》の新釈《しんしやく》と、本居大人《もとをりうし》の玉《たま》の小櫛《をぐし》を本《もと》にいたして、書入《かきいれ》をいたしかけましたが、俗《さとび》た事にさへられまして筆《ふで》を採《と》る間《いとま》がござりませぬ　（三・下）

上層では、訛った発音が見られず、また丁寧な言い方である「ござります」が多用されるという特徴がある。

②中層の上の女性同士

△巳「いゝへ。女の子《こ》が心楽《こころだのし》みで能《よ》うございますよ。おまへさんのもお二人男《ふたりをとこ》のお子《こ》だから、二ばん目《め》のお兄《あに》イさんは丁度《てうど》能《よい》お跡《あと》とりさ。私どもの惣領《そうれう》どのも、世話《せわ》ばつかりやかせてこまり切《き》ります。けにも晴《はれ》にも一人《ひとり》の男《をとこ》だけに、あまやかして奉公《ほうこう》にも出《だ》しませんから、今での後悔《こうかい》さ。利《り》口発明《こうはつめい》でも人中《ひとなか》を見ねへじやア役《やく》に立《たち》ませぬ。設《もうけ》る事《こと》はしらねへで、遣《つか》ふことばかり功者《こうしや》になります　（二・上）

中層の上では、上層と同じく「ございます」が用いられているが、「見ない」を「見ねへ」、「しらない」を「しらねへ」というように、音訛が混ざる場合がある。

③中層の下の女性同士

▲「おかみさんどうしなすつた。おめへの内《うち》じやア皆《みんな》お達者《たつしや》か　●アイサ。捨《すて》る神《かみ》があれば助《たすけ》る神《かみ》ありとやらで、内《うち》で亡《なくなつ》てもどうやら斯《かう》やらたべつゞいてをります。▲そりやア仕合《しあはせ》だのう。聞《きゝ》なせへ。おらが所《とこ》はのや、ぢいさまがどうど床《とこ》に着《つい》て十死《じひ》一生《いつしやう》だはな。　（二・下）

中層の下では、「おめえ（←おまえ）」「聞きなせえ（←聞きなさい）」のような音訛が見えるほか、「十死」を「じひ」というようにシとヒが混同されている。「てをります」というように丁寧語

「ます」が使用されている一方、「ございます」という敬意の高い言い方は用いられない。中層の上より少しことば遣いがぞんざいになっていることがわかる。

④下層の女性同士

した「よく恥《はぢ》をかゝせたの。三ン年忘《わす》れねへよ。覚《おぼえ》て居《ゐ》な。お鳶《とび》さん、お鳶さん。おめへモウあがるか。最《もう》ちつとつき合《やひ》な。今《いま》にもう一返《いつぺん》這入《へゑつ》て来《き》て一緒《いつしよ》に上《あが》らアな。（中略）まだ足《たり》ねへからモツト酒買《さけへかつ》てこいだ。ナニガおめへ懐《ひところ》から銭出《ぜねへだ》しての此女かたことばかりならべるゆゑよくゝゝふりかなに気をつけてよみ給ふべしおれが買《かつ》て来《こ》べいと云《いひ》ながら、草履《ぜうり》をはくから、わつちが引抱《ひんだけへ》ての、（中略）おとび「そりやアとんだ事《こと》だつけのう。おいらアかたつきし知《し》らなんだ。しつたらとりせへに行《いくん》だものを

（二・下）

下層では、「わすれねえ（↑わすれない）」「おめえ（↑おまえ）」「へえって（↑はいって）」のようにai の母音連続からのエ段長音のほか、「だけへ（↑だかえ）」のような ae の母音連続からのエ段長音などもあって、音訛が広く現れている。「かたっきし」のようにリとシの混同も見える上に、丁寧語の使用がまったくない。ト書きの部分に、この女は「片言（＝訛り）」ばかり言うから、振り仮名に気を付けて読むように、と戯れて記すように、「ひところ（↑ふところ）〈懐〉」「ぜね（↑ぜに）〈銭〉」「ぜうり（↑ぞうり）〈草履〉」という音の訛りに加えて、助動詞「べい」の接続も未然形「こ」（この接続は江戸語に広く見られる）とすることなど、江戸語の特徴を強調し

て描いている。別の箇所では、「放下込《ほかしこ》んだと」というような関西方言の「ほかす」〈捨てるの意〉が用いられている点も特徴的である。

このように、下層になるに従って、ことば遣いが粗雑で、音訓もはなはだしかったと見られる。身分が固定化した時代を背景として、経済的な格差がことば遣いの違い、品位の差にはっきりと現れていることがわかる。

2　文字表記——文字が庶民に普及する

†文字の学習

近世初期には、読者層が徐々に拡大したことで商業出版が出現し、重版のたびに活字を組み直さなければならない活字印刷から、寛永年間（一六二四～四四年）の初めを境に、従来の一枚板に彫る整版印刷へと回帰していった。これによって、連綿体の平仮名、漢字の振り仮名、漢文の返り点や挿絵などを容易に使えるようになり、また、版元は版木を所有することによって、版権を確保できるという利点を得られるようになった。

一方、経済が発展し、文化が向上していくにつれて、文字を読み書きできること、そろばんで計算ができることが求められ、さらに、読み書きができるに伴って、知的好奇心が高まり、読書欲も旺盛になっていった。中世前期から寺院で行われるようになった庶民の教育はその後徐々に拡大していったが、近世に入ると「宗門改め」による寺請《てらうけ》制度によって檀家として一つの寺に帰属するようになり、寺の本堂に多くの子供を集めて読み書きなどを教えるという条件が整って、寺子屋がいっそう普及していった。

寺子屋では、主として文字が教えられた。そして、商人・職人・農民の子供にはそれぞれ「商売往来」「番匠《ばんしょう》往来」「百姓往来」など、女子には「女消息往来」「女商売往来」などが個人別に与えられ、それを教科書として学習した。ちなみに、「往来」とは、教科書というほどの意である。学ぶ書体は草書が中心で、ふつう和様の御家流《おいえりゅう》を手本とし、『節用集』などの辞書もさまざまなものが編集され利用された。出版物に対する欲求の高まりは、出版文化をさらに隆盛に向かわせ、当時としては世界的に見ても極めて高い識字率をもたらした。

武家においては、戦乱の世を治めた徳川家康が学問を重んじ文教政策を強化したことから、四書五経を中心とした学問を修める一方で、その学習で得た教養を背景に漢詩をも作った。儒者と呼ばれる漢学者が輩出したが、前半は、朱子学、反朱子学を標榜《ひょうぼう》する学問を主に探究する儒学者が多いのに対して、後半は、詩文を主とした、いわゆる文人と呼ばれる儒者が多い。頼《らい》山陽《さんよう》はそのような文人の代表的な人物である。こうして、近世は漢文および漢文学が全盛期を迎える。

†近世の文体

近世においても正式な文章とされたのは漢文であった。徳川光圀《みつくに》によって編集が開始され、明治に入って完成した紀伝体による歴史書『大日本史』全三九七巻は漢文で書かれている。また、西洋の言語からの本格的な翻訳書として日本で初めて刊行された『解体新書』（前野良沢・杉田玄白　一七七四年刊）も漢文で翻訳されている。このように、漢文体は公的、もしくは学術的な書物に用いられていた。

また、学者の随筆や啓蒙的な著作、および文芸作品は主に和漢混淆文の系統にあった。初期の「仮名草子」は俗語を多く含む平易な表現で書かれ、「浮世草子」ではさらに文章が洗練されていった。その中で、井原西鶴の文章は簡潔で力強く個性的であり、雅語・俗語を縦横に駆使したことから「雅俗折衷文」と呼ばれている。松尾芭蕉は俗語や破格を多く交え、俳諧の気分を醸し出した「俳文」で有名である。後期の「読本」でも、滝沢馬琴は漢字や漢語の多い漢文脈の色濃い文章を用いた。その一方で、国学者の本居宣長らは和文的な「擬古文」を用いたが、その使用はごく限られた範囲でしかなかった。

†漢字と仮名

識字率の高まりの中で、絵入りの草紙類や簡単な歴史物など、教養や娯楽、実用向けの本が多く読まれた。ただ、滝沢馬琴の『南総里見八犬伝』（一八一四年刊）などには中国の口語を含む漢語も多く使われており、漢語そのものに対する一般庶民の理解は容易ではなかったであろうが、庶民の読み物には、漢字に読み仮名（ルビ）が振られているのがふつうであった。

遮莫《さもあればあれ》　只管《ひたすら》　左右《とかく》　只得《しかたなく》　本事《てなみ》　真個《ほんと》

読み仮名が多様である一方、漢字の当て字も多く、国字や異体字・俗字もさまざまなものが用いられた。たとえば、『浮世風呂』に見える当て字を次に少し挙げておく（括弧内は現代における表記）。

難義《なんぎ》（難儀）　潔《けつ》斉（潔斎）　無性《ぶしやう》（無精・不精）　各別《かくべつ》（格別）　肝積《かんしやく》（癇癪）

今日用いている漢語の中には、当て字に由来するものも少なくない。たとえば、「足《た》んぬ」（ヌは完了の助動詞）から「たんの」「たんのう」と変化した形に当てられた「堪能《たんのう》」（〈才能がすぐれている〉の意の「堪能《かんのう》」からの類音類義による表記）、もと〈血統、氏〉の意の「種姓《しゅしょう》」がスジョウと発音され、〈生まれつきの性質〉の意に変化したことで新たに当てられた「素性」（ほかに「素姓」「素生」なども）などがそれである。

異体字としては、「喧嘩」の「嘩」に対して口偏に「花」の字が当てられたり、国字として「しつけ」に「躾」が用いられたりしている。いずれにせよ、漢字表記について言えば、読みは振り仮名によって示されているのであるから、多くの場合、その語の意味を明示するという機能を有していたと言える。

葬礼《とむらひ》　性質《うまれつき》　頼母《たのも》しい　嫉妬深《やきもちぶか》い　気障《きざ》な　白粉《おしろい》　羅衣《かたびら》（帷子）
焼痕《やけど》（火傷）　放蕩家《どらもの》　譬諭《たとへ》　浸淫瘡《みづむし》　結交《つきあ》ふ

外来語にも、「硝子《びいどろ》・歌骨牌《うたかるた》・煙草《たばこ》」などのように漢字表記が用いられるものもあった。

仮名では平仮名の使用が主流で、変体仮名も次第にその使用が減ってきた。たとえば、江戸時代初期の仮名草子には一冊あたりおよそ一一〇種の字体が使われていたが、後期の草双紙では七〇種ほどになるというように、所用の仮名字体が次第に整理されていった。

他方、片仮名は学術的な著作物、漢学者の随筆などで用いられた。外来語を片仮名で表記するのは新井白石『西洋紀聞』に始まり、これが蘭学者に受け継がれて次第に広がっていった。また、平仮名主流の戯作などにも交え用いられているが、そこでは感動詞・擬声語・終助詞のほか、長音や促音などの口頭語的な要素などの表記に用いられている。

ホンニさやうだツサね。（浮世風呂　三・上）
あすこに団扇《うちは》ア持居《もつて》る男と結交《つきやつ》てみな。（浮世風呂　四・上）

†契沖仮名遣

契沖（一六四〇～一七〇一年）は寺の住職を務める傍ら、古典の注釈などに従事した。その著作の一つである『万葉代匠《だいしょう》記』は『万葉集』を注釈した書であるが、その精選本（一六九三年刊）には次のように記されている。

> 此度和名抄を初めて日本紀より菅家万葉集までの仮名を考え見るに皆一同にして此《この》集と叶《かな》へり。又行成卿などの比《ころ》までの仮名を見るに、この集の仮名と違はねばその後漸漸に誤れるか。

『和名類聚抄《わみょうるいじゅしょう》』（九三一～九三八年）を始め、『日本書紀』から『新撰万葉集』（菅原道真編という）までの仮名遣はすべて『万葉集』と同じであるとして、十世紀半ば以前の文献に見える万葉仮名表記を規範とするべきことに思い至り、『和字正濫抄《わじしょうらんしょう》』（一六九五年刊）を著した。この仮名遣を「契沖仮名遣」という。ただし、近世では一部の国学者を除いて、この仮名遣いはほとんど浸透しなかった。一般には、文中における位置によって仮名を使い分けることが多く、たとえば、『浮世風呂』では、[e]の発音の仮名は、文節冒頭以外に位置する場合「ねへ・てへ」（「ない・たい」などの江戸訛り）、方向などを表す格助詞「へ」はもちろんのこと、「声《こへ》・帰《かへ》る・所《せ》為《へ》」などと一貫して「へ」が用いられている。

賀茂真淵などの国学者に支持された契沖仮名遣は、楫取魚彦《かとりなひこ》『古言梯《こげんてい》』（一七六四年）によって一八八三語の古語（和語）の仮名遣いが示された。その後、仮名遣いに端を発して古代語の実証的研究が進められ、本居宣長は『古事記伝』の総論において万葉仮名の二類の使い分けを示唆した。そして、明治に入ると、契沖仮名遣は「歴史的仮名遣」と称せられることになる。

†濁点・半濁点と句読点

濁点は、前期においてかなり忠実に付されるようになり、中には「句共をあつめ」（松尾芭蕉『貝おほひ』序）のように漢字に濁音が振られることもあった。半濁音符は、十六世紀末のキリシタン資料に初めて見られ、その後十八世紀中葉以降次第に普及していった。

また、半濁音符の起源となる、仮名の右肩に「゜」を付す符号（不濁点）は近世ではさまざまな意味で用いられた。

(1)「ち」「つ」などに付された「゜」は破擦音化しない［ti］［tu］を示した（江戸初期のキリシタン資料）

(2)「か」に付された「゜」は破裂音［ga］を示す。

(3)「さ」に付された「゜」は破擦音［tsa］（「おとっつぁん」の類）を示す。

ただし、これらは一般に普及した用法というのではなく、特に会話文中において、実際の発音に留意するように特殊な発音を敢えて表そうとした試みであった。

句読点は版本において広く施されるようになった。ただし、形態では「・」または「。」、位置では字の右下または真下に、機能では句点だけ、または句読点区別せずに、というように、さまざまな方式が見られ、不統一の状況であった。たとえば、滝沢馬琴の『南総里見八犬伝』の初版本では、「。」が右下に句読点を区別せずに用いられている。

3 音韻——現代語の音韻が確立する

†母音

オが一音節で発音される場合、前代まではウォ［wo］であったが、十八世紀に入る頃には現代語と同じオ［o］へ変化していた。江戸で出版された『音曲玉淵集《ぎょくえんしゅう》』（一七二七年刊）に、「をおの仮名〈ウヲ〉と拗音に唱ふ事悪」とあり、「を」「お」の仮名を［wo］のように発音するのはよくないと記されている。伝統を重んじる謡曲の発声においてでさえ、［wo］の発音を禁じるのであるから、その当時江戸でオはすでに［o］であったということになる。

一方、エについては、『謳曲《おうきょく》英華抄』（一七七一年刊）に「え」は［je］、「を」は［wo］と発音すべきであるという記述が見える。「を」がすでに［o］と発音されるようになっていたにもかかわらず、謡曲における伝統的な発音として［wo］と発音するべきだと説明しているのである。このことから、エはこの当時［e］と発音されていたと見られ、エが［je］から［e］に変化したのは、ヲが［o］になったよりも少し遅れた十八世紀中頃のことかと見られる。こうして、エの発音では唇の張りを、オの発音では唇の丸みを弱めて、今日と同じ［e］［o］となったのである。

ウもそれまで唇を丸めた円唇性の強い［u］であったが、これも現代語と同じく唇を丸めずに発音する非円唇母音［ɯ］になったのは十八世紀後半頃のことと見られる。

現代語で「くつ（靴）」「した（舌）」「あります」を発音した際には、そのク・シ・スに母音の聞こえがなく子音だけで発音していることが観察される。本来、母音は声帯を振動させて発音する有声音であるが、カ・サ・タ・ハ行などのイ段音とウ段音が、声帯の振動を伴わない無声子音に挟まれた場合や、文末の低いアクセントとなる場合などに、「母音の無声化」という現象が起こる。コリャード『日本文典』（一六三二年　ローマ刊）に、イ・ウで終わる語には時に最後の母音がほとんど聞き取れないことがあるという記述が見えることから、十七世紀初めには語末における無声化がすでに生じていたようである。また、語中における無声化はエンゲルベルト・ケンペル『日本の歴史と紀行』（Geschichte und Beschreibung von Japan　一七七七〜七九年刊）に無声子音に挟まれた母音イ・ウが表記されていないことから、オランダの出島に来日した時（一六九〇〜九二年）には、この現象が起こっていた。

✝子音

セ・ゼやハ行の子音、濁音などを除くと、子音の発音はほぼ前代と変わりがない。セ・ゼの発音は、室町時代末期には関東地方では［se］［ze］（現代共通語と同じセ・ゼ）と発音されていたことが、ロドリゲス『日本大文典』（一六〇四〜〇八年刊）によって知られる。これがそのまま江戸語に引き継がれて今日に至る。一方、京大坂などでは当初前代のままの［ʃe］（シェ）、［ʒe］（ジェ）であり、［se］［ze］となるのは十八世紀中頃のことかと言われている。こうして、上方と江戸では、サ行ではシ［ʃi］だけが他と子音が異なるものとなった。

ハ行子音は前代では両唇摩擦音［ɸ］であった。これが、ハヘホにおいては現代語と同じ声門摩擦音［h］に変わった。コリャード『日本文典』に、ハ行の子音が、ある地方ではfで、また他の地方ではhのように発音され、fとhの中間の音で、唇は幾分重ね合わせて閉じられると記述されている。このことから、一六二〇年ごろ一部の地域では［h］となっていたようである。

江戸では、『音曲玉淵集』にハ・ヒ・ヘ・ホを両唇摩擦音［ɸ］で発音するべきことが説かれていることから、十八世紀初めにはすでに［h］になっていて、その変化は十七世紀前半にまで遡るものと考えられる。そのなかで、ヒは、『音曲玉淵集』に「ひの仮名しと聞えぬやうにいふへき事」とも見え、その頃すでに江戸語の特徴である、ヒとシの混同があったことが知られる。すでに、ヒは［çi］に紛れやすい［ɕi］に変化していたと見られる。

一方、京大坂で［h］に変化するのは十七世紀後半のようである。『蜆縮涼鼓集《けんしゆくりようこ》』（一六九五年刊）では、五十音の発音について、それまでマ行とともに「唇音」に位置づけられていたハ行音が「変喉」に配列されている。これは、その子音が従来の［ɸ］ではなく、喉で発音する音、すなわち声門摩擦音［h］であったという証拠であろう。ちなみに、フだけは古いままの［ɸɯ］という発音が、今日まで引き継がれている。

このようなハ行子音の［ɸ］→［h］［çi］、すなわち両唇摩擦音から声門摩擦音・喉頭摩擦音へという変化は、調音する上で唇の関与をより軽減したものである。エが［e］に、オが［o］に、そして、ウが円唇母音から非円唇母音に変化したのも同一の傾向にある。さらに言えば、古くに、ヰ・ヱが［i］・［je］に変化したのも両唇音wの喪失であり、後述する合拗音の直音化［kwa］→［ka］も同じ流れである。こうした、唇の緊張を緩める方向で変化してきたことを歴史の大きな流れとして「唇音退化」ということがある。発音の負担を軽くしようという欲求に基づくものである。

濁音のガ・ザ・ダ・バ行音ついては、『音曲玉淵集』に次のような記述が見える。

右いづれも濁音となる時は鼻を兼ル。取り分けガギグゲゴの濁音は鼻を主《つかさど》るゆへに濁音へ移るは鼻へ呑み、清音へうつるはツメテ移るなり。

濁音のガザダバ行の子音はわずかに鼻音を伴うものであることを述べ、とりわけガ行については鼻音的な入りわたり音があったことを記すものである。そうすると、十八世紀初めの江戸ではガ行を除いて、ザ・ダ・バ行音では鼻音的要素が消失していたことになる。

パ行音（半濁音）については、[p]という発音が前代に新たに音韻として生じ、「ペン」「うぽっぽ」のように独立した子音として次第に確立されていった。連声《れんじよう》は大きく後退し、固定的な一部に限られるようになった。『浮世風呂』にその連声の語についての言及がある。

延引《えんにん》だの、観音《くわんのん》だのと、あいうえをの上《うへ》へ、むの字《じ》が乗《の》れば、五音相通《ごいんさうつう》で、恩愛《おんない》、観音《くわんのん》、延引《えんにん》、善悪《ぜんなく》などゝいふものだと、能教《よくをせへ》なすつたから、（浮世風呂　二・上）

†合拗音の消滅

合拗音のクヮ[kwa]・グヮ[gwa]は、「火事」をクヮジ、「因果」をイングヮというように漢字音において用いられてきたが、この時代において直音化してカ[ka]・ガ[ga]となった。上方語と江戸語ではその変化の時期は異なっているが、前掲の『浮世風呂』（二・上）に見える、上方と江戸の女性が言葉について言い争う場面で、上方の女性が、江戸ではグヮイをガイ、クヮンをカンと発音していることを非難している。

お慮外《りよぐわい》も、おりよげへ。観音《くわんおん》さまも、かんのんさま。なんのこつちやろな。

すなわち、江戸語では十九世紀初めにはすでに直音化していたのに対して、上方語ではあまり直音化が進んでいなかったことを物語っている。江戸語では、『音曲玉淵集』に「くわの字、かとまぎれぬやうにいふべきこと」と注記されるように、上方語よりもいち早く十八世紀初期には合拗音の直音化が生じていたことがわかる。これに対して、上方語では十九世紀に入っても遅い時期に変化したようである。

ただし、この合一化には、話し手の教養の程度、ことば遣いの丁寧さなどによって違いがあった。直音カ・ガと合拗音クヮ・グヮという区別はもともと漢字音から生じたもので、日本語固有の音韻にはなかったことから、両者の区別は本質的には困難であった。そして、ガとグヮの区別はすでに十三世紀の上層農民層においてガとグヮの混乱が見えたことは第三章に記したが、十五世紀後半の『三体詩抄』にも濁音においては区別がなくてもよい旨が記されており、濁音のグヮとガにおいてはいち早く混同が一般化していたと見られる。

そこで、清音のカとクヮについて改めて見ると、たとえば、『浮世風呂』における「喧嘩」の振り仮名には、前編冒頭の大意に「けんか」、作品中の人物の言葉に「けんか」「けんくわ」

の両形が見える。前者は江戸語の実態を反映したものであり、本文中でも「けんか」が七割以上を占める。その中で、やや上品な言葉遣いをする源四郎は「けんくわ」を使っている。

さやうさ。先刻《さつき》から傍《そば》で口《くち》を出《だ》したかつたが、喧嘩《けんくわ》になつては悪《わる》いと、目《め》を長《なが》くして居《ゐ》ました　（浮世風呂　前・下）

丁寧なことば遣いではカ・ガとクヮ・グヮの使い分けがまだ意識されていたと言うこともできる。このように、漢字・漢文をほとんど学習しない階級では字音に関する認識に乏しく、混同は徐々に進行してきたのであった。

ちなみに、直音と合拗音の使い分けは明治になっても一部には行われていたようで、現代でも東北北部・北陸・四国・九州・沖縄などで、この両者を区別する方言もある。

†開合と四つ仮名の混同

オ段長音における開音と合音の区別は十六世紀末期にはかなり混乱していて、かろうじて規範的な言い方で守られているという状況であった。日遠《にちおん》『法華経随音句』（一六二〇年）には、関東では開合の別がなくなっているが、京都では区別が守られているという記述が見える。江戸ではいち早く混同が進行していたのに対して、上方では十七世紀第2四半期ごろに両者の区別が失われたと見られる。もともと、オ段音は［o］のような発音であって、長音にのみ［ɔː］

〔oː〕の区別をするのには無理がある。したがって、長音節においても、音韻として短音節の母音と同じ一つの母音となることは自然の流れであった。

ジ・ヂ、ズ・ヅの四つ仮名は前代から区別が乱れ始めていたが、元禄（一六八八〜一七〇四年）ごろには、ジとヂ、ズとヅがそれぞれまったく区別を失ってしまった。『蜆縮涼鼓集』は、「しじみ・ちぢみ・すずみ・つづみ」という書名から明らかなように、四つ仮名を使い分けるための仮名遣い書として出版されたものである。ここには、京都・中国・坂東・北国などでは使い分けが混乱していて、わずかに筑紫（九州）で区別されるだけであると記されている。すなわち、一六九五年にはすでに京都や江戸では現代と同じような区別のない状況になっており、それらの区別は十七世紀前半において失われたものと考えられる。

†江戸語の音韻的特色

江戸語には、特に下層の人や教養の低い人を中心に、さまざまな発音上の訛りが見える。階層差、男女差によって訛りの多寡に差異があるが、ここでは『浮世風呂』に現れた音韻上の主な特徴について箇条書きで記しておく。

(1)長音になる

○ア段長音……eba・ewa・iwa などがア段の拗長音、もしくは拗音になる。

なんだナ、おめへ達《たちや》ア喧嘩《けんか》アするぜへなア。（前・下）

また、「喧嘩ア」のように、wa（助詞「は」）がアと発音され、全体が長音化した。

おめへといふ者《もな》ア悪《わり》い了簡《じやうけん》だと、（二・下）

○イ段長音……ui がイ段長音となる。

おめへ咄《はなし》をすると、人の顔《かほ》へ唾《つばき》をかけるから悪《わり》い。（前・下）

○エ段長音……ai・ae・oi・oe・ie などがエ段長音になる（例：ai「ナイ→ネー」、ae「カエル→ケール」、oi「フトイ→フテー」、oe「ドコエ→ドケー」など）。

サア、そんなら此跡《このあと》で教《をせへ》てやらう（前・下）

また、eo もエ段長音になる。

まだ足《たり》ねへからモツト酒買《さけへかつ》てこいだ。（二・下）

○オ段長音……io・eo がオ段の拗長音になる。

何《なによ》を云《いつ》てもしらん顔《かほ》の反兵衛《はんべゑ》さんだ。（二・下）

是《こりよ》を、おまへに上《あげ》やう。（前・下）

○長音化……母音を伸ばして発音する（例：ユルシ→ユルーシ）。

吉ざん御免《ごゆる》し　こいつア能《いゝ》のう。（前・下）

(2)母音連続（長音を含む）が別の母音連続に変化する

「アエ↓アイ」　二度《にど》三度《ど》のお迎《むかひ》だ。　（二・上）

「イイ↓エー」　病犬《やめへぬ》をぶち殺《ころ》したやうにやアすむめへ、　（二・下）

(3)音節が紛れて、混同される

○子音の混同

「ひ」と「し」　杓《しやく》の水《みづ》を打《ぶつ》かけにかゝると、　（二・下）

「り」ち「じ」　おめへといふ者《もな》ア悪《わり》い了簡《じやうけん》だと、　（二・下）

「じ」と「ぎ」　磁石《ぎしやく》の剣《けん》を見たやうに、　（二・上）

「で」と「ぜ」　それが燈台元暗《とうぜへもとくらし》とやらだはな。　（二・下）

○母音の混同

「ふ」と「ひ」　ナニガおめへ懐《ひところ》から銭出《ぜねへだ》しての、　（二・上）

「ゆ」と「い」　吉さ゚ん御免《ごゆるう》し、御免《ごいるし》だョ。　（前・下）

「む」と「み」　三絃《しやむせん》を一挺《いつてう》買《かつ》てやつたら、　（二・上）

(4)破擦音化……サ行音が促音に続く場合にツァ［tsa］になる。

おとつさ゚ん、まだ熱いものを。　（前・上）

(5)直音化……例：シュ↓シ　ジュ↓ジ

負《おぶつ》た子《こ》より抱《だい》た亭主《ていし》だはさ。　（二・下）

(6)撥音化……ナ行音や「り」、また引き音（長音の伸ばした部分）が撥音になる。

おめへン所《とこ》のかゝさんは縫《ぬつ》ちやア呉《くれ》めへ。（前・下）

なんでも誤《あやまん》なせへとおもふさま、（二・下）

昨夜《よんべ》はお忝《かたじ》け。（二・下）

脊《せ》に腹《はら》は換《けん》られねへから、（二・下）

(7)撥音添加……ナ行音やバ行音の直前に撥音が添加される。

昨日《きんにやう》三絃《しやむせん》を一挺《いつてう》買《かつ》てやつたら、（二・上）

牙《きんば》もむき出《だ》して、（二・上）

(8)促音化……破裂音の音節が破裂音の前で促音になる、など。

わつちを掻抓《かつつかめへ》て、（二・下）

撥《ばち》をば何所《どつ》かどう迷子《めへご》にして仕《し》まつた。（二・下）

あだやおろかな事《こつ》ではないによ。（二・下）

(9)促音添加

横倒《よこつたをし》に寝《ね》そべつ居《て》て、（二・上）

(10)複合動詞の後項や助詞が連濁する。

ちよいと踏《ふん》ばづすと、［濁音が連続するという異例にあたる］（二・下）

鯷《いはし》の首《かしら》も信心《しんゞ》がらて。（二・下）

なんの口巧者《くちごうしやう》な。（前・下）

なかでも、エ段長音、「ひ」と「し」の混同、破擦音化は江戸語における音韻上の特徴として顕著なものである。

4　語彙――漢語で訳語が造られる

†代名詞の語彙

人称代名詞は、話し手が聞き手に対して表す敬意の段階に応じて細かく使い分けられていた。たとえば、二人称代名詞を敬意の高い順にあげると、主なものは次の通りである。

上方語［前期］　おまえ∨こなた∨そなた∨そち∨おのれ

江戸語［後期］　あなた∨おまえさん∨おまえ∨おめへ∨てめへ

江戸語を代表する『浮世風呂』から、この章の初めにあげた女性同士の会話中に用いられている一、二人称代名詞を階層別に記しておく。

	一人称（単数）	一人称（複数）	二人称
上層	わたくし	わたくしども	あなた
中層の上	わたくし	わたくしども	おまへさん
中層の下	わたし	わたしら こちとら	おめへ
下層	おら（が） わっち〔女〕 おいら〔女〕 おれ〔男〕	わっちら（が）	おめへ

〔参考：中層の上と見られる「辰」（二・上）が下女に向かって「コレ、、喜代《きよ》や。おのしはの、お茶《ちゃ》の支《し》度《たく》をさつせへよ」という場面もある。〕

一人称は、上層、中層の上では「わたくし」、中層の下では「わたし」、下層では「わっち・おいら」が、二人称は、上層では「あなた」、中層の上では「おまえさん」、中層の下と下層では「おめえ」が用いられているように、かなりはっきりとした使い分けがある。自らの階層に基づいて、相手の身分に応じた人称代名詞の使い分けが行われていたことが知られる。

†感動詞の語彙

感動詞についても、『浮世風呂』には、階層によることば遣いの差がよく描かれている。次に、女性同士の会話中に用いられている語を階層別に記しておく。

○上層　ハイ　イヱ　ハイサ　ヱ、　〔笑い声〕ヲホヽヽ

○中層の上　いへ　いへさ　いゝへ　アノ　アイサ　ハイ　ハイサ　ア、
　　　ヲヤヲヤ　ヘヱ　〔笑い声〕ハヽヽヽヽヽ　ホヽヽ

〔参考：中層の上と見られる「辰」（二・上）が下女に向かって「ヲイ」「コレコレ」と呼びかける場面がある。〕

○中層の下　アイサ　サア　イヤハヤ　アノそれ　フウ　のや

○下層　コウ　コウヽ　あのまア　の　サア　ナニサ

上層では比較的感動詞の使用が少ない。落ち着いて冷静に語るという態度がよくうかがえ、あいづちを打つことばを中心に用いられている。また、笑い声も「ヲホホホ」と描かれていて、中層の上の「ハハハハ」や「ホホホホ」とは異なる、上品な感じであったようである。

中層の上では、「ハイサ」とともに「アイサ」も用い、この「アイ」は「ハイ」が訛った言い方である。下女に向かって呼びかけるときには「オイ」「コレコレ」が用いられている。

中層の下も同じく「アイサ」を、また、下層と同じく「サア」を用いる。「のや」は中層の

上以上には使われていなかったものである。

下層で用いられる「コウ」は「このように」の意の副詞「こう」に由来する語で、相手の注意を引くぞんざいな言い方である。中層の下では「のや」とあったのに対して、「の」が用いられている。

†階層によって異なる使用語彙

階層によって使用する語形に違いがあり、たとえば、形容詞「よい」は、中層の上では「能《よい》ことさネ」のように「よい」が、中層の下では「能日《い、ひ》の照《て》ることが無《なくツ》てさ」のように「いい」が用いられた。このような音訛については音韻の項でも示したところである。

また、上層の女性同士の会話では、接続詞「さりながら」や漢語「異同《いどう》・旧冬《きうとう》・新釈《しんしやく》・校合《きやうがう》者《しや》・添削《てんさく》・文者《ぶんしや》・著述《ちよじゆつ》・恩借《おんしやく》・無心体《むしんてい》・冠辞《くわんじ》」などの使用が見える。ただし、下層の女性にも「了簡《じやうけん》・呂律《ろれつ》・太平楽《てへへらく》・合点《がつてん》・打擲《てうちやく》・惣別《さうべつ》・磁石《ぎしやく》・果報《かほう》」など、仏教語を含む日常的に用いる漢語の使用は徐々に広がりを見せている。その中で、教養としての品格の高い漢語の使用を描くということは、この当時における漢語の地位を如実に物語るものである。

階層によることばの違いは敬語にも現れている。階層別にその表現を次にあげておく。

○上層［尊敬語］御覧《ごらう》じます　《命令・助言》御覧《ごらん》なさりませ

［謙譲語］存《ぞん》じて
［丁重語］訂《たゞ》してをります
［丁寧語］さやうでござります　ございませぬ　お恥《はづ》かしいことでござります

「ごらうず」とともに、原形の「ごらんず」も用いられ、謙譲語「存ずる」の使用も見られる。また、「ております」というような、へりくだった丁重な言い方も使われている。

○中層の上［尊敬語］方々《ほうゞ》へ教《をしへ》て上《あげ》ます　あれ御覧《ごらう》じましな　お独《ひとり》ござらツしやれば
《命令・助言》お気《き》を付《つけ》なさいましよ　おあげなさいますな
［丁寧語］沢山《たくさん》でございます　うるさくてなりません　役《やく》に立《たち》ませぬ中

上層では非音便形「ござります」の使用であったが、中層の上では音便形「ございます」が用いられる。尊敬の助動詞には中層の下と同じく「しゃる」の使用が見える。また、丁寧語では、上層、中層の上では「ます」「ませぬ」「ません」を用いる一方、「なさいます」の命令形では「なさいまし」となっている。

○中層の下［尊敬語］お籠《かご》でござつたが　どうしなすつた　頼《あの》まつしやる
治《なほ》さしつたツて　《命令・助言》聞《き》なせへ
［丁重語］どうやら斯《かう》やらたべつゞいてをります
［丁寧語］どうやら斯《かう》やらたべつゞいてをります

尊敬の助動詞に「しゃる」のほか、「なすった」「しった」(「しゃる」に「た」の付いた「しゃった」の転)の形が用いられ、「なさる」の命令形は「なせえ」となっている。

○下層［尊敬語］其上句果《そのあげくっぱて》は何《なん》だとおもひなはる

《命令・助言》覚《おぼえ》て居《ゐ》な　思ひねヱ　チット仕事《しごと》を精出《せへだ》しなせへといへば

尊敬の助動詞では「なはる」が用いられる一方、「なさる」の命令形は中層の下における「なせえ」に対して、「な」「ない(→ねえ)」が用いられている。「な」は「なさい」を省略した俗語的な言い方、「ない」は「なさる→なはる→なる」の命令形で、もとは軽い敬意を表していたが、次第に敬意が薄れていった言い方である(「なる」は初め遊里で用いられたが、一般庶民にも広がった)。ただし、亭主などに向かっては「なせえ」が用いられている。

形容詞や形容動詞に「お」を冠する言い方はすべての階層に見られた。

お恥かしい(上層)　お達者か(中層の下)　昨夜《よんべ》はお忝《かたじ》け　お忝《かたじけ》だ(下層)

下層の「おかたじけだ」は省略のある、ぞんざいな言い方ではあるが、形容詞に「お」を付ける形式は品位を保つための表現と言ってよかろう。名詞につける「お」の使用も中層の上では「お二人《ふたり》」「お子《こ》」のように確認できるが、中層の下においては「お人」ぐらいで、それ以下の階層での使用はほとんど見えない。

そこで、近世における敬語の諸相について、さらに詳しく見ていくことにする。

まず、尊敬語では、新たに「おっしゃる」「おいでなさる」などが生じ、尊敬表現の形式には前代からの「お……やる」「お……なさる」に加えて、新たに「お（ご）……だ」「お（ご）……くださる」「お（ご）…になる」が用いられるようになった。

おおかた芝居《しばゐ》をおねだりでございませうネ。（浮世風呂　二・上）

御慈悲に命をおたすけ下さりまし。（八笑人　初・二）

此間差上げましたお上下とお熨斗目《のしめ》をお返しになりますれば、（いろは文庫　二三・四五）

このうち、「お…になる」はもと武家の文章語であったが、近世末期になると、上層町人の家庭にも使用が広がっていった。

①くださる・なさる

「くださる」は「くだす」に受身・尊敬の「る」が付いた語で、もとは下二段活用であったが、近世に入ると四段に活用されるようになった。

何《いつ》かたにおりましよとも、今までの通《とを》りにおぼしめしてくださりませい。（西鶴織留　五・二）

同じく下二段活用の「なさる」も、東国方言、そして江戸語では四段化して用いられた。

左助殿の着なさった具足の下散《げさん》が日数もたたないにひっちぎれたが、（雑兵物語）

＊下散…鎧の銅の下に垂らした部分。くさずり。

どこへおあがりなさりやす。（遊子方言　発端）

この四段活用「くださる」「なさる」に「ます」の付いた語形がイ音便となった「くださいます」「なさいます」の命令形は、「くださいませ」「なさいませ」の語末「ませ」を略して「ください」「なさい」に転じ、その後この語形が広く用いられた。

何にもせ、ちよッと、おきなさい。（遊子方言　宵の程）

そんなら、茶づけ一ぱいかきこんで、はやく行《いっ》てください。（遊子方言　発端）

一説に、「ください」「なさい」は命令形「くだされ」「なされ」の転とする。『和英語林集成』初版（一八六七年刊）には、「Nasai（なさい）」をナサレに対する江戸の方言と記している。「なさる」の連用形「なさっ（て）」が「なすっ（て）」となるのも江戸語特有の言い方である。

お誉《ほめ》なすつて下さいまし。（浮世風呂　三・下）

ちなみに、上方では「なさる」が「なはる」（「飲みなはる」の類）に転じ、さらに「はる」（「書かはる」の類）の形でも用いられた。このうち、「なはる」は江戸でもよく用いられた。

ちつとおよんなはいましな。（浮世風呂　二・上）

②しゃる

尊敬語の助動詞で近世特有のものに、「せらる」「させらる」から転じた「しゃる」「さしゃる」がある。これから転じた「さっしゃる」が前期に生じ、後期には江戸語でも用いられた。いずれも当初は下二段活用であったが、江戸語では四段活用となった。

ぐつと、これで心持がよくなる。ふかしやらんか。（遊子方言　発端）

今夜はお月様がよく冴《さ》へさしゃった。（郭中奇譚　掃臭夜話）

御先祖《せんぞ》さまを大切《たいせつ》にして、出入《でいり》の者《もの》に目《め》をかけてやらしつたから、（浮世風呂　前・上）

「しゃる」は、未然形（カ変・サ変は連用形）が一音節の語には「やしゃる」となり、助動詞「ます」の付いた「やしゃんす」「やんす」の形でも用いられた。

今一言いうてみやしゃれ。（好色伝授　上）

連用形には「しゃっ」のほかに、直音化した「しっ」の方がふつうに使われた。

ちなみに、「しゃる」の命令形「しゃい」から転じた「せえ」「せ」「し」は対等ほどの相手に対する軽い敬意を込めた命令の意で用いられた。

ながしを能《よ》く洗《あら》はつせへ。（浮世風呂　前・上）

「しゃる」「さしゃる」に「ます」を付けた「しゃります」「さしゃります」は、一段と高い敬意を表す言い方であった。

国許で承りますれば、此方様には御気色けなとあって、京へ御養生に上らしゃりましたと聞きました。（好色伝授　上）

この「しゃります」「さしゃります」から転じた「しゃんす」「さしゃんす」、そして、さらに転じた「んす（未然形接続）」「さんす」も中期には女性一般の言葉となり、さらに男性にも用いられるようになった（「んす」の連用形接続は三三八ページ参照）。

御乳《おち》の人の背中をとんとんとぶたしゃんして、御機嫌がそこねました。（丹波与作待夜の小室節　上）

さる人が教《おし》へさしゃんしたわいの。（難波鉦　四）

お目のうへの出来物、ちいさいとて其儘、おかんすがわるい。（好色二代男　一・四）

角さまはいなさんしたかの。（難波鉦　六）

†丁寧語

①ございます

「ござある」は高い敬意を表す語であったが、中世後期の末には「ござる」の形で「ある」「行く」「来る」の丁寧語へと転じていった。そして、近世に入ると、これに「ます」の付いた「ござります」が用いられるようになり、後期には音便形「ございます」の形が生じた。

かたさまは何として爰《こゝ》に御ざります。　（好色一代男　五・ねがひの掻餅）

いゝへ能ございます。　（浮世風呂　三・三）

「ございます」は「ござります」に比べて軽い敬意を表す言い方であったが、次第に一般化し、「ござりやす」「ござりんす」「ござんす」「ごあんす」「ござんやす」「がんす」「ごんす」「ごつす」「げす」などと語形を変えて、さまざまな階層で用いられた。

是から直《すぐ》に曽根崎《そねざき》へ叶はぬ用とてござりんした。　（女殺油地獄　下）

此間は腹こなしに鞠を初たでごつす。〔江戸の医者のことば〕　（浮世風呂　前・上）

このうち、「ござんす」は初め遊女の言葉として用いられたが、十七世紀末ごろにはしゃれたことば遣いとして若い一般女性にも用いられるようになり、後期には男性にも普及した。

此方《こな》様は仕合《しあはせ》な。後ともいはずよい所へござんした。　（女殺油地獄　下）

前に「で」を付けた「でござります」は〈である〉の意の丁寧語として用いられた。

何をいたしますも、身をたすかるためで御ざります。　（世間胸算用　三・三）

客《きやく》の有る局《つぼね》が松風様《かぜさま》でござんす。　（女殺油地獄　下）

お小袖もなされましたでございましよ。　（浮世風呂　三・三）

右の『浮世風呂』の例では「ます」という丁寧語に続けて用いられており、非常に高い敬意を表す表現となっている。

②です

「でございます」が、「でござんす→であんす→でえす」というような変化を経て、丁寧語「です」を生じさせた。

これ一つ気の毒であんす。（軽口露がはなし　五・一五）

是三うら様、三うら殿、なんでゑす、こなたもわしも流の身。（傾城浅間嶽）

「であんす」は、軽い丁寧の意を表して、上方で奴などの男性が用いた語、また「でえす」も丁寧の意は薄く、尊大な語感を伴う語であった。こうして、「です」は、近世中期には、遊女・男伊達・医者・職人などが文末の終止形にだけ使うようになった。

是すなはち物を食《くらつ》てすぐに吐くものです。［医者のことば］（浮世風呂　前・上）

ちなみに、狂言にも「でさうらふ」の下略「でさう」がさらに転じた「です」の使用があったが、これは尊大な語感を伴うもので、丁寧語「です」とは直接関係はない。

そして、末期には、活用形に未然形「でしょ」、連用形「でし」が備わるとともに、「だ」に対して「でござり（い）ます」しかなかった丁寧体に、それよりも簡略な敬意を表す「です」が加わったことで、使いやすい語として明治以降次第に勢力を増していった。

飼馬町か中橋あたりから往《ゆく》でせう。（春色恋廼染分解　三・下）

駒はんはとんだことでしたネ。（春色玉襷　初・六）

③ます

丁寧語の「まする」は、「まゐらする→まらする→まっする・まいする」のような変化を経て前代に成立した。そして、初期にはサ変に活用されたが、中期以降、終止連体形に「ます」が用いられるようになった。

御隠居《いんきょ》にはひとつですみます物を、二ツは奢《おご》つた事。（世間胸算用　一・三）

命令形には、江戸語では「まし」が用いられている。

おゆるりとお出なさいまし。（浮世風呂　三・下）

この「ます」から転じた丁寧の意を表す「んす」は連用形に接続するもので、初め遊里の女性に用いられたが、中期以降は広く用いられるようになる。

局へごんせ。しっぽりと知る人になりんしょ。（傾城酒呑童子　三）

早《はや》うおこして、其体雪《そのからだす、》がんセ。［西国者のことば］（浮世風呂　前・下）

同じく助動詞の「やす」は、「あります→やります→やんす→やす」という変化を経たもので、軽い敬意を込めて用いる言い方であった。

ぬしの名をおしりなんせんか。番町さんと申《もうし》やす。（遊子方言　発端）

この推量形には「ましょう（ませう）」が近世を通じて用いられた。

それは、あのお子さん、お骨《ほね》が折《をれ》ませう。（浮世風呂　二・上）

ただ、「う」は、十八世紀後半以降次第に意志の意を表すようになり、推量の意は「だろう」に取って代われた。この流れを受けて、「ます」に、新たに「だろう」を付けた「ますだろう」が後期に出現した。

おいらんヱ、なぜマア私《わちき》はこのやうに苦労症《くらうしやう》でありますだろうねへ。（春色梅児誉美　一二・二四）

「ますだろう」は人情本に多く見られ、芸者などの言葉から一時期使用が広がった。

一方、否定形は前期では「ませぬ」、また、それから転じた「ません」が用いられた。

うちころしても、死《しな》ぬものは死ませぬぞ。（世間胸算用　三・三）

なんぎいたす事じゃ御座りません。（遊子方言　発端）

江戸語になると、「ぬ（ん）」に代えて「ない」を付した「ましない」という語形も生じた。

是《これ》だものを、いくぢはございましねへ。（浮世風呂　三・上）

この「ません」「ましない」の過去形は、上方語では前代からの「ませなんだ」であった。

今まで此手《このて》は出しませなんだ。（世間胸算用　二・四）

江戸語でもこの言い方を継承するが、多くは訛った形の「ましなんだ」が用いられた。

下《した》でなんぞまた小言《こごと》が出《で》やアしましなんだかへ。（春色梅児誉美　一・三）

また、近世末期には「ません」を体言として受けて、過去を表す「だった」が付いた「ませんだった」という言い方も生じた。

貴君に驚かされるとは少しも気がつきませんだったよ。（春色連理梅　五・上）

さらに、「だった」にかわって過去の丁寧体「でした」を付した「ませんでした」という言い方も幕末期に出現するに至った。

イイエ、ツイぞ今までこんな事はありませんでした。（花暦封じ文）

†あそばせ詞

動詞「あそぶ」に尊敬の助動詞「す」が付いた「あそばす」は、尊敬語の補助動詞として中世後期から用いられた。

又討死あそばし候はんか。（義経記　五）

ただし、名詞接続から転じて、動詞の連用形に接続するようになるのは近世以降のことで、初めは遊女などに用いられた。

あれへお通り遊《あそ》ばせと。（女殺油地獄　中）

「お（御）」を冠して、また、助動詞「る」「ます」を付けてさらに高い敬意を表した。

只今安《やす》々御平産《へいざん》あそばしました。（世間胸算用　五・三）

野沢どのの帯を御かへしあそばされませい。（武家伝来記　一・二）

このような「あそばす」を用いた表現はきわめて丁寧な言い方として女性に好んで用いられ、江戸でもよく使用された。ただし、『浮世風呂』には、「あそばす」を頻用する女性が「そらおがみ」、すなわち、うわべだけ丁重なさまであると注釈を加えられて登場する。

人がらのよきかみさま水舟のわきにて小桶《こおけ》に水をくみゐる。これはそらおがみにて詞《ことば》つかひもあそばせづくしなり。（浮世風呂　三・上）

この女性は、武家屋敷に奉公してことば遣いを習得したところから、次のように過剰なほど丁寧なことば遣いをする人物として描かれている。

ハイ、あなたにもお揃《そろ》ひ遊《あそば》しまして御機嫌《ごきげん》ようお出《いで》遊し。（浮世風呂　三・上）

江戸語では「あそばす」のほかに、「あすばす」という形でも用いられた。

おまへさん、是《これ》をお浴遊《あびあすば》してお上《あが》りあすばせ。（浮世風呂　二・下）

このような「あそばす」を用いる言い方は、当時「あそばせ詞」と呼ばれていた。

なんの、しやらツくせへ。お髪《くし》だの、へつたくれのと、そんな遊《あそば》せ詞《ことば》は見ツとむねへ。ひらつたく髪《かみ》と云《いひ》なナ。（浮世風呂　二・下）

右は、「おぐし」という語を例にして、ある男が上品ぶった「あそばせ詞」の使用を嫌がる場面である。その後、この「あそばせ詞」は明治の山の手ことばに受け継がれていく。しかし、『浮世風呂』で、丁寧ではあるが、うわべだけ上品ぶっているというようなニュアンスを伴って描かれているように、すでに形骸化していた側面も見受けられる。そのため、近代以降において、「ございます」に比べると、その使用の範囲が限定的であった。

謙譲語ほか

謙譲語の形式には、「お…申す」「お…いたす」が使われるようになり、「お（ご）…する」も末期に出現した。

お願ひもうさねばかなはぬ訳有りて、（平仮名盛衰記　三）

舟場《ふなば》へ御案内《あんない》いたしましょ。（東海道中膝栗毛　四・下）

若旦那から金の始末、委《くは》しくお詫《わび》してもらへば、（明烏後正夢　初・四）

「てくる」の丁重な言い方の「てまいる」の形も用いられた。

ハイそろそろ加減が違て参りました。（浮世風呂　前・上）

軽卑語では、補助動詞「あがる」が用いられるようになった。

ヤイかしましい。あたり隣も有ぞかし、よっぽどにほたへあがれ。（女殺油地獄　中）

これがやがて現代語の「やがる」に転じていく。

あれが所からあげて来やアがつて。（浮世風呂　前・上）

また、「てやる」が恩恵ではなく、損害を与えるという言い方にもすでに用いられている。

ア、レヨ、、おめへの内《うち》へ云告《いっけ》て遣《や》らア。（浮世風呂　前・下）

†女性語の発展

女性は、女房詞《にょうぼうことば》に由来する特有の言い方を好んで用いた。これを上方では「御所言葉」「大和詞《やまとことば》」などと、江戸では「女中詞《じょちゅうことば》」などと呼んだ。上方では、京都の御所における上﨟《じょうろう》が、江戸では御殿女中が用いることばであるという意識に基づくものであろう。女性が自らの品位を高めるために用いたもので、高い階層ほどその使用が多いという傾向がある。『女重宝《ちょうほう》記』や女性用往来物などによって、次第に女性一般の使用へと社会的に浸透していった。『浮世風呂』では　上層の女性に次のような女房詞「おかちん」（餅のこと）の使用が見える。

おかちんをあべ川にいたして、去《さ》る所《ところ》でいたゞきましたから、（三・下）

また、近世では、里《さと》言葉・廓《くるわ》言葉などと呼ばれる遊里語も生じた。公認の遊女は当時の女性としては高い教養と遊芸を身につけ、また、異性との接触が禁じられた中にあって、その社会的職分として比較的高い階層の男性を社交の対象にするという特異な存在であった。そのため、それぞれの方言で話すことを避け、非日常的な空間における女性特有の言い方が発達した。「いちげん・うら・なじみ」「仕着せ・くらがえ・手管《てくだ》」「いき・はんか・つけ馬」など遊里という社会における特有の用語のほか、語法においても、特に文末における表現が発達した。女性的な言い方が庶民の女性にまで広がったことで、遊里語もまた女性語の一つの源流となっていったのである。

藤本箕山《きざん》『色道大鏡《しきどうおおかがみ》』（一六八八年ごろ）の文章部には、次のような記述が見える。

これかれおほきつきあひにて、片言《かたこと》のみのたまふ傾城を見れば、いと笑止《せうし》に侍れ。正義をしらぬはことはりなれど、公界《くがい》ものなれば、片言なからぬやうにこそせまほしき物なれ。

片言、すなわち特定の地域や階級だけに通用することばがないように話すべきことが述べられている。ちなみに、このような片言は、『女重宝記』などでは、むしろ愛らしさゆえに使用が勧められている側面がある一方で、武士や上層の町人にとっては避けるべきものであった。武士は、いわゆる武家詞を、そのたしなみとして用いることが求められた。武家詞は、武器や、武士の所作・行いに関することばのほか、戦場で用いる「戦場詞」「陣中詞」「幕言葉」など忌《いみ》詞《ことば》の要素を含むことばにも及ぶ。隊を後方に退かせることを「引く」というのもこの類である。

†漢語の尊重

前代と同じく、教養ある男性には漢語が尊重された。『浮世風呂』前編巻之上に「たくあん」という医者と隠居の会話が見えるが、両者ともに漢語を好んで用いるという傾向が見える。まず、医者のことばには次のような漢語が用いられている。

難治《なんぢ》の症《せう》でごつす。あの男等《をとこら》は匕先《さぢさき》より口先《くちさき》が巧者《かうしや》で、病家《びやうか》の俗物《ぞくぶつ》をとらへては、新渡《しんと》の唐本《とうほん》には点《てん》がなくて読《よみ》にくい。唐人《とうじん》もはなはだ杜撰《づさん》が多《おほ》いなどゝいふ傍《そば》から、（中略）ドウダ、番頭《はんとう》、所謂主管《いはゆるしゆくわん》なる者《もの》も大役《たいやく》だてナ。

隠居のことばにも、次のように漢語が交えられている。

兎角食物《とかくしよくもつ》が納《おさま》り兼《かね》まして、食《たべ》ると尾籠《びろう》ながら吐《はき》まする。

この両者の会話には、「病人《べうにん》・病体《べうてい》・膈症《かくせう》・膈噎翻胃《かくいつほんい》・見脈《けんみやく》」といった医学関係の語も見えるほか、中国の詩人や学者などの名前も多く語られている。「仲景《ちゆうけい》」（張仲景）、「孫邈《そんばく》」（孫思邈）、「丹渓《たんけい》」（朱震亨《しんきよう》）は、隠居が診療してもらった医者の名を中国の医家の名を借りて記したものであり、「芥子園《かいしえん》」（李笠翁）、「顧炎武《えんぶ》」、「山谷《さんこく》」（黄庭堅《こうていけん》）、「東坡《とうば》」（蘇東坡）、「放翁《ほうおう》」（陸游《りくゆう》）は医者の「たくあん」があげた知人の名を記したものである。医者は、漢文に精通しており、一般庶民と異なった存在であったが、このことは、医者のことばに「じゃ」や「です」、および前に引用した例の「でごつす」が用いられていることからもうかがわれる。

まづどなたのお見立《みたて》も膈症《かくせう》じやと仰《おほせ》られます。［隠居のことば］

是《これ》すなはち物《もの》を食《くらつ》てすぐに吐《は》くものです。［医者のことば］

十九世紀初めの江戸では「ぢゃ」や「です」は一般には用いられておらず、また「でごつす」も特殊な職業の人たちが使う語であった。

武士もまた同じく、教養の背景に漢学があって、漢籍を読む機会も多かったことから、たとえば、十返舎《じっぺんしゃ》一九『東海道中膝栗毛』（一八〇二〜一四年刊）の発端には、武士に扮した男のことばに漢語使用の傾向が現れている。

明晩《めうばん》安倍《あべ》川原《かはら》におゐて勝負《しやうぶ》を決《けつ》せずとの返事《へんじ》、元来《もとより》身共も覚悟《かくご》のまへ、いかにもと挨拶《あいさつ》せし所に、家老中《からうぢう》より双方《さうはう》をめされ、年来《ねんらい》御主人《しゆじん》の御知行《りぎやう》を頂戴《てうだい》いたし居ながら、私《わたくし》の宿意《しゆくゐ》をもつて討果《うちはた》さんとは、殿《との》へ対《たい》して第《だい》一不忠《ふちう》

この時代、中国から新たに「剽軽《ひようきん》」などの唐音による漢語のほか、近世中国語の「突飛《とつぴ》・担当・介入・喝破《かつぱ》・判定・思考・骨子」なども借用された。たとえば、一見当て字のように見える「突飛」は〈勢いよく飛び出すこと、めざましく発展すること〉の意であったが、後には〈思いがけないさま、また、並はずれているさま〉という意に変化した語である。

†漢語による翻訳語

十八世紀になると、江戸幕府はオランダ語による学問、すなわち蘭学を奨励し、自然科学の分野を中心に新たな知識がもたらされた。『解体新書』（一七七四年刊）はオランダ語から翻訳した初めての書で、西洋の言語を創意に満ちた工夫によって訳出したものである。漢文による翻訳によって「神経・盲腸・視覚・粘膜・座薬・軟骨・十二指腸・横隔膜」などの新たな漢語、

「腺」のような国字も作り出された。

訳語の造語法は大きく、外国語の発音どおりに表音的に書き記すものと、意味によって翻訳するものとがある。さらに、後者には、語を構成要素に分けてそれぞれに対応する訳を当てる直訳と、個々の要素の対応関係にかかわりなく語全体の意味を翻訳する意訳とがある。科学技術関係の用語は系統だっていることから、中心をなす軸となる要素がある。たとえば、次のようにvlies（膜）やstof（素）のように、基礎的な概念ごとに分けることができ、逐字的に直訳的に漢字を当てることも可能である。

bind-vlies→bind（結）vlies（膜）→結膜　（解体新書）
hoorn-vlies→hoorn（角）vlies（膜）→角膜　（眼科新書）
grond-stof→grond（元）stof（素）→元素　（遠西医方名物考）
water-stof→water（水）stof（素）→水素　（遠西医方名物考）
antrekkin-karacht→antrekkin（引）karacht（力）→引力　（暦象新書）
bol-wortel→bol（球）wortel（根）→球根　（厚生新編）

他方、意訳には、Verstand（感覚『西説医範提綱釈義』）やSpongie（海綿『解体新書』）などがある。こうして、漢語によって訳出する作業が近代へと続き、新たな数多くの漢語が日本語の語彙に加わることになる。

†オランダ語からの外来語

西洋語からは、前代のポルトガル語からのものに加えて、オランダ語からのものが借用された。医学・化学などの分野の語彙や物品名などに見える。

医化学関係…アルコール　エキス　オブラート　ガス　カテーテル　カリ　カルキ
コレラ　チフス　ハトロン　メス　レトルト　レンズ

物品名ほか…インキ　ガラス　コーヒー　コック　コップ　ゴム　スコップ　ブリキ
ビール　ピント　ペンキ　ホース　ポンプ　マドロス

外来語は、幕末になると、英語やフランス語などに由来するものも次々に用いられるようになり、近代という新たな時代にはさらにその数を増していくことになる。

5　文法——近代語法が整備される

†動詞の活用

四段活用の未然形は、「う」の付いた形からオ段長音に転じたため、活用語尾はオ段音と把握され、今日のような五段活用となった。

[kakau]→[kakɔː]（開音）→[kakoː]（「書こう」）

二段活用の動詞は、前期の上方語では一段活用と二段活用がともに用いられていた。

エヽもどかしい徳兵衛殿。石に謎かけるやうに口でいうて聞く奴《やつ》か。（女殺油地獄　上）

ヤお吉様子供衆連れての参りか。存じたら連《つれ》に成りましょもの。七左衛門殿は留主なさるゝか。（女殺油地獄　上）

ただし、場面・身分・性別・語の長さなどによって一段化の度合が異なっていたようで、たとえば、武士のことばでは次のように二段活用が用いられている。

慮外《りよぐわい》者を取って押《おさ》へ、甥《をひ》と見たれば猶助けられぬ。討って捨つる。（女殺油地獄　上）

一方、関東の方言では、二段活用の一段化はより早かったようで、後期の江戸語では一段活用がふつうに用いられている。

一粒《ひとつぶ》降《ふ》ると足《あし》が一尺五六寸づゝ隠《かく》れるから、其足《そのあし》を抜《ぬい》ては歩行《あるき》、抜《ぬい》ては歩行《あるき》する内に、（浮世風呂　四・上）

古典語では唯一の下一段活用動詞である「蹴る」は、後期には四段活用化した。

コリャ是《これ》を蹴《け》れ、是こそは、汝が親のくびなるぞと、（道成寺現在蛇鱗　三）

連体形（終止形）が「ける」、已然形が「けれ」であることから、母音交代型（四段活用）に類推されて、命令形に「けれ」が用いられたりするようになったのであろう。
ナ行変格活用は、上方では後期になっても十八世紀末までは依然として用いられていて、四段活用が一般化したのは幕末前後ごろと見られている。他方、江戸語では後期になると、四段活用がふつうに用いられた。

死ぬものがそんとは後家へあてこすり　（柳多留　八）

こうして、上二段活用・下二段活用、およびナ行変格活用も失われた結果、すでに前代までに消滅していたラ行変格活用を含めると、古典語の八つの活用の種類は、五段・上一段・下一段・カ変・サ変の五種類に減少したことになる。
また、語幹が漢語一字であるサ変動詞では、四段（「愛す」「訳す」など）や上一段（「案じる」「通じる」など）に活用される場合もあった。

あんじるより産《うむ》がやすいと、思ひの外にすらすらと治ることもあるからの。　（浮世風呂　二・下）

†可能動詞

可能動詞は、江戸語ではかなり広く用いられている。

おれに読《よめ》ねへから誰《だれ》にも読《よめ》まい。　（浮世風呂　前・上）

一方で、未然形接続の助動詞「れる」による言い方も用いられていた。

めつたな事は云《いは》れませんが、　（浮世風呂　四・上）

飯《めし》のくはれるほどになればいいけれど、　（浮世風呂　前・下）

ところで、「行く」は古くはユクであったが、近世にはイクが優勢になり、その可能動詞は「いける」となった。この語は、〈行くことができる〉の意を表すほか、〈よくできる〉〈すばらしい〉の意でも用いられた。

おめへは些《ちつと》ヅヽも酒《さけ》がいけるだけ気《き》の持《もち》やうが違《ちが》ふ。　（浮世風呂　二・下）

きけば聴腹《ききばら》でつい一言《ひとこと》もこゞとを申ますと、口三絃《くちざみせん》でいけもしない鼻唄《はなうた》さ、　（浮世風呂　三・上）

「いけもしない」とは〈うまくもない〉という意であるが、このように否定形として用いられた「いけない」は〈よくない〉〈だめだ〉の意で、現代では形容詞のように用いられている。

アレ兄《にい》さんいやだよ。髪《かみ》がよごれるはね。いけないョ。　（春色梅児誉美　後・一〇）

この語は形容詞ではないので、丁寧な言い方は「いけません」となる。

†**形容動詞**

形容動詞では、終止形活用語尾の「ぢゃ」が江戸語で「だ」となった。

そしておれもいやだ。（浮世風呂　前・下）

ただし、前代と同じく、まだ終止形に「な」も用いられていた。

誰《だれ》だか糠袋《ぬかぶくろ》をあけた。あのざまはい。いけぞんざいな。（浮世風呂　前・上）

現代語文法で動詞に仮定形を設定することから、形容動詞では、接続助詞「ば」を伴って順接仮定条件を表す、古典語の未然形語尾「なら」が「仮定形」と呼ばれるようになった。

面倒《めんどう》なら其薬鑵《そのやくわん》と粉《こな》の筒《つゝ》を爰《こゝ》へ貸《かしや》れ。（浮世風呂　前・下）

そして、未然形には助動詞「う」を接した［dearau］→［daro:］というオ段長音によって「だろ」が新たに設定されることになる。また、連用形ではdeari-ta→dyatta（ヂャッタ）→datta（ダッタ）と変化した「だっ」が生じた。

†推量の助動詞

①う・だろう

推量・意志を表す「う」は、動詞に続く場合、四段活用動詞では「書コー」のように未然形語尾にウが付いた形がオ段長音の開音［ɔ:］となったため、その長く伸ばした音で発音された。四段活用以外の動詞では、たとえば「見う」はミョー［myo:］、「上げう」はアギョー［agyo:］というように、その語尾はオ段長音の合音の拗長音［yo:］の発音となった。後者の

[myo:] [agyo:] という発音は動詞語幹がはっきりせず不安定であることから、[miyo:] [ageyo:] というように、未然形と同定される「み」「あげ」に「**よう**」が付くという形に次第に変化していった（「よう」は「いる」「もちいる」に付いた「いよう」「もちよう」に析出されていた）。

某もただ是にいよう。（虎明本狂言　鍋八撥）

この「よう」は東国方言でいち早く生じ、次第に定着していった。「う・よう」は、江戸語では推量の意にも用いられたが、多くは意志を表すようになった。

二日《ふつか》がけの葬帰《ともれけへ》りが出来《でき》よう。［推量］（浮世風呂　前・下）

最《もう》出ようヨウ。おつかア、出ようよウ。［意志］（浮世風呂　三・上）

その推量には「**であろう**」が縮約して成立した「**だろう**」が用いられるようになり、十八世紀後半以降次第に勢力を増していった。

町人は爰が心やすい、侍なれば其まま切腹するであろの。（心中天の網島　下）

其中《そのうち》にはそつちに、とんだ事ができるだらう。（通言総籬《つうげんそうまがき》　二）

ちなみに、「むず」から転じた「うず」は中世後期にはよく用いられたが、近世になると急激に衰えた。

②ようだ・そうだ・らしい

推量・比況の意を表す「やうなり」は「やうな」を経て、江戸語で「**ようだ**」となった。

さし汐がだいぶはやいやうだ。（郭中奇譚　船窓笑話）

是《これ》じやア喧嘩をするやうだ。（浮世風呂　二・下）

「そうな」も江戸語で「**そうだ**」となり、様態推量に加えて伝聞の意が生じた。

はて、あいらしいによって鮎といふさうに御座ります。（好色伝授　上）

ヤ、傘屋《からかさや》の六郎《ろくろ》兵衛《べ》さんが亡《なくなつ》たさうだネ。（浮世風呂　前・下）

ただ、この時代では、連用形につく様態推量（「雨が降りそうだ」の類）と、終止（連体）形につく伝聞推量（「雨が降るそうだ」の類）の用法上の違いはまだなく、いずれの活用形にも接続した。

私《わたし》らにもお詞《ことば》がありさうなもんだネ。［連用形接続］（浮世風呂　三・上）

ホンニもふあぶら屋がきた。もふ日がくれるそふだ。［終止（連体）形接続］（古契三娼）

後者は終止（連体）形に接続して様態推量の意を表す例である。

「**らしい**」は中世後期に生じた接尾語（「男らしい」）から、推量の助動詞として用いられるようになったが、まだ体言に付くことが多く、活用語の終止形に付くことはあまりなかった。

目《め》のふちへ紅《べに》を付《つけ》るのも一体《いつてへ》は役者《やくしや》から出《で》た事《こと》らしいネ、（浮世風呂　三・下）

知行から、此比《このごろ》とられたらしき中間が封じ文出して、（好色盛衰記　五・四）

助動詞「べき」のイ音便「**べい**」は終助詞化して、中世後期の東国方言では推量の意に用いられていたが、この時代には意志をも表すようになった。

修行を肝要とせば、一度はすむべい。［推量］（大淵代抄　一）

敵を見てはぬくべいとすれど半分ぬけて、［意志］（雑兵物語　上）

この語は「べいべい言葉」と呼ばれ、関東方言の代表的なもので、『浮世風呂』には、上方者が口げんかをする場面が描かれている。

扨《さて》また関東《くわんと》べいじや。どうしべい、斯《かう》しべい、行《いく》べい、帰《けへ》るべいとは、扨《さて》見とうむないナア。（浮世風呂　二・上）

江戸語では、さらに勧誘の意でも用いられた。

一緒《いつしよ》に行《いく》べい。［勧誘］（浮世風呂　四・上）

接続は、四段活用には終止形（連体形）に付くが、一段活用には未然形（連用形）に、サ変には「しべい」のように、「し」、または「す」に付いた。

モノ、金《かね》を拵《こせへ》べい云《てい》て山事《やまごと》は悪《わり》い事《こん》だネ。（浮世風呂　前・上）

†断定の助動詞

前代に dea→dya と変化した断定の「**ぢゃ**」は、上方語では末期に、さらに「**や**」（dya→ya）に変化した。

成駒屋はんが何たらの時、おさむらいに成て出《で》やはる、きれいなきれいなお士《さむらい》はんや。

(興斗月)

一方、東国方言では、前述したように、中世後期において「**だ**」が生じており、これが江戸語で広く用いられるようになった。

湯屋《ゆや》へ来《き》て辷《すべ》るやうな古風《こふう》なこがあるもんか。乙姫《をとひめ》時代《じでへ》のことだ。　(浮世風呂　二・下)

銭も金《かね》も一《ひと》ツ所《とこ》に集《あつま》るありがたい所《とこ》だによつて、諸国《しよこく》の人々か皆出《みんなで》て来《き》て、出世《しゆつせ》するではないか。　(浮世風呂　前・上)

当初は、終止(連体)形「だ」、連用形「で」しか活用がなかったが、次第に未然形に「だろ」、連用形に「だっ」というように活用を整えていった。また、「なり」の系統から、連体形(終止形)に「な」、仮定形に「なら」が用いられた。

お、おれが目《め》には六つばかりに見えるから、ば番頭《ばんとう》六《む》つ五郎《ごらう》だろう。　(浮世風呂　前・下)

男なら持《もつ》て見や。　(浮世風呂　前・上)

動詞・形容詞に下接する「だ」は、次のように東国の田舎育ちの下女のことばに見られる。

よくは引《ひ》つたくれんげの皮財布《かはざいふ》と責めるだ。　(浮世風呂　前・下)

男湯で男は唄《うた》つてもいゝが、女湯で女が唄《うた》つちやアわるいだネ。　(浮世風呂　三・下)

このような「だ」が形式名詞「の」に付いて「**のだ**」の形で、説明・決意・指図の意を表すようにもなった。これは、さらに撥音に転じて「**んだ**」の形でも用いられた。

あまり世話をやかせずに、おとなしくしてゐるのだヨ。（仮名文章娘節用　三・七）

ヲヤどうしたんだへ。其様《そんな》にふさいでからに、両方《りやうはう》がだんまりかへ。（春色辰巳之園　三）

「**である**」は近世後期に漢学や蘭学など学問の場で文末の形式として用いられた。

低い処は、日が入りたれども林巒にはまだいり日のかげが、きらきらと見ゆるである。（唐詩選国字解　五言古）

講義や説教をする場面で用いられる、やや堅い語感をもつ語で、これが今日の「である」体の源流ともなる。

†否定の助動詞

中央語で用いられた「ず」は、その連体形「ぬ（ん）」が上方語で用いられ、「**ん**」は現在の西日本方言に受け継がれている。一方、中世末期には、「**ない**」がすでに関東で使用されていて、これが江戸語でも用いられた。

成ほどゝゝ、ゆふべおらが所へ来《く》るはづで、こないによつて、それで見ない顔したそふな。（遊子方言　発端）

「ない」は「なへ」から転じたものであり、終止形（連体形）以外に活用形がなかった。その連用形の欠如を補うように、前期の東国方言に「**ないで**」が生じた。

火縄のはさけ様がわるければ、火もうつらないで立消も有もんだ。（雑兵物語）

この語形は、右の「ない」と、打消の接続助詞「で」から中世後期に転じた「いで」とが混交（コンタミネーション）を起こして「ないで」となったものである。

行かない ＋ 行かいで ↓ 行かないで

否定の「ない」が明示され、また「で」が接続助詞（「剝いで」の類）のように意識されることもあって、分析的な言い方として成立した。

ア、ねへ裏《うら》でも広《ひろ》くつて二階《にかい》でないから烟《けぶ》が来《こ》ないでよいョ。（春色梅児誉美　三・六）

そして、右の「来ないでよい」のように補助用言との接続形式にも用いられるようになった。「…しないでください」「…しないでほしい」のように補助用言に続く場合に「なくて」では置き換えられないのは、形容詞型活用の類推によって生じた「なくて」よりも古くに定着した言い方だからである。さらに「ない」が形容詞型活用を持ったのは十九世紀前半のことで、それは形容詞「ない」からの類推による。

前書《まへがき》が無《ねへ》とわからなくなりやす。［連用形］（春色梅児誉美　八・一五）

わたしやか丶サンに見せなけりゃならぬ。［已然形「なければ」］（郭中奇譚　船窓笑話）

連用形に「なかっ」という形が生じたのは天保（一八三〇〜四四年）ごろである。

四五日おれが来なかったから、うるさくなくってよかったらう。（仮名文章娘節用　後・五）

これによって、動詞の過去形の否定には「**なかった**」が用いられるようになったが、十九世紀初めまでは江戸語でも、上方語と同じ「**なんだ**」の使用であった。

おめへきのふはなぜ来《こ》なんだ。　（浮世風呂　三・上）

こうして、江戸語では助動詞「ない」が活用を整えて広く用いられるようになったことで、近世以降に新たなパラダイムを見せるようになる（否定の丁寧体については三三九ページ参照）。

†態の助動詞とアスペクト

「**れる**」（←るる）などの助動詞の一段化は動詞に比べると、やや遅かったようである。また、「**られる**」がサ変動詞に接続する場合、「せられる」となるべきであるが、「しられる」となることが江戸語では見られた。

とんだ意趣《いしゅ》がへしをしられたるもおかしく、　（東海道中膝栗毛　三）

アスペクトでは、「**てある**」が江戸語で完了の継続の用法を持つようになった。

次に風呂に湯も立ててある。　（傾城江戸桜　中）

「ている」の縮約形「**てる**」も江戸語から現れるようになる。

おいらア、風《かぜ》を引《ひ》居《いて》てけふが初湯だよ。　（浮世風呂　三・上）

完了を意味する「**てしまう**」も近世前期から用いられるようになった。

追っ付け勘当帳に付けてしまふべし。　(好色五人女　一・一)

†格助詞

「**が**」「**の**」の使い方は現代語に近づいたが、まだ言い切りの文の主格を表す用法も見える。

なんだ気のきかねへ。　(浮世風呂　二・下)

人名に付いて、連体修飾を表す「が」の用法もまだ存在しているが、後期には卑下の用法が薄れてきて、やや古めかしい言い回しとして用いられるようになった。

ム、、今日《けふ》は芥子園《かいしえん》が書画会《しよぐわくわい》から顧炎武《こえんぶ》が所《ところ》へよつて、山谷《さんこく》か詩会《しくわい》へ廻《まは》るが、東坡《とうば》や放翁《はうおう》か代作《だいさく》をたのむ事《こと》だらう。　(浮世風呂　前・上)

「**して**」は「またしては」(「またしても」と同義)というような語の一部に用いられた。

ヤア又しては又してはかなはぬことを、　(傾城反魂香　上)

†順接の接続助詞

「已然形＋**ば**」は、前代から確定条件に加えて仮定条件を表すようになっていたが、確定条件の用法が次第に衰退し、仮定条件を表すことが多くなっていった。

ふと鞘走《さやばし》って怪我《けが》でもして、血を見れば殿の御代参叶はず。　(女殺油地獄　上)

そして、近世後期になると、仮定条件を表すことが一般的になった。

　今往生《わうじやう》すれば残《のこ》る事《こと》はねへのさ。　（浮世風呂　前・下）

「已然形＋ば」が仮定条件を表すことから、已然形の呼び名が現代語文法では「仮定形」となっている。ちなみに、江戸語では、「ば」が接続した文節が、たとえば「見れば」はミリャーというように、ア段拗長音で発音されることが多くなった。

　段々《だんだん》つき合《やつ》て見りやア、今ぢやア、株《かぶ》だと思《おも》ふ所為《せへ》か、耳《みゝ》にとまらねへ。　（浮世風呂　三・上）

ほかにも、仮定条件には「**たら**」「**なら**」も前代に比して多用されるようになった。「たら」は動作の完了を仮定する条件法（たら＋ば）に由来するものであるが、過去の動作についても用いられるようになった。一説に、「たれば→たりゃ→たら」の転とも言われている。

　いまの、おめへの所《とけ》へよったらの、おめへん所《とこ》のかかさんがいふには、　（浮世風呂　二・上）

「**から**」は、前期では格助詞の例が多かったが、江戸語では原因・理由を表す接続助詞として一般化し、上方語の「**さかい**」に対して、江戸語ではふつう「から」が用いられた。

　あれだから由断《ゆだん》はならぬて。　（浮世風呂　前・上）

「**で**」は原因・理由を表す格助詞から接続助詞化した。

　お暇が出たで去《い》にまする。　（心中二腹帯　三）

この「で」が形式名詞「の」に付いて、中期には「**ので**」が生じた。

会ひたいと思ふので、殿の御座るも眼が付かなんだ。（好色伝授　中）

「ので」と「から」が理由を表す用法として、どちらも用いられている場面もある。

ちふとは「といふ」といふ詞《ことば》を詰《つ》めたので、古《ふる》い詞《ことば》だから、頼もしいとお云だよ。（浮世風呂　二・上）

ここでは、「ので」が上下を軽く接続しているのに対して、「から」は因果関係を強く表していると見られる。江戸語では「から」が優勢で、「ので」はあまり用いられなかったが、安政（一八五四〜六〇年）ごろから「ので」が増加したと言われている。

同じく「で」が形式名詞「もの」に付いた、原因・理由を表す「**もので**」も中期に生じた。

既に崩た後は、破た器を合て見る様なもので、役に立ませぬ。（隣語大方）

「もので」は文末で反語を表すこともあったが、これは「ものでもない」の略かと見られる。

今の敵がそんな事いふて誰があい手になるもので。（世間化物気質　三・二）

†逆接の接続助詞

接続助詞「て」に係助詞「も」が付いた「**ても**」は、逆接の仮定条件にも確定条件にも用いられた。これによって「と」「とも」や「ど」が衰退した。

湯上《ゆあが》りに呑《のん》でも銭《ぜに》は取《と》らぬか。［逆接仮定条件］　（浮世風呂　前・下）

犬が来ても、いけしゃあしゃあとして居おる。［逆接確定条件］

（確定的恒常条件を仮定条件として表現したもの）　（東海道中膝栗毛　四・上）

「にしてから」は逆接を表し、上方語で用いられた。

われらは其箱を明て、正真の丁銀にしてから、まことにはいたさぬ。（世間胸算用　二・一）

逆接を表す**「のに」**は形式名詞「の」に「に」が付いたもので、元禄（一六八八〜一七〇四年）ごろに生じて、後期には勢力を増していった。

しかも其ばんは、いそがしいばんで御座りましたのに、帰りませんから、帰りますと、大きに、ふり付《つけ》てやりんした。（遊子方言　発端）

この接続助詞「のに」が「だ」に続く場合、現代では「…なのに」となるが、この時代では「だのに」であった（「だ」は連体形相当）。

とつぱさまが曲つた事の嫌《きれへ》な人だのに、あんな子《こ》を持《もち》ましたから、（浮世風呂　前・下）

また、文末に終助詞として〈予想に反した意外な気持ちや期待はずれの不満を表す〉意にも用いられた。

「それは戒名じゃ」「戒名は山田といふのに」（傾城壬生大念仏　中）

「にしても」も、〈…である場合でも、…する場合でも〉の意で逆接に用いられた。

色じたてにするにしても、淋しい女郎かひも、けちなり。（傾城買指南所）

「**ものの**」は古代後期に一時期用いられた後は衰退していたが、近世以降再び逆接の意で用いられるようになった。

初手の内は賑でいいやうなものの、いざこざやもめごとが出来て、つい仲割《なかわ》れがして長くはそろってこねへものさ。（部屋三味線）

「**ところが**」は江戸語で単純接続、および逆接の仮定条件〈たとえ…であっても〉を表すようになった。

たばこをぱくり〳〵のんでしばらく考《かんがへ》てゐた所が、さて寝られぬ。［単純接続］（浮世風呂　前・上）

「どうしてどうして、おめへたちに此まねが出来るもんか」「出来た所がはじまらねへ」［逆接仮定条件］（浮世床　二・下）

「**ところに**」も順接条件から転じて、逆接条件を表すようになった。

身に逢うたらば悦ばう所に、却って手向ひするは何事ぞ。（大名なぐさみ曽我　下）

このほか、逆接には「**が**」「**けれども**」などが盛んに用いられた。このうち、「が」には推量の「う・まい」を受け、「…だろうが…だろうが」「…だろうが…まいが」の形で仮定の逆接条件を表す用法も生じた。

おれが草履《ざうり》は長刀《なぎなた》だらうが鑓《やり》だらうが、履違《はきかへ》られてはすまぬぞ。　（浮世風呂　前・下）

†その他の接続助詞

同時動作の意では「つつ」に代わって「**ながら**」が一般的に用いられるようになった。

まげゆはひの古ぎれで、帯《おび》をしめたりといたりして、こしやくなことをしやべりながら、おとなりごとをしてゐる　（浮世風呂　二・上）

単純接続を表す「**し**」は「船は少し、浪風ははげしかりけり」（延慶本平家物語　四）のような、形容詞終止形の接続用法に基づいて、終止形語尾「し」が遊離して生じた。古くは助動詞「う」「まい」の接続に多く見られる。

御世に御出でなされたらば、己もじゃじゃ馬に乗らうし、其時は其方も乗物に乗せて歩かさうぞ。　（好色伝授　中）

そして、江戸語になると、現代語と同じ用法が見られるようになった。

娘《むすめ》はそれゞゝにかたづくし、もう孫《まご》も五六人ある。　（浮世風呂　前・下）

†副助詞

「さへ」は、本義であった添加の意は「**まで（も）**」に取って代わられた。「まで」は「までも」

の形で、肯定形を受けて、〈…にしても〉という逆接の仮定条件を表すこともあった。

所謂《いはゆる》蹴鞠《しうきく》なるもの。（略）踏《ふ》みつぶすまでも、大《おほ》きく腹《はら》こなしに能《い》てナ。（浮世風呂　前・上）

程度・限定を表す「**ばかり**」は江戸語では「**ばかし**」「**ばっかし**」という形でも用いられた。

常日一夜《じやうびいてへ》かゝさんに叱られてばつかし居るはな。（浮世風呂　二・上）

「**だけ**」は「思いのたけを言う」などの名詞「たけ」〈有る限り〉の意から転じて、程度や限定の意を表す副助詞となった。

山の奥にも身をかくし、のがるるだけはのがれもせず京近辺をうろたへ、［程度］（大経師昔暦　中）

我子を我が育てるには、少々の怪家《（けが）》させても不調法が有ても、親だけで済めども、［限定］（平仮名盛衰記　三）

「だけ」の次の例は〈…にふさわしい程度に〉の意で用いられた例である。

さすが田舎だけ、ものが不自由だ。（東海道中膝栗毛　四・下）

この「だけ」に「に」が付いた「**だけに**」も、右のような程度の意のほかに、〈…であるから、なおさら〉の意をも表した。

けにも晴《はれ》にも一人《ひとり》の男《をとこ》だけに、甘やかして奉公《ほうこう》にも出《だ》しませんから、（浮世風呂　二・上）

同じく限定の意では「**ぎり**」、そして「…しか…ない」のように用いる「**しか**」が生じた。

「ぎり」は促音に付く場合は清音で用いられた。

「算盤は二之段ぎりだ」「べらぼうめ、それは始りだア、夫っ切《きり》か」　（浮世床　初・下）

梶原《かぢはら》の馬《おま》がくつた、笹葉《さ、つぱ》を見るよふに、半分しかア育《そだ、》ないハ。　（東海道中膝栗毛　後・坤）

「しか」は、それ以外を否定して限定する意を表し、「ない」と呼応する。ただ、「だけ」「きり」が明瞭にそれだけと限るのに対して、「**ばかり**」は〈おおよそ…だけ〉という原義を残す。

例示の意では「**など**」に加えて「**でも**」も用いられた。これは格助詞「で」もしくは助動詞「だ」の連用形「で」に助詞「も」が付いたもので、例示や、極端な例を提示して他を類推させる意を表した。

唐銅《あらかね》の釜《かま》を担《になつ》て来《く》る、醴《あまざけ》でも呑《のま》せるくらゐな事《こと》さネ　（浮世風呂　前・上）

類似の列挙には「**〜やら〜やら**」「**〜だの〜だの**」なども用いられた。

ふじぎなやらこわいやら、又業平といふたればなつかしいやら。　（好色万金丹　二・一）

やれ宿酔《もちろし》だの、頭痛《づつう》だのとぬかして、　（浮世風呂　三・上）

このほか、〈対比的強調〉の意では「**どころか**」も後期に生じた。

小男鹿《さをしか》の八《や》ツの御耳所《おんみ、どころ》か、半《きなか》ある御耳《おんみ、》でも、あつちら向《むい》て聴《き》く事ではない。　（浮世風呂　四・上）

「ぞ」は前代までは体言に付くだけであったが、用言および「だ・です」にも接続するようになり、聞き手に強く働きかける意を表した。

見れば供も伴れず、どうぢゃぞ、 (夕霧七年忌)

「わ」は係助詞「は」に由来するもので、近世までは男女の別なく用いられた。次の例は男性のことばに用いられた例である（明治以降は主に女性に用いられた）。

おのしが帰《けへ》るのを待つて居なさるはナ。 (浮世風呂　前・下)

「い」は念を押したり、語調を整えたりする意で、上に他の終助詞を伴って、「かい・わい・ぞい・ない」などという形で、また、下に他の終助詞を伴って「いの・いのう・いな」などの形で用いられた。ただし、「いの（う）・いな」の形は江戸語では用いられなかった。

イヤこちゃまだ下向《かう》ぢゃないわいの。 (女殺油地獄　上)

悟って見ればそんなものかい。 (浮世床　初・下)

ちゃっと向ふへ往きいなア。 (五大力恋緘　三幕)

詠嘆の意を表す「て」も生じ、これにさらに終助詞「ね・な」を添えて用いられることもあった。明治以降は「てよ」とも複合して用いられるようになる。

ヤ、ゆふべ寝《ね》そびれてこまり切《きつ》たて。（浮世風呂　前・上）

ヱヘン、此即狂《このそつきよう》が名人《めいじん》だてネ。（浮世風呂　三・上）

江戸語では「**ぜ**」「**ぜえ**」が多用された。「ぜ」は、念を押す意の「ぞえ」から「ぜえ」に転じた語で、早くに江戸で使用されるようになり、次第に男性語化していった。

はて難しい。そんなら一寸乗ってつい下りますぞえ。（好色伝授　上）

此子《このこ》は恨《うらみ》ツぽい事をいふぜ。（浮世風呂　三・上）

また、江戸語では連用形に付く、命令の意の「**な**」も用いられた。

ききな　きくな也。江戸にてききなといへば、きけなり。（浪花聞書）

なんだヽヽ。マア待ちな。（浮世風呂　三・上）

禁止の意では「そ」が衰退し、「**な**」だけが引き続き用いられた。

あついといへばぬるいと云《い》ひ、うめろといへばうめるなと喧《わめ》く。（浮世風呂　前・上）

言うまでもないという気持ちを表す「**とも**」も出現した。

「能《い》かナア」「能とも」（浮世風呂　四・上）

「**かしらぬ**（**ん**）」が疑いの気持ちを表す意として生じ、明治以降には「かしら」に転じた。

毎日商《めへにちあきねへ》から帰《けへ》りにはの、何かしらん竹の皮へ買《かつ》て来ての。（浮世風呂　二・上）

†間投助詞

「さ」は前期に生じ、うちとけた会話の中で話し手自身への確認の気持ちを表す意で用いられた（以下、文中にも文末にも用いられる例を挙げるが、文末の用法は終助詞ともされる）。

もふよいはよいは。しなぬほどにしてをけさ。［文末］（今宮心中　上）

いやさ、此書置がなければ、何の詮議もなけれども、書置があるによって御訴訟申す。［文中］（好色伝授・上）

この「さ」は格助詞「と」に付いた「とさ」は、引用・伝聞の意を表した。

むかしゝゝあつたとさだ。（浮世風呂　三・上）

「な」から転じた「のう」（ナ→ナウ→ノウ）は、さらに「の」にも転じて用いられた。

コレハぴん助どの早かったの。［文末］（浮世風呂　前・上）

さうよのう。彼《かの》がよろしくと云つたよ。［文中］（浮世風呂　三・上）

江戸語では、聞き手に対する働きかけの気持ちを表す「ね」「ねえ」が生じ、上品な言い方として広く用いられた。

ハヽア、おなまけだね。［文末］（浮世風呂　二・上）

此間ネ、あまりいやしい題《だい》でござりますが、［文中］（浮世風呂　二・上）

†複合辞の発達

複数の語が複合して付属語のように用いられる「複合辞」は、近世になると一段と発達した。その代表的なものを次に少し挙げておく。

①助動詞性

「**ものだ**」〈説明〉イヤ、若い者といふものは、よく寝るものだ。（浮世風呂 前・上）

「**ときている**」〈…という状態だ〉こちとらはどうで着《き》た限雀《きりすずめ》ときてゐるから、気《き》に入《いっ》た着物《きもの》をさつゝと着《き》殺《ころ》すがいゝのさ。（浮世風呂 三・上）

「**かもしれない**」〈推量〉露時雨《ろじう》とほるが、はやるかもしれない。（妓者呼子鳥・二）

「**なければならない**」〈当然〉余程いそがなければならねへといふ折から、（春色梅児誉美 四・二〇）

「**ことはない**」〈不必要〉何のそんなにやかましくいふ事はない。（浮世風呂 三・上）

「**くてならない**」〈限界〉けふはべらぼうに荷《に》が勝《かつ》たから重《おもた》くツてならねへ。（浮世風呂 四・中）

②助詞性

「**からには**」〈当然の前提〉あんなこまのはいに、やどをかすからにゃアこなたもうはまへを取《とる》

だろふ。　（東海道中膝栗毛　二・上）

「ぬばかり」〈将然〉 各《おのおの》ふき出さぬばかり、　（浮世床　二・下）

「たあげくに」〈終末の提示〉 種々《いろ》取寄《とりよ》せたあげ句《く》に、旦《だん》のおもひつきが能《い》ぢやアねへか。　（浮世風呂　三・上）

「としたことが」〈と言ったらない〉 ばら腑《ふ》で甲《かう》の能《よ》さとした事が、　（浮世風呂　三・上）

「くせに」〈状況への非難〉 出《だ》しゑへもしねへくせに出《で》て往《いけ》といふ。　（浮世風呂　二・上）

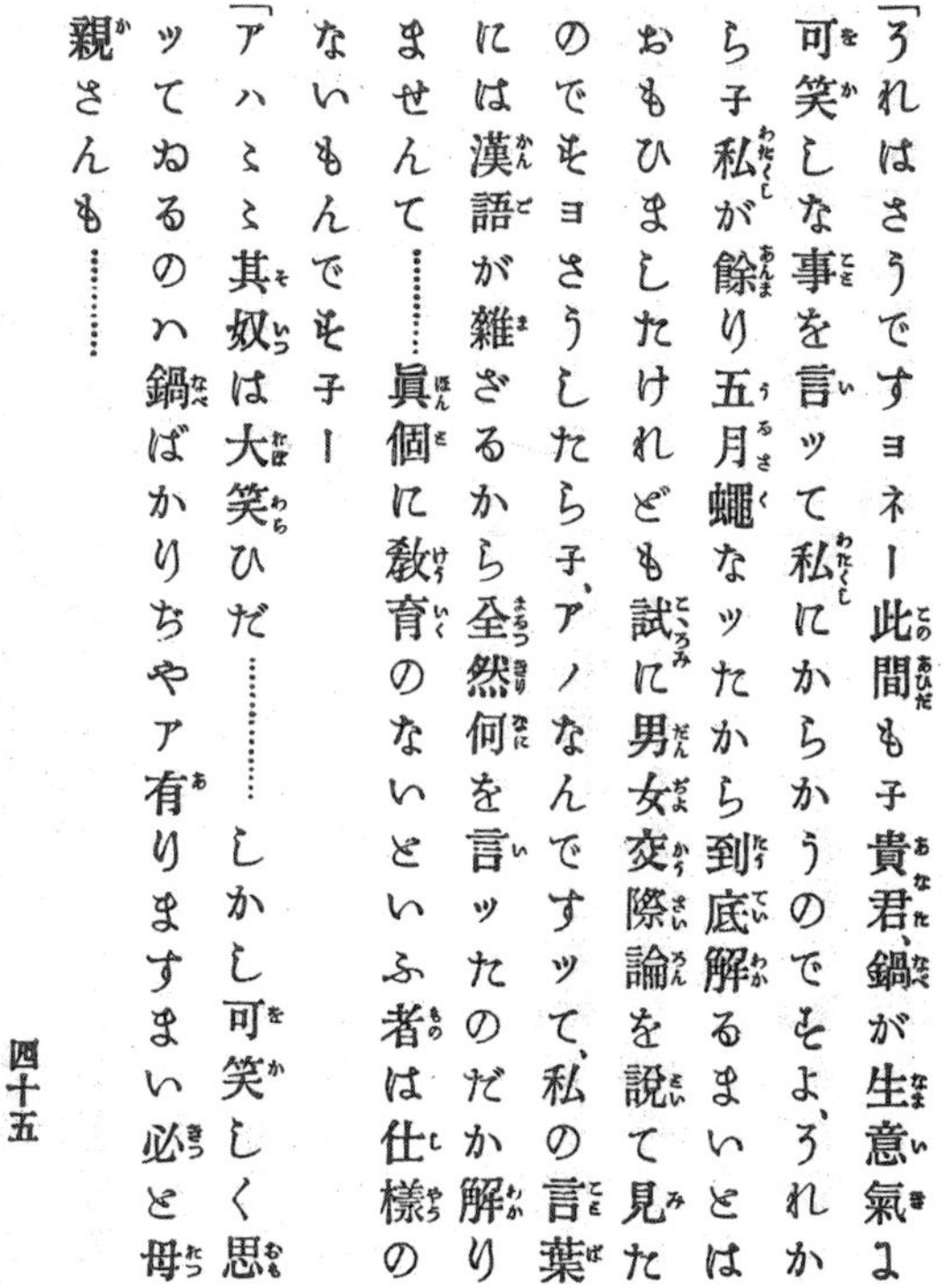
「それはさうですヨネー此間《このあひだ》もね貴君《あなた》、鍋《なべ》が生意氣《なまいき》よ、それから
可笑《をか》しな事《こと》を言《い》ッて私《わたくし》にからかうのですよ、それか
らね私《わたくし》が餘《あんま》り五月蠅《うるさく》なッたから到底《たいてい》解《わか》るまいとは
おもひましたけれども試《こゝろみ》に男女交際論《だんぢよかうさいろん》を說《とい》て見《み》た
のですヨさうしたらね、アノなんですッて、私の言葉《ことば》
には漢語《かんご》が雜《まじ》ざるから全然《まるつきり》何《なに》を言《い》ッたのだか解《わか》り
ませんて……………眞個《ほんと》に敎育《けういく》のないといふ者《もの》は仕樣《しやう》の
ないもんですネー
「アハゝゝ其奴《そいつ》は大笑《おほわら》ひだ……………しかし可笑《をか》しく思《おも》
ッてゐるのハ鍋《なべ》ばかりちやア有《あ》りますまい必《きつ》と母
親《か》さんも……………
四十五

第六章

近代——明治以降

浮雲（日本近代文学館による複製）

1　総説――共通語が普及する

†近代とその言語

一八六八年に江戸から改称された東京が新たな首都となり、明治時代が始まる。近世までは、身分制度が守られ、言語の面でもその変化はかなりゆるやかであったが、明治以降は外国から新しい文化や事物が急速に流入するなかで、日本語は語彙の面で特に激しい変化をとげた。そして、新聞・雑誌・書籍といったマスメディアの発達は、印刷技術の向上と相俟《ま》って、書きことばを庶民にも読みやすいものに変化させ、明治政府の政策による学校教育の普及が全国的な規模で国語教育を施したことも、文体や文字表記などに大きな変化をもたらした。なかでも、一八八七年ごろ以降盛んになる言文一致運動は、話しことばを基盤とした口語体を一般化させていった。

学校教育においては、歴史的仮名遣いが採用されて、統一的な仮名遣いが行われるようになり、平仮名および片仮名の字体も一九〇〇年の小学校令施行規則改正によって現行のものに統一された。こうした言語政策の動きは昭和へと続き、さらに平成にも及んでいる。第二次世界大戦後の国語改革、たとえば一九四六年の「当用漢字表」「現代かなづかい」によって、使用する漢字が制限され、表音的な仮名遣いが施行されることになった。文字表記の効率化を図ることは社会を円滑にするためにも重要な施策であると言える。このように、明治以降は言語自身が変化すると同時に、人為的に改革を進めたという側面も大きいのが特徴である。

†『あひゞき』に口語体の創出を見る

近世の人情本・滑稽本などでは会話の部分に話しことばを用いることはあったが、地の文に文語体を用いることは明治に入ってもしばらく続いた。これに対して、口語に基づく文章表記を目指した言文一致運動が起こり、書きことばが装いを新たにするようになった。郊外で若い男女が逢い引きするという新鮮な状況を訳出した二葉亭四迷『あひゞき』(『国民之友』一八八八年刊 ツルゲーネフ著『猟人日記』の一部)は、かなりこなれた口語文という評価によって、後の文章に大きな影響を与えた。

自分はたちどまつた……心細く成ッて来た、眼に遮《さへぎ》る物象はサッパリとはしてゐれど、おもしろ気もおかし気もなく、さびれはてたうちにも、どうやら間近になッた冬のすさまじさが見透かされるやうに思はれて。小心な鴉《からす》が重さうに羽ばたきをして、烈しく風を切りながら、頭上を高く飛び過ぎたが、フト首を回らして、横目で自分をにらめて、急に飛び上ッて、声をちぎるやうに啼《な》きわたりながら、林の向ふへかくれてしまッた。鳩が幾羽ともなく群をなして勢込んで穀倉の方から飛んで来たが、フト柱を建てたやうに舞ひ昇ッて、さてパッと一斉に野面に散ッた――ア、秋だ！ 誰だか禿山の向ふを通ると見えて、から車の音が虚空《こくう》に響きわたッた……

2 文字表記――文字施策が浸透する

†漢字と訓

一九四六年に当用漢字が告示されるまで、漢字の異体字、漢字と訓との関係は自由であった。たとえば、「からだ」という語を漢字で書く場合、一字では「身」のほか、「体」では旧字「體」、俗字「軆」「躰」が用いられ、「軀」には俗字「躯」も用いられている。二字表記では、当時の表記で示すと、「身體・身躰・肢體・五躰・肉體・軀幹」などさまざまなものがあった。

世間一ツ体の附合だてめえのように五躰《からだ》がかさで埋まッていちやア、

（仮名垣魯文『西洋道中膝栗毛』）

このように、正字と俗字など、字体間の整理も進んでおらず、また、同じ意味で用いる一つの語に多様な表記が用いられ、振り仮名なしでは正しく読めないという状況であった。「身体」を「からだ」と読む類、すなわち二字以上の漢字表記に一語の訓が対応するものを熟字訓というが、この、語義を解説するような表記は「のろま」を「遅鈍」「迂愚」などと書くのに代表される。一方、「野呂間」(仮名垣魯文『西洋道中膝栗毛』)のように単に音を当てただけの当て字も用いられている。「はっきり」という語も、夏目漱石の小説で「確然」「明確」「判明」(『三四郎』)、「確乎」(『坊っちゃん』)と書かれるほかに、「きり」に「切」をあてた「判切」(『明暗』)という例も見える。このような当て字表記を、二葉亭四迷『浮雲』と夏目漱石『吾輩は猫である』からその一部を抜き出すと以下のようである。

○『浮雲』(一八八七年　金港堂刊)
余波《なごり》　服飾《みなり》　融通《ゆとり》　太息《といき》　有晴《あつぱれ》　正可《まさか》　果敢《はか》なく　真当《まつたう》な　老楽《おいらく》

○『吾輩は猫である』(『ホトトギス』掲載　一九〇五～六年)
三馬《さんま》(秋刀魚)　言語同断《ごんごどうだん》(言語道断)　泣き度《たく》ても　矢張《やはり》　切角《せつかく》　胡魔化《ごまか》して

漢字を尊重する一方、漢字には基本的に振り仮名(ルビ)を施すという習慣があり、漢字の字義や音訓などを利用して衒学的遊戯的な漢字表記がなされたのである。ちなみに、『浮雲』にはオノマトペ(擬音語・擬態語)が「ズーと押徹《おしとほ》つた鼻筋《はなすぢ》」「背《せい》はスラリとしてゐるばかりで」「パッチリとした涼《すゞ》しい眼《め》がギロリと動《うご》き出《だ》して」などのように片仮名で書かれる一方、振り仮名付きの漢語による表記も多い。

儼然《きつ》とした眼付《めつき》で　悄然《しよんぼり》と　全然《まるで》　（浮雲　一・一）

勃然起《むつくりおき》る　落脱力抜《がくかりちからぬ》けがする　（浮雲　一・二）

また四辺蕭然《あたりひつそ》となつて　風《かぜ》に揉《も》まれる音《おと》の颯々《ざわ〵》とするに　（浮雲　一・三）

昭和に入ると、総ルビから、必要な部分だけに付すパラルビへと変わっていくが、そのルビの機能はおよそ次のようなものであった。

A. 漢字の読みを示す

1. 訓（熟字訓を含む）を示す

縦令《よしや》　奈何《いかに》　流石《さすが》　只管《ひたすら》（『舞姫』）　口惜《くや》しい　可笑《をか》しい　喋舌《しやべ》る（『坊っちゃん』）

2. 音もしくは外国語の音訳を示す［ルビが外国語の音訳を示す］

馬穴《バケツ》　巴里《パリ》　檸檬《れもん》（中国語から）

3. 音の訛りなどの特殊な音を示す

「デモ彼《あ》れは品《ひん》が悪《わる》いものヲ　「品《しん》が悪《わり》いてツたツて　（浮雲　一・六）

B. 語の意味を漢字で示す

1. 本文をルビで記し、意味を漢字（熟字訓など）で表記する

善美《よき》商品《しろもの》が陳列《ならべ》てある所を通行《とほり》かかりました　（怪談牡丹灯籠）

2. 本文をルビで記し、外来語の意味を示す
停車場《ステーション》 給仕《ボーイ》 洋燈《ランプ》 柘榴石《ガーネット》 女王《クヰーン》 敷布《シート》 我《プライド》 (虞美人草)

3. 左ルビが漢語の意味(訓)を表す
凡ソ三四十歩ニシテ一ツノ破屋《ハヲク》《アバラヤ》アリ (花柳春話 初)

B3は、右ルビが読み下すための読みで、左ルビが意味を記すものである。また、『花柳春話』のような翻訳小説などでは漢字片仮名交じり文ということもあって、片仮名書きの人名の右側に傍線、地名には二重傍線が付されることもあった。ただし、このようなルビの多用は逆に漢字使用の自由度を高め、かえって煩わしいというような非効率な面があることも無視できない。

†言文一致体

一八八四年、三宅米吉《よねきち》は『かなのしるべ』で、方言と標準語を論ずる中で、言文一致の必要性を説いた。そして、物集高見《もずめたかみ》は『言文一致』(一八八六年刊)を著し、羅馬字会もまた言文一致を主張した。一方、三遊亭円朝口演の『怪談牡丹灯籠』(一八八四年刊)が、落語の語り口調そのままに書き記されて刊行された。若林坩蔵《かんぞう》の考案による速記法を広めるという目的もあったが、その話しことばに基づく文章は言文一致体のいわば先駆けとなった。

このような、理論的な主張と具体的な実践が両面相俟《ま》って、いよいよ言文一致の気運が高まった一八八七年に、二葉亭四迷が言文一致体による初の小説『浮雲』を発表した。翌年発表した『あひゞき』(前掲参照)では文章がより洗練され、「だ」調と呼ばれる言文一致体がかなりの成功を収めていると評価されるに至った。こうして、言文一致の運動はにわかに勢力を増し、これに対抗して、山田美妙は「です」調を用いて『夏木立』(一八八八年刊)などを発表した。

ドイツから帰朝した言語学者、上田万年《かずとし》が、一八九五年に標準語、および洗練された言文一致の文章の必要性を訴えると、時代は一気に言文一致に突き進んでいった。このころ尾崎紅葉が『多情多恨』(一八九六年から連載)で「である」調を用い、言文一致体はかなりの成熟度に達した。また、小学校教科書に言文一致体も採用されるようになり、一九〇三年発行の国定尋常小学読本(第一回国定教科書)には多くの口語文教材が収められた。一九一〇年の第二回国定教科書では待遇表現も整備され、言文一致体は日本語の書きことばの文体として次第に確立されていった。

†出版の大衆化

活字印刷が急速に発展し、書籍だけでなく、新聞や雑誌なども出版されるようになった。日本人によって編集された最初の日本語新聞は一八六二年に刊行された『官板《かんぱん》バタビヤ新聞』であるが、これはバタビヤ（現在のジャカルタ）の新聞を翻訳したものであった。当初は手書きであったが、後に木版印刷されるようになった。本格的な日刊新聞の最初は一八七〇年創刊の『横浜毎日新聞』であり、その後一八七二年には『東京日日新聞』『郵便報知新聞』（現、報知新聞）が、一八七四年には『読売新聞』が、一八七九年には『朝日新聞』が創刊された。この当時の新聞は傾向の異なる二種類に分けられ、一つは、大きい紙面に政治を中心とした記事を所載した、知識人を読者対象とする文語体の「大新聞」であり、もう一つは、小さな紙面（タブロイド判）に世間で起こった事件や花柳界の噂話などを総ルビ（振り仮名）の平易な文章で書いた、一般大衆を読者対象とする「小新聞」であった。前者では『東京日日新聞』『郵便報知新聞』、後者では『読売新聞』『朝日新聞』が代表的なものである。しかし、新聞が普及するに伴って、一八七九年ごろにはこの両者の違いが明瞭でなくなり、文章も総ルビとなった。

また、雑誌では森有礼《ありのり》や西村茂樹らを同人とする明六社が一八七四年に創刊した啓蒙的な『明六《めいろく》雑誌』に始まり、一八七七年には『花月新誌』、一八八七年には『国民之友』、一八九五年には『太陽』が刊行され、新しい時代の思想を唱えた。

活字文化が隆盛した背景には、学校教育の充実がある。一八七二年に学制が発布され、学校制度が施行されることになった。初等教育は小学校尋常科と名付けられ、一八七五年には、設立された小学校数は二万四三〇三にのぼった。就学率は、一八七三年では男子が三九・九％、女子が一五・一％というように当初は低かったが、一八八二年に男子六七％、女子三三％、そして、一九一一年には全体で九八％に達するに至った。国民のほぼ全員が小学校に通うのは、当時としては世界でも異例とも言うほどの識字率の高さであった。

†漢字の廃止論と制限論

漢字はその数が多く、この使用を疑問視する考えは幕末にすでに生まれている。前島密《ひそか》は、一八五三年ペリーの浦賀来航を機に国防の重要さを痛感するようになり、一八六六年には「漢字御廃止之議《おんはいしのぎ》」の意見書を将軍徳川慶喜に提出した。これは、西洋のように表音文字、すなわち平仮名を採用し、漢字の使用を廃止することを主張したものである。話しことばに基づく書きことばを採用するべきだという言文一致の主張とともに、日本がヨーロッパ諸国と肩を並べるためには、むずかしい漢字を廃止して、仮名を用いることを提案している。中国がアヘン戦争でイギリスに敗北したことが大きく影響しているが、幕末の混乱期でもあり、この案は顧みられることはなかった。

前島は、平仮名使用の主張に基づいて、一八七三年には日刊紙「まいにち　ひらがな　しんぶんし」を発行した。分かち書きによって日本語を仮名で書き記す主張は「かなもじ運動」として今日まで引き継がれている。ちなみに、一八八三年に仮名文字専用を唱える諸団体が大同団結して「かなのくゎい」を結成し、平仮名書きの採用を唱えたのに対して、一九二〇年に設立された「仮名文字協会」（のちのカナモジカイ）は片仮名横書きを主張した。このほか、羅馬字《ローマ》会がローマ字の専用を唱えたほか、森有礼のように英語を使用しようという考え方（一八七二年）も提示された。

他方、漢字の使用を制限するべきであるという考え方も提示された。たとえば、福沢諭吉が、初版以来八年間に七〇万冊以上売れたという大ベストセラー『学問のすゝめ』（一八七二年刊）刊行の翌年に出版した『文字之教《もじのおしえ》』において、次のように述べている。

> 時節ヲ待ツトテ、唯《ただ》手ヲ空《むなし》フシテ待ツ可《べ》キニモ非《あら》ザレバ、今ヨリ次第ニ漢字ヲ廃スルノ用意専一《せんいつ》ナル可シ。其《その》用意トハ文章ヲ書クニ、ムツカシキ漢字ヲバ成《な》ル丈用《たけもち》ヒザルヤウ心掛《こころがく》ルコトナリ。ムツカシキ字ヲサヘ用ヒザレバ、漢字ノ数ハ二千カ三千ニテ沢山《たくさん》ナル可シ。

これに続けて、この書に用いた漢字は二千に足りないが、それで用が足りているとも述べ、漢字制限について初めて具体的な数値を示した。実際の使用字数は九二八字であったようだが、至極合理的な指摘である。

また、政治家・小説家であった矢野龍渓《りゅうけい》も一八八六年に『日本文体文字新論』を刊行し、漢字仮名交じり文の有用性とともに漢字制限を主張した。そして、『郵便報知新聞』の主筆として、一八八七年九月十六日付け社説で新聞に用いる漢字の数を三千字に制限して翌月から実行することを宣言した。

†国語施策と漢字制限

漢字制限の主張が大勢を占めるようになってきたことを背景に、一八九六年に帝国教育会が設立され、その国字改良部は仮名字調査部・羅馬字調査部・新字調査部・漢字節減調査部の四部を設けて調査を開始し、一九〇〇年には漢字節減部が「漢字節減の標準」として、動詞・形容詞・助動詞・副詞・感嘆詞・後置詞（助詞「迄」の類）や固有名詞・外来語など「仮名でわかる言葉には漢字を用ひぬこと」、また「略字のあるものはすべて略字を用ひること」という方針などを示した。この帝国教育会の請願によって、一九〇二年には文部省に国語調査委員会が設置された。表音文字の採用、言文一致、日本語の音韻組織、標準語の制定などが、この委員会の課題とされ、その中に、漢字制限、仮名遣い、外国語の書き表し方などの主要な国語政策が盛り込まれた。

一方、教育上においては、漢字制限はいち早く進められていた。一八七三年から『小学読《とく》本《ほん》』が教科書として刊行されるが、一八八七年には文部省編輯局の編集による『尋常小学読本』『高等小学読本』において漢字約二千字を選んで使用することになった。さらに、一九〇〇年には、文部省は小学校令施行規則を改正し変体仮名を廃止するとともに、教育用の漢字を一二〇〇字程度に制限することにした。その後、一九三三年から使用された「さくら読本」(「サイタ　サイタ　サクラ　ガ　サイタ」で始まる小学国語読本)では一三六二字が示された。

こうした中で、新聞においても具体的な提案がなされるようになった。一九二一年三月二一日に東京・大阪の新聞社の代表十六人の名で、漢字制限に関して全国の新聞社と協議したい旨の記事が掲載された。これを機に、同年六月に臨時国語調査会が設置され、一般社会における漢字制限が議論の対象となった。そして、一九二三年七月七日、新聞・雑誌・印刷の関係者が漢字整理期成会を設立して、その年の五月に発表された総数一九六二字(略字一五四字、その略字によって同字となる二字を含む)の「常用漢字表」に基づいて漢字の使用制限を九月一日から実施する旨を宣言した。しかし、この日には不運にも関東大震災が発生し、「常用漢字」に基づく漢字制限の実施は頓挫することになった。その後、東京の朝日・読売などの新聞社では申し合わせを行い、一九二五年五月には大阪朝日と大阪毎日が「新聞用漢字の制限」という記事を載せ、二四九〇字の「常用漢字音列表」を掲げて漢字制限を実行するに至った。

一九三一年五月、臨時国語調査会は、一九二三年発表の「常用漢字表」から一四七字を削り、四五字を加えた一八五八字の新たな「常用漢字表」を発表した。しかし、この年の九月十八日に満州事変が起こり、中国の地名・人名を含む報道が増えたため、漢字制限は再び事実上不可能となった。一九四二年三月に、国語審議会は「標準漢字表」(計二五二九字)を中間報告し、同年六月には計二五二八字の漢字表を文部省に答申した。同年十二月に、文部省はこの答申案に修正を加えて二六六九字（略字八〇字を含む）の「標準漢字表」を公布した。その前書きには「義務教育で習得せしむべき漢字の標準を確立し、漢字特有の機能を十分に発揚させようとするものであつて、漢字の使用を制限しようとするものではありません」と記されていたが、保守勢力たちの反対によって、結局はなしくずしにされた。

†当用漢字と常用漢字

敗戦直後の一九四五年十一月十二日の読売報知新聞には「漢字を廃止せよ」という社説が掲げられた。

> 漢字を廃止するとき、われわれの脳中に存する封建意識の掃蕩《そうとう》が促進され、あのてきぱきしたアメリカ式能率にはじめて追随しうるのである。文化国家の建設も民主政治の確立も漢字の廃止と簡単な音標文字（ローマ字）の採用に基く国民知的水準の昂揚《こうよう》によつて促進されねばならぬ。

自信を失って混乱した当時の世相を反映するものであるが、ほかにも国語をフランス語にせよという志賀直哉の意見もあった。

一九四六年四月に国語審議会が「常用漢字」一二九五字を発表したが、これだけの文字数では科学技術の方面や新聞では記述が困難であるという意見が続出した。再び審議した結果、十一月に「当用漢字」一八五〇字が選定され、これが答申され告示された。

当用漢字表告示後三五年を経過したことから、九五字を追加して、一九八一年十月に「常用漢字表」（一九四五字）が告示された。「当用漢字表」が漢字使用の制限を目的としていたのに対して、「常用漢字表」は漢字使用の目安を示すという強制力の弱いものとなった。それは、当用漢字表が社会に浸透して、その規制を弱めても混乱がないと判断されたからである。

さらに、情報化時代においてワープロによる文字表記が一般化する中で、漢字を書くというよりも、選ぶという観点から常用漢字表の見直しが行われた結果、二〇一〇年に新たな「常用漢字表」が内閣告示され、旧表から五字削り、一九六字を増やした二一三六字に改定された。このほか、戦後に行われたさまざまな国語施策の中に、漢字使用に関しては一九五八年の「学年別漢字配当表」（いわゆる教育漢字）や人名用漢字があり、仮名の使い方に関しては、現行のものでは、一九八一年の「送り仮名の付け方」、一九八六年の「現代仮名遣い」などがある。

†外来語の表記

外来語は、古くは特に固有名を漢字で表記することが多かった。たとえば、フランスを「仏蘭西」、イギリスを「英吉利」、パリを「巴里」、ローマを「羅馬」、また人名ではナポレオンを

「拿翁」などと書く習慣があった。また、なじみの深い語は一般語でも近世から漢字表記されることも多く、明治時代では次のような漢字表記が定着していた。

燐寸（マッチ）　麦酒（ビール）　硝子（ガラス）　洋灯（ランプ）　手巾（ハンカチ）
珈琲（コーヒー）　護謨（ゴム）　瓦斯（ガス）　木乃伊（ミイラ）　檸檬（レモン）

他方、外来語を片仮名で書くという用法はすでに江戸時代から習慣的に行われていて、vの発音を「ヴ」と表記するのは福沢諭吉が『増訂華英通語』（一八六〇年刊）において最初に試みたものである。その後、外来語は、原音の発音に即した表記で書かれたり、日本語の音韻に同化した発音に基づく表記がなされたりするなど、識者の間でも意見の一致を見なかった。

一九九一年に「外来語の表記」が内閣告示として出されて、表記の基準が示されたが、これは原則と許容の二本立てとなっている。すなわち、日本語の音韻に同化した発音に基づく書き方（第1表）と、原音や原つづりになるべく近く書き表す書き方（第2表）からなり、第1表によることを原則とするが、必要に応じて第2表を許容するというものである。そこでは、第2表でvを「ヴ」で書き表すことが許容として盛り込まれている。

†ヘボン式と日本式のローマ字つづり

ローマ字の表記法は十六世紀末にポルトガル語、近世ではオランダ語に基づくものが用いられたが、幕末には英語に基づくつづり方もよく用いられた。宣教師のS・R・ブラウンはその著『英和俗語典』（一八六三年刊）で次のような特徴を持つローマ字つづりを採用している。

シ shi　ス sz　チ chi　ツ tsz　ジ・ヂ ji　ズ・ヅ dz　ヒ hi　フ fu

シャ sha　チャ cha　ジャ・ヂャ ja　ミャ miya　ギャ ngiya　グヮ nguwa

一八五九年に来日したヘボン（James Curtis Hepburn 一八一五〜一九一一年）は本格的な和英辞典『和英語林集成』（原題“Japanese English Dictionary”一八六七年刊）を出版するが、そのつづりはほぼ右に準拠したものであった（ただし、ngはgと改めた。のち、第二版ではスがsu、ツtsu、ヅがdzuに改められた）。ほかにも、ドイツ式（例：タ行 ta tsi tsu te to）や、フランス式（例：タ行 ta tsi tsou te to）なども試みられていた。

この当時、ローマ字つづりはまだ安定したものではなかったが、明治に入ると、南部義籌《よしかず》が一八六九年の「修国語論」に続けて、一八七二年にローマ字採用の建白書「文字ヲ改換スルノ議」を文部省に提出し、一八七四年には、西周《にしあまね》が『明六雑誌』に「洋字ヲ以テ国語ヲ書スルノ論」を掲載した。一八八五年、ローマ字を国字にするという主張のもとで羅馬字会が設立され、同年四月「羅馬字を用ふるには、其子字は英吉利語に於て通常たる音を取り、其母字は伊太利亜語の音（即ち独乙語又は拉丁《ラテン》語）を採用する」という方針によるローマ字つづりを発表した。子音は英語に、母音はイタリア語（ドイツ語またはラテン語）に準拠するというもので、このつづり方をヘボンが『和英語林集成』三版（一八八六年刊）に採用したことから、「ヘボン式」という名で呼ばれるようになった。

これに対して、同年八月に田中舘愛橘《たなかだてあいきつ》は、『理学協会雑誌』第十六巻に羅馬字会式が英語のつづりに偏っていることを批判して、日本語固有の音韻に対応する書き方を示した。これが「日本式」と呼ばれているものである。その主要なつづり方は次の通りである。

シ si　チ ti　ツ tu　ジ zi　ヂ di　ヅ du　フ hu

この日本式と羅馬字会式（標準式）の主張はその後対立したままであったが、地名をローマ字表記することが対外的に要請されたのをきっかけに、一九三〇年に文部省は臨時ローマ字調査会を設置して、つづり方を一本化しようとした。代表専門委員として、日本式・標準式から三人ずつが選ばれ、相互に意見を戦わせた。争点となるのは、サ・ザ行、タ・ダ行、ハ行の子音（拗音を含む）のつづり方で、日本式の委員は次のような主張をして論陣を張った。

(1)シはshiというように、なぜsとiの間だけにhがなければならないのか。hが[j]の存在を示すならば、オシログラフの電波にはサ行のみならず、カ行、ナ行にも[j]の要素が見えるから、なぜkhi、nhiとつづらないのか。

(2)chiは英語では「チ」であるが、フランス語で「シ」、ドイツ語で「ヒ」、イタリア語で「キ」と読まれるもので、英語に偏重するのではなく日本語独自にチを「ti」と定めればよい。

こうして、音韻論で理論武装した日本式委員は、英語偏重で音声重視の標準式委員を論破した。その結果、一九三七年九月に内閣訓令によって、いわゆる「訓令式」と呼ばれるローマ字のつづり方が定められた。これは、日本式をいっそう現実の音声に近づけたもので、ダ行のヂ・ヅに当たる欄は空欄で、またヤ行のイ・エ、ワ行のイ・ウ・エ・オ、ダ行拗音も示されなかった。これによって、標準式（ヘボン式）と日本式との間に一応の決着を迎えた。

†戦後のローマ字つづり

しかし、第二次世界大戦後、連合軍の日本駐留を経て、一九五四年十二月に内閣告示「ローマ字のつづり方」として、再び折衷的なものが提示された。ヘボン式の使用を「国際的関係その他従来の慣例をにわかに改めがたい事情にある場合」に制限する文言を加えた上で、二つの表からなるものを定めた。第一表は訓令式を示し、第二表はヘボン式と日本式の相違点だけをまとめたもので、さらに「第二表に掲げたつづり方によってもさしつかえない」と付記された。こうしてローマ字のつづり方に再び二つの方式が許容されるようになったのである。その後、一九八九年には国際標準化機構（ISO）が訓令式（日本式）を採用し「ISO3602」として承認している。しかし、英語が国際語として強い影響を持つ間はしばらく混乱が続くであろう。

また、ヘボン式・日本式以外のつづり方も試みられており、オ段長音をohで表し、たとえば「佐藤」をSatoh、「王」をOhなどと書く方式が見られるようになった。外務省がヘボン式に基づいて定めた方式では長音は原則として表記しないが、オ段の長音に限ってOHで表すことができるとしている。これは実際にパスポートの氏名の記載にも用いられている。

3 音韻——外来音が影響を与える

†現代日本の音韻

外来語の音韻を除くと、前代と比べて変化した部分はほとんどない。濁音では、ガ行の子音だけに鼻音［ŋ］が残されているが、近畿中央部を除く西日本や関東地方の一部で有声破裂音［ɡ］が広まっていて、東京・京都を始め東北・関東・中部・近畿などでも、近年鼻音から有声破裂音への変化が進みつつある。語中のガ行鼻音、たとえば「本が」「方角」のガ［ŋa］などが鼻音性を失う時期もそう遠くはなく、日本語史の上で、鼻濁音が完全に消滅する時期を迎えようとしている。ちなみに、ガ行以外の鼻音が残存している地域もある。たとえば、ザ・ダ・バ行においては福島を除く東北地方、ガ・ザ・ダ行においては和歌山県南部、ダ行においては高知県などの方言に認められることがある。たとえば、ダ行の鼻音である、「だ」をンダ［nda］と発音する類は古い時代の言語の名残である。

近世の上方語・江戸語などでは、四つ仮名がジ・ヂとズ・ヅの二つに区別されることになったが、このような方言を「二つ仮名弁」と呼ぶことがある。ただ、四国・九州などの一部では、発音上の何らかの違いによって、四つ仮名の区別を残している方言もあり、これを「四つ仮名弁」と呼ぶ。また、大分県玖珠《くす》地方ではジとヂは合一化したが、ズとヅは区別があることから、このような方言を「三つ仮名弁」と呼んでいる。その一方で、「すじ（筋）」も「すず（鈴）」もスズと発音されるような、ジ（ヂ）の発音がズとなる方言もある。いわゆるズーズー弁と称されるもので、このような四つ仮名すべてが区別を失った方言を「一つ仮名弁」という。

開合の別については、上方より東国の方が混同が早く、また教養の程度によっても差があったようである。ちなみに、福岡を除く九州・沖縄などには、この別を保つ方言がある。

また、話しことばでは、「やっぱし・ぴったし・ばっかし」のように、促音の次の次に位置する「り」が「し」に変化する現象をよく耳にする。これは江戸語にすでに見えたものである。

†外来語の音韻

外来語では、前代になかった発音が次のような拍に用いられるようになった。

シェ [ʃe]	ジェ [ʒe]	チェ [tʃe]	ツィ [tsi]	ツェ [tse]
ティ [ti]	トゥ [tu]	ディ [di]	ドゥ [du]	
ファ [ɸa]	フィ [ɸi]	フェ [ɸe]	フォ [ɸo]	ヒェ [çe]
イェ [je]	ウィ [wi]	ウェ [we]	ウォ [wo]	
クヮ [kwa]	クィ [kwi]	クェ [kwe]	クォ [kwo]	
グヮ [gwa]	グィ [gwi]	グェ [gwe]	グォ [gwo]	

　ビルディングを「ビルヂング」、チェロを「セロ」（セロ弾きのゴーシュ）のように発音していた時期もあったが、次第に原音に近い発音が定着してきた。古くはその拍にあたる発音がなかったため、固有の音韻に強引に当てはめられたが、外国語の習得が進むにつれて、より原音に近く発音できるようになってきた。ただ、その発音は音韻組織の上で子音と母音の組み合わせがなかっただけで、単音自体は従来から存在している。シの[ʃ]、チの[tʃ]、ツの[ts]、フの[ɸ]、ヒの[ç]、ヤの[j]、ワの[w]などの単音はすべて保有されており、「チェロ」のチェは母音エと結合した拍、「フィット」のフィは母音イと結合した拍というのにすぎない。子音と母音の結合が自由に行われただけであって、日本語の音韻組織の、いわば空き間であっ

た所に入り込んだものと言うことができる。また、シェ・ティ・トゥ・ファ・クヮ・イェ・ウォなどはこれまで見てきたように、近世以前に拍として実際に存在していたものでもある。

†二拍名詞のアクセント

現代京都のアクセントは、二拍名詞で見ると、南北朝時代に第三類が第二類に合流して、型を一つ減らして四つの型となっている（高い部分は太字で示し、下降調〈平声軽〉には傍点を付す）。

	十二世紀前後	十四世紀後半	現代京都	現代東京	所属語
第一類（庭鳥類）	**トリ**	**トリ**	**トリ**	ト**リガ**	飴梅枝顔
第二類（石川類）	**イ**シ	**イ**シ	**イ**シ	イ**シガ**	歌垣型紙
第三類（山犬類）	ヤマ	**ヤ**マ	**ヤ**マ	ヤ**マガ**	足神倉事
第四類（松笠類）	マ**ツ**	マ**ツ**	マ**ツ** マツ**ガ**	**マ**ツガ	糸海空肩
第五類（猿聟類）	サル、	サル、	サル、 サ**ル**ガ	**サ**ルガ	秋雨桶蔭

第三類が「低低」から「高低」へと変化したのは、個々の語とは関係なく、あるアクセントの型が一律に別のアクセントの型に変化したということである。

現代東京のアクセントを見ると、さらに第四類と第五類とが統合して、二拍名詞のアクセントは三つの型が区別されている。そして、それぞれの類に属する語のアクセントを京都と東京で対照させると、たとえば、「鳥」は京都では「トリ」、東京では「トリガ」というように、二拍名詞第一類に所属する語は原則として、京都では「高高」、東京では「低高（次に付く助詞は高）」となる。そして、二拍名詞第五類に所属する語は「猿」のように、原則として、京都では「低降（助詞が付く場合、低高＋低）」、東京では「高低（次に付く助詞は低）」となる。すなわち、ある類に所属する語は原則として、京都と東京でそれぞれ一定のアクセントの型をとるという形で対応しているのである。

†アクセントの型の対応

右のようにアクセントの型が対応する現象を「アクセントの型の対応」という。もちろん、これは京都と東京の間だけでなく、日本語の方言間でも同様に見られる。次に代表的な都市における二拍名詞のアクセントを示す。

［二拍名詞の方言アクセント］（「〜」の次は助詞が付いた場合のアクセント）

	第一類	第二類	第三類	第四類	第五類
京都	高高	高低		低高〜低低＝高	低降〜低高＝低

富山	東京 広島	秋田	大分	鹿児島	所属語
低低	低高＝高	低低	低高＝高	高低〜低高＝低	飴《あめ》 顔《かお》 水《みず》
高低（語尾i、u） 低高＝高（語尾a、o、e）	低高＝低				歌《うた》 紙《かみ》 夏《なつ》
		低降〜 低高＝低	低高＝低	低高〜低低＝高	足《あし》 月《つき》 花《はな》
低低	高低	高低（語尾i、u） 低降〜低高＝低（語尾a、o、e）	高低		糸《いと》 海《うみ》 空《そら》 舟《ふね》
高低（語尾i、u） 低高＝高（語尾a、o、e）					秋《あき》 雨《あめ》 陰《かげ》 春《はる》 鮒《ふな》 窓《まど》

富山のアクセントは第二・三類と第五類が、そして第一類と第四類が統合したのであるが、そのような類の統合とは別に、語尾にくる母音の広狭で型を異にする。たとえば、語尾がi（海《うみ》）・u（夏《なつ》）という狭母音の場合には「高低」型、語尾がa、o、eという、より広い母音では「低高（次に付く助詞は高）」型として発音される。これは秋田などにも見られるもので、新たな規則によってアクセントの型が分化したものである。すなわち、類という観点から見ると、異なるアクセントの型が一旦統合すると、再びもとどおりの別々の類に戻るということはないのであるから、富山のアクセントは京都のようなアクセントから変化したことになる。また、

東京や広島のアクセントも十四世紀後半の京都のようなアクセントを背景として、第四類と第五類が統合しているものと認められる。

鹿児島では、二拍名詞のアクセントの型は「ハ**ナ**ガ」（鼻）と「ハナ**ガ**」（花）の二種類となっている。これによって、このタイプのものは「二型アクセント」とも呼ばれる。さらに、宮崎県の都城では、高低関係を認識することはできるが、「ハ**ナ**、ハナ**ガ**」（鼻・花）のように文節末尾で常に高くなるという一つの型しかない。そのため、「一型アクセント」と呼ばれている。これらに対して、仙台などでは、ハナ（鼻・花）のアクセントは「ハナ、ハ**ナダ**、コ**ノハナ**、コ**ノハナダ**」などというように、高低関係に一定の型が認められない。このことから「無アクセント」と呼ばれている。

これらをまとめると、方言アクセントは次のように分類される。

京阪式アクセント……近畿・四国の大部分・福井・石川・佐渡・九州西南部・沖縄
東京式アクセント……愛知・岐阜・新潟以東（一部を除く）・中国地方・九州東北部
二型アクセント……鹿児島市
一型アクセント……宮崎県都城市・鹿児島県志布志市
無アクセント……東北南部・栃木・茨城・九州中部・種子島・五島列島

異なるアクセントの型が統合を繰り返すと、型の種類が次第に減少していくのであるから、歴史的に見て最も激しい変化を遂げたものが一型アクセントということになる。そして、一種類しか型がないということは、高低関係が意味の区別に機能していないということでもあり、アクセントの型が知覚されない無アクセントは、変化の最も進んだ、高低アクセントの終末段階にあるものとも言える。

†方言アクセントの系譜

類の統合という観点から代表的な方言アクセントの系譜を改めてたどってみることにする。次は、二拍名詞アクセントを類（第1～5類）の区別によって系統的に示したものである。

- 1 2/3/4 5（秋田・新潟・出雲）
- 1/2 3/4/5（京都・高知）
  - 1/2 3/4 5（東京・名古屋）
  - 1 4/2 3/5（敦賀）――1 4/2 3 5（富山）
  - 1/2 3/4 5（広島）
- 1 2/3/4 5（大分）
  - 1 2/3 4 5（鹿児島・首里）――1 2 3 4 5（都城）
  - 1 2 3/4 5（福岡）

すなわち、十一世紀後半の京都アクセントに基づいて方言アクセントがすべて位置づけられ、その変化の過程もある程度推測することができる。たとえば、大分のアクセントについて見ると、第二類は第一類と統合し、第三類とは別の型となっていて、南北朝時代に京都に生じた、第二・三類の統合という変化に影響されていないことがわかる。九州全体に、オ段長音の開合が何らかの形で区別されていたり、チ・ツが非口蓋化であったり、また二段活用が残存していたりする現象が認められることなどから、九州方言は少なくとも院政時代以降の中央語からは直接の影響を受けていないと推測できる。秋田や出雲も同じように南北朝以降の中央語の影響を被っていないと考えられる。影響が見えないということは、言語的にそれ以前に分化して、独自の変化の道をたどったということを意味する。

†三拍名詞のアクセント

三拍名詞についても京都におけるアクセントの変遷を見ておく。次のページの表に明らかなように、同じく南北朝時代に変化があり、第四・五類においては、ともに第二拍まで連続して低い場合に語頭が隆起した。

《第四類》 低低低 ↓ 高高低《第二類》 ↓ 高低低
《第五類》 低低高 ↓ 高低低《第三類》

これは二拍名詞の第三類「低低」が「高低」へと、語頭隆起を起こしたことと同じ現象であ

	12世紀前後	14世紀後半	現代京都	現代東京	所属語
第二類（小豆類）	**アヅ**キ	**アヅ**キ	**ア**ヅキ	ア**ヅキ**ガ	毛抜き
第四類（頭類）	アタマ	**アタ**マ	**ア**タマ	ア**タマ**ガ	男《おとこ》　表《おもて》　鏡《かがみ》　光《ひかり》
第三類（二十歳類）	**ハ**タチ	**ハ**タチ	**ハ**タチ	**ハ**タチ	栄螺《さざえ》　岬《みさき》
第五類（命類）	イノ**チ**	**イ**ノチ	**イ**ノチ	**イ**ノチ	朝日《あさひ》　姿《すがた》　涙《なみだ》
第七類（兜類）	カ**ブ**ト	カ**ブ**ト	カ**ブ**ト	**カ**ブト	蚕《かいこ》　便《たよ》り　病《やまい》
第六類（兎類）	ウ**サギ**	ウ**サギ**	ウサ**ギ**	ウ**サギガ**	狐《きつね》　雀《すずめ》　鼠《ねずみ》
第一類（形類）	**カタチ**	**カタチ**	**カタチ**	カ**タチガ**	煙《けむり》　氷《こおり》　魚《さかな》

（所属語には方言によって例外となる語もある）

るとも言える。また、第六類の変化も二拍名詞の第四類が助詞が付く場合、高い拍が一拍分後ろにずれることと軌を一にする。

《第六類》　低高高　↓　低低高

すなわち、アクセントの型の変化は単なる類だけの問題ではなく、同一のアクセントの型に共通して生じる現象であると認められる。紙幅の関係でその他のアクセントについては省略するが、歴史的にも、方言間においてもアクセントを考察するうえで、型の対応という考え方は基本的なものである。

†東京アクセントの形成

東京のアクセントが十四世紀後半の京都で行われていたようなアクセントを母体として形成されたと主張したのは金田一春彦で、次のような変化の過程を推測した。

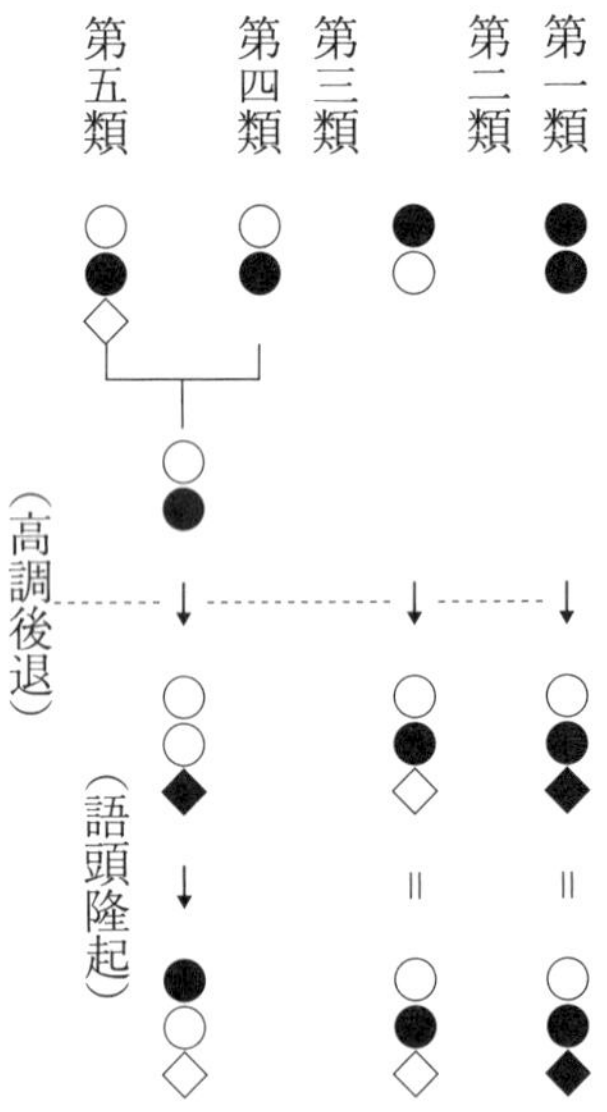

南北朝以降、第四・五類が「低高」型として統合し、二拍名詞のアクセントの型は三種類と

なった。その後、高い部分が一拍分後ろにずれるという現象（高調後退）が起こった。すなわち、一拍分低く始まる型に変化して、第四・五類詞は「低低」型となった。このような「低低」型は不安定であったことから、語頭が高く始まるという変化（語頭隆起）を起こした、という考え方である。この説には当初異論もあったが、今日では定説化している。

京阪式と東京式のアクセントは糸魚川から県境を横断して岐阜県揖斐《いび》川に至るラインを境界にして対立しているが、この東側は奈良時代から「あづま」と呼ばれる地域であった。「買った・買《こ》うた」「早く・早《はよ》う」「借りる・借《か》る」「行かない・行かん」などのさまざまな言語項目においても、東西方言の境界線がこの辺りでほぼ重なり合っている。これらの点についてはすでにロドリゲス『日本大文典』に指摘があり、日本の東西を考える上で興味深い事実である。

ちなみに、共通語のアクセントでは平板化が進んでいる。たとえば、外来語においては、拍数の少ない「**ガ**ラス」「**ク**ラブ」のような日常的に用いられる語は、語頭を高くし、二拍目以降を低く発音するのがふつうであるが、最近では「ガ**ラス**」「ク**ラブ**」というように、語頭を低くし、二拍目以降を高く発音することが若い世代を中心に多くなっている。和語でも「**カ**レシ」（彼氏）を「カ**レシ**」と発音するなど、個別的な変化は今後も進むものと見られる。

4　語彙――漢語・外来語が急増する

†新漢語の出現

近世後期以降、西洋の言語を日本語に翻訳するときには漢語で訳語が創出された。『解体新書』(一七七四年刊)はその最初の翻訳書であり、その後も専門的な用語が医学・化学などの分野を中心に訳出された。明治に入ると、いっそう急激に西洋の文物や知識の移入が進められ、新しい意味・概念を有する漢語が大量に作り出された。そのような漢語を「新漢語」ともいい、由来によって次のように分類される。

(1)『英華字典』『華英字典』や漢訳洋書などを介して当時の中国語から借りたもの
……化学・関税・曲線・銀行・権利・主権・審判・新聞・創造・電池・黙認

(2)日本人によって造語されたもの

①中国古典語に典拠のある語を借りたもの
……宇宙・革命・観察・観念・共和・経済・自由・思想・社会・文化・文明

②新たに造語されたもの

……科学・感性・憲法・国際・時間・自主・象徴・哲学・放送・野球・理想

ロバート・モリソン（中国名、馬礼遜）は中国に渡った最初のプロテスタントの宣教師で、聖書を中国語に初めて翻訳するとともに、初の英華字典を一八二二年に完成させた。その後も同じく宣教師として中国に渡ったウォルター・ヘンリー・メドハースト（中国名、麦都思）、ヴィルヘルム・ロプシャイト（中国名、羅布存徳）などによって漢訳された漢語があり、「新聞・法律・想像・知識」などは(1)にあたる。ロプシャイト編『英華字典』（一八六六〜六九年刊）は英華字典のなかでも最大の収録語数を誇り、日本でも翻刻され、その訳語の中にはその後定着し普及していったものもあった。また、幕末・明治初年の知識人は漢語漢文にも長《た》けていたことから、中国語に翻訳された書物からも西洋の最新の知識を学んだが、翻訳された漢語の訳語をそのまま日本語に取り込むこともあった。漢訳洋書には、たとえば、初期のものではマテオ・リッチ（中国名、利瑪竇）訳『幾何原本』（一六〇七年）などがあり、幕末期ではウィリアム・マーティン（中国名、丁韙良）訳『万国公法』（一八六四年刊）も大きな影響を与えた。

(2)は借用されたのではなく、日本で作られた訳語である。①には福沢諭吉による「演説」（『法華経』などに見える）、西周による「観念」（もと仏教語）、福地桜痴《おうち》による「社会」（朱子ら編『近思録』から）などがある。(2)の②は日本で独自に漢字をあてて組み合わせた純粋の和製漢語である。西周による「概念・帰納・現象・主観・本能・理想」や、中江兆民による「象徴」などがそれである。明治の前半は中国古典語に典拠を持つ漢語を転用することが多かったが、後半になると独自に造語されることも多くなった。

そもそも、中国における漢語は「国営・人工」のような主述関係、「断行・独占・自治」のような連用修飾・被連用修飾の関係によるもの、すなわち文法的な制約を受けるのに対して、日本語では単に意味の上で漢字を組み合わせることができ、自由度が高い。漢字の有する意義は多様で、かつ抽象性に富んでおり、それらを組み合わせて熟語とし、複雑な意味を二字もしくは三、四字で言い表していったのである。そこには、「意識・概念・機構・消費」、また「方程式・中性子」「最後通牒・治外法権」など、日本固有の和語では表現しきれない奥深さ、想像力が看取される。ちなみに、明治初年ごろにはcompany（会社）を「組合《くみあい》」、insurance（保険）を「請合《うけあい》」（福沢諭吉『西洋旅案内』）のように和語で訳す試みも行われた。

漢字はもともと中国語ではあるが、東アジアに共通の文語である漢文を通して日本語にも深く浸透し、すでに訓と結びついているという意味でも日本の文字という一面もある。漢字漢文の知識が蓄積されていたゆえに、簡潔かつ明晰な造語、さらに、その新語の理解も多くの日本人にとって可能であった。近代日本のめざましい発展を言語の面から支えた漢語の役割は極めて重要であったと言える。

新漢語を、翻訳のしかたによって分類すると次のようになろう。

(1)直訳による……良識（bon sens）　脚光（foot lights）　冷戦（cold war）
(2)意訳による……劇場（opera）　現象（phenomenon）　抽象（abstract）　主義（principle）
(3)音訳による……浪漫（roman から）　包帯（bandage にあてた「繃帯」から）

このうち、音訳とは外来語の漢字表記とでも言うべきものである。

†『浮雲』の漢語

ここで、明治中期における漢語使用の状況を少し具体的に見ておくことにする。『浮雲』（一八八七〜八九年刊）の中に、お勢が文三に、下女の鍋が漢語がわからないと話す場面が見える。

　私が余り《あんま》五月蠅《うるさく》なツたから到底《とうてい》解るまいとはおもひましたけれども試《こころみ》に男女交際論《だんぢよかうさいろん》を説《と》て見《み》たのですョそうしたらネ、アノなんですツて、私の言葉《ことば》には漢語《かんご》が雑《ま》ざるから全然何《まるつきりなに》を言《い》ツたのだか解《わか》りませんて……　（一・三）

明治中頃では下層階級の女性は漢語の理解が進んでいなかった反面、教養のある女性は漢語にかなり通じていたということがわかる。『浮雲』第一、二編でお勢が用いている漢語には、次のようなものが見える（日常語化していると見られる漢語は省いた）。

教育　普通　西洋主義　塾　両親　圧制　親友　学識　品性　方正　真理　不条理
議論　弁護　主張　不運　不活発　良心　同一　破廉恥　罵詈　感情

現代語とは異なる語形で、この当時用いられていた漢語も少なくない。たとえば、『浮雲』では「東京」に「とうけい」という振り仮名が付けられている。

文三《ぶんざう》だけは東京《とうけい》に居《ゐ》る叔父《をぢ》の許《もと》へ引取《ひきと》られる事《こと》になり　（一・二）

明治前半は「とうけい」という漢音読みがふつうであり、後に、古くから都の呼称である呉音の「きょう（京）」に取って代わられて「とうきょう」となる。このように、現代語と語形の異なる漢語を『浮雲』に求めると、次の通りである。

雑用（ざうよう）　女性（によしやう）　学力（がくりき）　行為（ぎやうゐ）
思惟（しゆゐ）　頓着（とんぢやく）　慈恵金（じゑきん）　〔以上、呉音〕
和気香風（くわきかうふう）　妄想（ばうさう）　保護（ほうご）　〔以上、漢音〕

古く呉音であったものが漢音に入れ替わったものが多いようであるが、逆に漢音から呉音に変化したものも「省《しょう》略」（↑せいりゃく）「音《おん》信」（↑いんしん）など少なくない。このように、明治中期以降今日までに、呉音から漢音へ、もしくは、漢音から呉音へと変化した語があり、また、「乞食《こつじき》」のように「こじき」へと語形変化した語も見られる。

†漢語の増加

大量の漢語が作り出されるという状況は明治前半まで続き、それ以降も緩やかに増加していく。学術用語だけでなく、「弾圧・発禁・洗脳・団地・公開・観光・派遣・電子・公害・時効・協賛・留年・駅弁」など、新たな社会現象などを反映する漢語も作られていった。また、「日本教職員組合→日教組」「航空母艦→空母」などの略語も増大し、特に、構成要素の最初の文字をとる、前者のようなタイプが多くを占める。

一九四六年に当用漢字表が告示されると、その表に含まれていない漢字は同音の別の漢字で書き表すか、別の語で言い換えるか、もしくはその音を仮名で書くかということになった。そこで、一九五六年に国語審議会報告として『同音の漢字による書きかえ』が出され、「慾」の代用として「欲」を用いるほか、たとえば、次のような書き換えの例が示された。

叡智→英知　刺戟→刺激　銓衡→選考　沈澱→沈殿　日蝕→日食　諒解→了解

また、別字による言い換えも「梯形《ていけい》→台形」「闊葉樹《かつよう》→広葉樹」のように行われて、新たな漢語が出現した。他方、使用する漢字が制限されたため、「あくせく働く」「あだっぽい」のように表外の漢字を仮名で書いたり、「障がい」（障碍）のように漢字と仮名を交ぜ書きしたりするようになった。アクセク（齷齪）・アダ（婀娜）のように仮名で書かれたり、あるいは「あだっぽい」を「仇っぽい」と訓で当て字されたりすることから、元来は漢語であっても今日では漢語の意識が薄らいでいるものもある。

このように、漢語は増加の一途をたどり、国立国語研究所が一九五六年刊行の現代雑誌九〇種の調査における異なり語数の語種比率では、和語が三六・七%に対して、漢語は四七・五%を占めるに至っている（四一四ページ参照）。そして、「激—」「新—」「非—」「反—」や「—性」「—的」などの造語成分も多くの新しい派生語を作り出している。ただ、近年は、外国語を漢語で翻訳せず、原音のまま片仮名で表記することが多くなっているために、次第に外来語が増える傾向にあるが、漢字表記からその語の意味がある程度理解できるという点で、今後も漢字に頼ることは多いであろう。

†『浮雲』の外来語

明治二十年に刊行された『浮雲』には、人名・地名などの固有名詞を除くと、次のような外来語が多様な表記で見える。

(1)片仮名表記による……ブロックコート　チョッキ　ペン　ハンケチ　シャツ　レモン
(2)「　」内に示すもの……「マダム」某「ミス」某「ボート」「コップ」
(3)漢字を添えるもの……「アイドル」（本尊《ほんぞん》）「クラッス」（級《きふ》）「プロポーザル」（申出）
(4)平仮名ルビ表記……背広《せびろ》　洋袴《づぼん》　爛缶《らんぷ》・洋灯《らんぷ》　毛団《けつと》　襯衣《しやつ》　金鍍金《きんめつき》　紙巻煙草《しがれツと》　論事矩《ろじツく》
(5)片仮名ルビ表記……摺附木《マッチ》　申出《プロポーズ》　犠牲《ヴヰクリーム》　お勢《カズン》

意味がわかりにくいものには漢字で語義を示すなど、定着度の深浅によって使い分けられているようである。中には外国語、たとえば英語のスペルに片仮名が添えられた例も見える。

特に、教養のある人においては、外国語および外来語の使用は次第に増加していく

Despair《デスペヤ》 Manner《マンナア》

†外来語の急増

明治以降、外来語は大量に使用されていくが、英語からの借用が圧倒的に多くを占める。英語の伝来は一八〇九年ごろからとされ、あらゆる分野の語に借用されている。それ以外の語からの外来語には受容した分野が特徴的に現れている。

◎フランス語から

軍隊用語……ズボン　ゲートル　マント

芸術関係……アトリエ　オブジェ　クレヨン　コント　シャンソン　デッサン　ピエロ

服飾関係……アップリケ　シュミーズ　ブルゾン　ランジェリー

料理用語……オムレツ　グラタン　クレープ　コロッケ　ビュッフェ　マヨネーズ

その他……エスプリ　グランプリ　ディスコ（テーク）　フィアンセ　ブルジョア

◎ドイツ語から

哲学関係……アウフヘーベン　イデオロギー　ザイン　テーゼ

医学関係……ガーゼ　カルテ　ノイローゼ　ホルモン
山岳・スキー関係……ゲレンデ　ザイル　シャンツェ　ピッケル　ボーゲン
その他……アルバイト　ゼミナール　ファンファーレ　プロレタリア
◎ロシア語から
政治経済関係……インテリ（ゲンチャ）　カンパ（ニア）　ノルマ
その他……トロイカ　ペチカ
◎イタリア語から
音楽関係……オペラ　ソナタ　ソプラノ　テンポ　フィナーレ
料理関係……スパゲッティー　パスタ　ピザ
近年はアジアから、特に、中国語・韓国語などから料理関係を初めとする外来語が数多く用いられるようになっている。
外来語と分類される中には、日本で作られた語、すなわち和製外来語も少なくない。
ジーパン　ナイター　ライトバン　サービスセール　サイドビジネス　シーズンオフ
シンボルマーク　ソフトクリーム　テーブルスピーチ　プラスアルファ　レトルトパック
英語から作られていることが多く、その場合には和製英語と呼ぶこともある。このような和製外来語には省略によって作り出されたものも少なくない。

(1)ABC略語（頭文字のアルファベットを連ねて読むもの）

DK（dining kitchen）　CD（compact disc, cash dispenser）　CM（commercial message　和製）

(2)省略語（音節を省略したもの）

プロ（フェショナル、―ダクション）　スト（ライキ）　［語頭の二拍］

アプリ（ケーション）　テレビ（ジョン）　［語頭の三拍］

イントロ（ダクション）　インテリ（ゲンチャ）　［語頭の四拍］

ベア（←ベースアップ）　［複合語における各要素の語頭の一拍］

ワープロ（←ワードプロセッサー）　［複合語における各要素の語頭の二拍］

なかには、「アテレコ」のように、音を当てることから「アフレコ（←after recording）」をもじった混種語も作られている。

†現代語の語種

それぞれの語種が現代語に占める比率は、一九五六年と一九九四年に刊行された雑誌を対象とした国立国語研究所の調査によると、次（上の表）の通りである。

一九五六年と一九九四年を比べると、この間に外来語が大きく増え、異なり語数では漢語をも上回るようになったことが目をひく。一方、延べ語数では、漢語が和語を上回り、また外来

［現代雑誌の語種別語彙量］（人名・地名を除く自立語）

	現代雑誌70種（1994年刊行）		現代雑誌90種（1956年刊行）	
	延べ語数	異なり語数	延べ語数	異なり語数
和語	248,098（35.8）	11,530（25.4）	221,875（53.9）	11,134（36.7）
漢語	345,142（49.8）	15,214（33.6）	170,033（41.3）	14,407（47.5）
外来語	85,710（12.4）	15,779（34.7）	12,034（2.9）	2,964（9.8）
混種語	14,223（2.0）	2,862（6.3）	8,030（1.9）	1,826（6.0）
	国立国語研究所（2005）		国立国語研究所（1964）	

［現代雑誌70種の記事タイプ別］

	本文		広告	
	延べ語数	異なり語数	延べ語数	異なり語数
和語	217,994（41.5）	10,970（27.7）	30,104（18.0）	3,532（19.7）
漢語	241,078（45.9）	14,092（35.5）	104,064（62.1）	6,266（35.0）
外来語	56,270（10.7）	12,190（30.7）	29,440（17.6）	7,275（40.7）
混種語	10,274（1.9）	2,407（6.1）	3,949（2.3）	817（4.6）

語よりも圧倒的に多くを占めている。すなわち、漢語の存在感は依然として大きい。

一九九四年の調査を、本文と広告という記事タイプ別に集計したのが下の表である。漢語は、広告では異なり語数で外来語よりも劣るものの、和語に対しては延べ語数でも圧倒していることがわかる。このことから見ると、新たに使われる語は外来語が多いのに対して、書きことばとして雑誌によく使われる語においては漢語がさらに比重を増していると言える。とりわけ、広告における延べ語数が約六二％を占めているということは、漢語の持つ簡潔さ、力強さ、字義を通したわかりやすさという特性を如実に表すものであろう。

†待遇表現の語彙

尊敬語の「お（御《ご》）…になる」、謙譲語の「お（御）…する」は近世後期に生じたが、一般化するのは明治後期以降のことである。

お帰りになりましたね、（田舎教師　五）

無論、御尽力しませうとも……（田舎教師　一一）

敬語動詞の「なさる」「くださる」の連用形・命令形が「なさい」「ください」の形に固定したのも明治時代であるが、これらは動詞活用の中では例外的で、一種の変格活用とも言える。

なお、「ごめんくださいませ」は大正の終わりに流行しだしたもので、それ以前は「ごめんくださいまし」が普通の言い方であった。

それではこれで御免下さいまし。（或る女　二六）

また、依頼の表現に「…ください（ま）すように。」というような、文末表現を省略して含みを持たせた表現が女性の間で用いられるようになったのも明治末から昭和初期にかけてである。

5　文法――現代語法が展開する

†動詞の活用

一字漢語動詞は「感じる」「信じる」というように、前代で「―ずる」から「―じる」へと一段化していたが、明治に入ると、さらに五段活用となる例も生じた。

愛する愛さんはさて置いて、私は唯可哀さうだつたのだ。（平凡〈四迷〉　一三）

否定の助動詞が「愛せ」（サ変の未然形）に付くのではなく、「愛さ」という五段活用の未然形相当に付いている。この類には「略さない・訳さない」などの例もある。一方、連体形には「略する」ではなく、「る」が脱落した「略す」となる例がすでに十七世紀に存在する。また、仮定条件は本来の未然形「愛せ」に「ば」がついて表されるのであるから、この「愛せ」を仮定形と見なせば、ここに五段活用が整うのである。このほか、漢語サ変動詞の未然形の活用語尾に「し」が用いられることもあった。

我輩少《わがはいすこ》しも絶交《ぜつかう》しられる覚《おぼ》えは無《な》い（浮雲　二・一〇）

†形容詞・形容動詞

「的」が付くと、ふつうは形容動詞となるが、明治時代では「―的」は連体修飾する場合「の」が接していて、いまだ名詞的であった。

其中には、敵の姦悪、身方の勇士の功名などに付て、随分異様に聞える愛国的の談話が雑つてゐました。（小公子〈若松賤子《しずこ》訳〉『女学雑誌』二八八号）

元来中学の教師なぞは社会の上流に位するものだからして、単に物質的の快楽ばかり求める可きものでない。（坊っちゃん　六）

ただ、このような形容動詞に「の」が付くか「な」が付くかは、今日でも揺れている語が少なくない。たとえば、「さまざまな意見」「さまざまの意見」、「かなりな家柄」「かなりの家柄」など、いずれの形でも用いられる場合がある。また、「美人なアナウンサー」「問題な発言」のように、本来名詞であった語が「の」ではなく「な」に続いて、属性・状態を表す場合も目立つようになっている。

形容動詞のうち、外来語を語幹とする語は続々と作り出されていて、「ファッショナブルだ」「カジュアルだ」「シックだ」のように、その勢いは衰えない。一方、形容詞型活用は少し前には「ナウい」があり、最近では「きもい」「エロい」などもあるが、俗語的な言い方でわずかに命脈を保っているようである。

†ラ抜きことば

可能を表す言い方としては、前代でも四段活用の未然形に助動詞「れる」が付いた形が多く用いられていたが、明治以降は可能動詞が多用されるようになった。そのため、近年いわゆる「ラ抜きことば」が増加しているが、これには「見れる」(『子をつれて』葛西善蔵　一九一八年刊)、「寝れる」(『蟹工船』小林多喜二　一九二九年刊)などの例も古くから見える。

一般的に可能の意の派生動詞は五段活用を下一段化したものであるが、語幹の末尾音節の子韻(語尾のuを除く要素)にeruが付くという類推によって成り立っているところがある。

tor-u→tor-eru(取る・取れる)　nokor-u→nokor-eru(残る・残れる)
mir-u→mir-eru(見る・見れる)　taber-u→taber-eru(食べる・食べれる)

つまり、「見れる」「食べれる」は五段活用から可能動詞への派生を一般化したという側面がある。さらに、可能の意を表す場合、五段活用の未然形には「れる」が、それ以外の未然形には

「られる」が付くという文法規則に取り代わって、すべての動詞においてその未然形に「れる」が付くという接続の単純化が実現したというように分析することもできる。

［五段］　行か・れる　書か・れる　乗ら・れる
［五段以外］　見・れる　食べ・れる　来・れる

「れる」という多義的な語において、可能と受身・自発・尊敬とでは接続形式が異なることになれば、用法上の違いが明示できるという利点もある。つまり、ラ抜きことばが一般化していくことには合理的な側面があり、支障はほとんどない。その進行の度合は、無語幹の動詞では「見れる」「寝れる」のように二十世紀初めにはすでに生じており、現在では「食べれる」「起きれる」のような一拍の語幹の場合でも、比較的若い世代ではほとんど違和感がなくなっている。ただ、二拍の語幹の「あつめれる」「おしえれる」などがふつうに用いられるようになるには、もう少し時間が必要であろう。

†助動詞

受身の助動詞において人間以外の無生物が主語となる例は、「箏《さう》の琴かき鳴らされたる、横《やう》笛《ぢやう》のふきすまされたるは」（更級日記）のように古くから見える。しかし、いわゆる非情の受身において抽象的な概念が主語となるのは明治時代以降の欧米語の影響と言われている。

使役でも欧米語の影響によって「何が彼女をそうさせたか」の類の、非情のものを主語とした使役態も今日ではよく見られるようになった。

推量の助動詞では、「**みたいだ**」が明治中期以降「みたようだ」から生じた。

「牢屋《らうや》みたいだな」と兄が低い声で私語《ささや》いた。（行人）

「色町を見たやうにおもはれて」（好色一代女　五・二）の「を」が江戸時代後期に脱落して名詞接続となり、さらに用言の終止形に接続するようになった。

売薬屋《ばいやくや》の銅人形《どうにんぎやう》見たやうに看板《かんばん》にされたばかりもつまらねへぢやアねへのさ。（浮世風呂　三・下）

君《きみ》みたやうなものでも人間《にんげん》と思《おも》ふからして（浮雲　一・一〇）

「**ようだ**」「**そうだ**」は明治後期以降に盛んに用いられるようになった。

この頃ぢゃ茶断《ちやだち》して願掛《ぐわんか》けしてゐるさうだシ（浮雲　二・八）

小金も少《ちつ》とは持ツてゐなさりさうだし（浮雲　三・一八）

さるれいの脳髄とお勢とは何の関係も無ささうだが（浮雲　三・一九）

「**らしい**」は前代までは体言に接続することが多かったが、活用語にもふつうに付くようになった。

気の所為《せい》か粋《すゐ》を通《とほ》して見て見ぬ風《ふう》をしてゐるらしい（浮雲　一・二）

ちなみに、接尾語「らしい」は明治以降には「わざとらしい」というように副詞にも付いて用いられた。

†格助詞

「**して**」は「皆《みんな》して反対する」「態度からして横柄だ」「またしても」のような一部の表現にのみ固定的に用いられている。この「して」が「から」に付いた「**からして**」は〈一つの事例を挙げて、全体を強める〉意を表している。

手拭《てぬぐひ》を提《さ》げて湯に行くところからして、いやに高慢ちきじゃないか。　（我輩は猫である　三）

一方、「**から**」も、これと同じ意味で用いられるようになっていた。

かう云ふ山の中の鍛冶屋は第一、音から違ふ　（二百十日　一）

この「から」は体言性が強いことから、「わたくしが愚かなからで」（今年竹〈里見弴〉）のように連体形に付く例も見え、また、後ろに「だ」が付くこともあった。

イヤイヤ是《こ》れも自分が不甲斐ないからだと思ひ返して　（浮雲　一・二）

引用の「と」と同じ意味で、「**て**」が用いられるようになった。これは上代東国方言の流れを汲むものかとする説もある。

まあ野暮を云はずに取ときたまへてことさ　（義血俠血〈鏡花〉）

†接続助詞

「**ところで**」は前代では順接であったが、明治以降は多く逆接を表すようになった。

和蘭の字引の訳鍵と云ふ本を売て、掻集めた所で二分二朱か三朱しかない。

〔逆接の確定条件〕（福翁自伝　長崎遊学）

よし思ツた所で、華やかな、耀《かがや》いた未来の外は夢にも想像に浮かぶまい

〔逆接の仮定条件〕（浮雲　一九）

同じく「**ところを**」も、予想に反する事柄が後に展開するという意の逆接の用法が生じた。

ソレ色狂ひして親の顔に泥を塗《なす》ツても仕様《しやう》がない所を、お勢さんが出来《でき》が宜《い》いばつかりに

（浮雲　一・六）

「に」は近世後期まで多用されたが、次第に「**のに**」の形が優勢になった。「のに」は、名詞に付く場合は「だのに」（「だ」は連体形相当）から、明治後期以降は「なのに」になった。

貴君《あなた》は温順だのに本田さんは活潑だから

（浮雲　二・一二）

色々なうわさが耳に這入った筈なのに

（或る女　前・一八）

「けれども」は音数を縮めて、口語で明治には「**けれど**」、大正以降「**けど**」の形でも用いられるようになった。

原因・理由では、江戸語で「**から**」が圧倒的であったことを受けて、明治前期でも「から」がふつうに用いられていた。しかし、明治二十年代になると、言文一致体の文章では「**ので**」が次第に勢力を得ていく。それは山の手のことばに「ので」が用いられていたためで、下町とは異なる、品位のある語として使用が拡大していった。

随《したが》ツて学業も進歩するので、人も賞賛《ほめそや》せば両親も喜ばしく　（浮雲　一・二）

「**ほどに**」も前代では原因・理由の意を表していたが、その意は次第に廃れて、「…ほどに…ほどに」の形で〈…するにつれて〉の意を表すように限定されていった。

足下に奔る潺湲の響も、折れる程に曲がる程に、あるは、こなた、あるは、かなたと鳴る。　（虞美人草　一）

†副助詞

限定の意の「きり」は明治までは「ぎり」（促音に付く場合は清音）であったが、大正以降は「**きり**」という形で用いられるようになる。

今度は地面の上に寝たぎり動かないから、此方の手で突つ付いて、　（吾輩は猫である　七）

また、動詞の連用形に付く接尾語でも〈ずっと…している〉の意で用いられた。

角屋の丸ぼやの瓦斯燈を眺めつきりである。　（坊っちゃん　一一）

「**ばかり**」は前代に「ぬばかり」の形が〈今にも…しそうに〉の意で用いられるようになっていたが、「た」に付いた「**たばかり**」の形で〈完了して間もない〉意を表すようにもなった。

跫音《あしおと》を聞《きい》たばかりで姿《すがた》を見ずとも文三にはそれと解《わか》ッた者《もの》か　（浮雲　一・五）

例示の意の「**なんか**」は「何《なに》か」から、「**なんて**」は「などと」から転じた形で、近代に入って多用されるようになった。

御礼なんか聞きたかあないやね。（吾輩は猫である　三）

猫の癖に運動なんて利《き》いた風だと一概に冷罵《れいば》し去る手合《てあひ》に一寸《ちよつと》申し聞けるが、（吾輩は猫である　七）

「**は**」は「…は…が」の形で〈それも認められるが、逆もある〉の意を表すようになった。

縁女《えんぢよ》もさ、美しいは美しいがお前にや星目《せいもく》だ。（夜行巡査〈鏡花〉三）

†終助詞・間投助詞

終助詞では、疑いの気持ちを表す「**かしら**」は前代の「かしらん」から転じて生じ、次第に女性語として用いられるようになった。

其《そ》れから上着は何衣《どれ》にしやうかしら矢張《やつぱり》何時《いつ》もの黄八丈にして置《お》かうかしら……（浮雲　一・六）

「わ」は係助詞の文末用法に由来し、軽く確認する意で女性が用いる言い方となった。

それは不運だから仕様《しやう》がないワ（浮雲　一・六）

「て」は明治以降、女性語として多用されるようになった。上昇調のイントネーションを伴う場合には、質問・反語や依頼の気持ちを表すものである。

それでも母親《おつか》さんは何時《いつ》もお異《かはん》なすつたことも無《な》くツて（浮雲　一・四）

「よ」は古くから間投助詞として用いられた語であるが、次第に聞き手に働きかける気持ちをこめて用いられるようになった。今日でも文中での「そしてよ、あいつがよ…」、文末での「来ましたよ」などに見られる。「よ」は高いイントネーションを伴って直接断言しない意を、低いイントネーションを伴って甘えた依頼の意を表す。

ちょいとお母さんの喉に触らして。（蓼喰ふ虫　六）

「てよ」「だわ」などの女性語は一八九六、七年ごろに流行《はや》りだした言い方で、当時は「てよだわ言葉」などとも呼ばれた。女学生たちの間で使われ始め、その当時は変なことば遣いだとされた。もと下層階級の女性が用いていたものを真似したのが始まりだと言われている。『安《あ》愚楽鍋《ぐらなべ》』には、遊廓で「よ」の使用が禁じられていたことが記されていることから、明治の初めは俗っぽい言い方であったと見られる。

角《かど》ゑびのはやことに岡本《をかもと》の「くるはョ」「ゆくはョ」金瓶大黒《きんぺいだいこく》じやア「あゝやだョ」とい

ふことばを禁《ふう》じられたシ　（初・堕落個《なまけもの》の廓話《くるわばなし》）

その後は、これらは女性語として広く用いられるようになった。

ええ、少しはよくなりましてよ。　（或る女　前・五）

あなたの手は温い手ね。この手はいい手だわ。　（或る女　後・四七）

†東京語の文末表現

近世後期の江戸において、「ない」「です」「ます」が多用されるようになった結果、十九世紀後半には否定・丁寧・過去・推量に関わる文末表現が調整期を迎え、前代とは一変するようになる。この変化を収束させていく方向性には、文法的カテゴリーを分析的に言い表すこと、丁寧さを連語形式の末尾に位置させるという因子が働いた。明晰に表現する、相手に対して丁寧に言いかけるという心理が合理的に言語体系を再構築していったのである。

①否定表現

否定の助動詞は、前代に形容詞型の活用を整えるようになり、「なかろ（う）」「なかっ（た）」が用いられるようになった。ホフマン（J. J. Hoffmann）の『日本文典』（"A Japanese Grammar" 一八六八年刊）には、「江戸方言（The dialect of Yedo）ではナイを用いる。否定動詞としては、アケヌ、ミヌ、ユカヌの代わりに、アケ-ナイ、ミ-ナイ、ユカ-ナイを用いる」と記しているように、江戸の町人階層では明治初年には「ない」が一般的になっていた。近代に入ると、否定の助動詞「ぬ（ん）」は衰え、否定の丁寧体「ません（←ませぬ）」にだけ残存するようになる。ただし、『安愚楽鍋』で、もと武士のことばに「ぬ（ん）」が使われていて、前代における武士階級ではやや古めかしい言い方をしていたと見られる。

　斯《かく》まで互市《かうえき》がさかんに成ツては、外国の実情を知らぬもふじゆうで、（二下・覆古《ふこく》の方今話《いまやうばなし》）

過去否定は、江戸語でも幕末では「なんだ」「なかった」がともに用いられていた。ホフマンの『日本文典』には「否定接辞ヌはナンダになる。（中略）江戸の話しことば（The spoken language of Yedo）ではアケーナカッタ、ミーナカッタ、ユカーナカッタを用いる」と記されている。『安愚楽鍋』では、もと武士のことばに「なんだ」、職人のことばに「なかった」が使われていて、階級の違いが強調されている。

　ハイ、僕なぞも矢張《やツぱり》因循家のたちであまり肉食はせなんだが、（二下・覆古の方今話）

　青天六十日の間《あひだ》雨といふものは一トつぶもふらなかツた時、相撲のたいこをかつぎだして、（初・文盲《ものしらず》の無益論《むちやろん》）

「なんだ」は明治前期には次第に用いられなくなり、一八九〇年前後に消滅してしまう。『浮雲』には「なんだ」の使用は見えない。

　文三も怫然《むつ》とはしたが、其処《そこ》は内気だけに何とも言はなかった（浮雲　二・七）

②丁寧表現

「ます」が前代に出現し、「です」も江戸時代末期に活用形を備えて以降、これらは急速に使用が広がった。

先刻《さつき》の方《かた》は余程《よつほど》別嬪でしたネー　（浮雲　二・七）

言文一致体の形成期である一八九〇年前後においては、「動詞＋です」、その過去形に「動詞＋たです」という言い方も少なからず行われていた。

其処までは道程一里半余り、二里近くあるです。　（野末の菊〈嵯峨の屋お室〉）

オホヽヽと答たです。　（小町娘〈饗庭篁村〉『むら竹』八巻）

しかし、それぞれ「ます」「ました」の慣用を退けるには至らなかった。この「ます」の否定形は、「ませぬ（ん）」「ましない」となっていたが、「ましない」は『怪談牡丹灯籠』では中間《げん》の男性などに用いられるだけで、『浮雲』にも使用がないことから、明治前半以降徐々に消滅したものと見られる。また、『浮雲』には、「ません」の使用が多いのに対して、「ませぬ」はその一割にも満たず、男性の改まった言い方、および地の文に用いられるだけであった。

「文《ぶん》さんどうかお為《し》か、大変顔色がわりいョ　「イエ如何《どう》も為ませぬが…　（浮雲　一・五）

このように明治後期に「ません」が一般化していくが、言文一致体の形成期においては、新たに勢力を増した「です」を添えた「ませんです」「ないです」「ん（ぬ）です」など多様な言い方も試みられた。

私些《ちよつ》ともあの人を恐れてはをりませんです。（金色夜叉　続・七）

旅順がどうも取れないですな。（田舎教師　六〇）

全然《さつぱり》解らんですな。（金色夜叉　中・二）

③過去否定の丁寧体

「ません」の過去形は、幕末において町人層では「ましなんだ」が一般的であったが、ホフマンの『日本文典』では「マセヌに対しては、マセナンダ、または江戸の俗語（the vulgar language of Yedo）ではマシナンダを用いる」と記されている。

あの人今日は一日家《いちにちうち》におりませなんだ（orimasenanda）。（日本語会話〈ブラウン〉）

東京語では「ませなんだ」がしばらく一部の人々の間に用いられたが、「ましなんだ」は、たとえば、二葉亭四迷『めぐりあひ』で田舎の老人の言葉に見えるだけであるように、すでに一般的には衰退していた。

「昨日お客はなかツたか？「有りましなんだト角門の戸を引寄せた。（めぐりあひ）

『怪談牡丹灯籠』に、これらの言い方が次のように見える。

私承知して居ますれども、之ばかりは気が付きませなんだ。（一六）

私一人では何分間が悪くッて上がりませんだつた。　（四）

山本志丈さん、誠に久しくお目にかゝりませんでした。　（一八）

原則として、男性はふつう「ませんでした」、特に武士は「ませんだった」、女性は「ませんでした」を用いている。こうして、「ませんでした」が一八八〇年代以降、次第に勢力を増していくことになる。それは「なんだ」が「なかった」に取って代わられたため、「ませなんだ（ましなんだ）」という言い方を避けたからであり、また、「ませんだった」が「ます」という丁寧体に対して普通体「だ」が付くという矛盾した形式であったため、丁寧体「でした」が付いた「ませんでした」という言い方が好まれたからであろう。ちなみに、「ませんでございました」という非常に丁寧な言い方も用いられた。

それでは迚《とて》も御見物は出来ませんでございましたろふ。　（怪談牡丹燈籠　二一）

ただ、「ませんでした」が定着する過程ではさまざまな言い方が試みられていた。

アレまア、張さんで被在つたのをお見それ申してサ済まないでしたねへ。　（滑稽和合人）

何さんだとも、名はまだ申し上げんでした。　（我が宿の花〈若松賤子〉『女学雑誌』三二五号）

ハッキリ記臆《おぼえ》てゐませんかつた。　（小公子　前・一）

ちなみに、エヴラール『日本語課程』（一八七四年刊）に「ませんだ」という形が見えるが、これは「ませなんだ」の「な」の誤脱であろう。

④推量表現

「だろう」は前代に成立し、もとの形「であろう」とともに用いられるが、この丁寧体としては「ましょう」「ますだろう」が使われて、特に「ますだろう」は明治初めにかけて一時期使用が広まった。

タダイマ　ヤミマスダロウ。　（英蘭会話訳語〈ガラタマ〉一八六八年刊）

しかし、丁寧体「ます」に普通体「だろう」が付いていて、丁寧度に矛盾があるため、「ますだろう」は消滅した。これに対して、幕末に成立していた「でしょう」が次第に一般化して、明治二十（一八八七）年以降定着していった。

酔つてゐるでせう、僕は。ねえ、宮《みい》さん、非常に酔つてゐるでせう。　（金色夜叉　前・四）

推量の否定では、普通体には前代から「まい」が用いられていて、ホフマン『日本文典』では、口語でマイのほか、アケヌーデーアラウ、ミヌーデーアラウ、ユカヌーデーアラウを用いると記されている。一方、明治初めには東京の町人層では「ないだろう（ねえだろう）」という言い方も生じていた。

酒を見かけちやアにげられねへだらう　（安愚楽鍋　初・諸工人《しよくにん》の俠言《ちうツぱら》）

この丁寧体には、明治前期において「ますだろう」からの類推で「ませぬ（ん）だろう」が用いられていた。さらに、「ませんです・ませんでした」からの類推で推量の「う」に続く場合「ませんでしょう」も生じた。

カシカタハ　イチモンモ　トレマセヌ　ダロウ。　（英蘭会話訳語）

僕の欲しいものなんでも遣るなんて云ひやしませんだらう。（小公子　五・上）

然なれば算術なんどは無論上手の達人でなくチャーいきませんでせう。（梅香女史の伝『女学雑誌』四号）

しかし、一八九〇年代以降、次第に「ないでしょう」に取って代わられた。

ホントニ服部さんのやうに勉強しては、体がつづかないでせうネー。（藪の鶯）

これは「ゆくでしょう」に対する否定が「ゆかないでしょう」であるという、体系の簡素化に起因するものであろう。

一方、過去推量では、明治前期において「たろう」「ましたろう」が用いられていた。

定めしお腹がすいたらうネエ。（当世書生気質）

ラインまではこの町から半里《はんみち》もありましたらう。（片恋〈四迷〉一）

しかし、これらに代わって「ただろう」「たでしょう」が用いられ、一八九〇年代以降次第に一般化していった。

マンザラ泥棒だとも思はなかつただらふよ。（海舟先生高談『女学雑誌』五〇〇号）

「どんなに待ッたでせう」ト遂にかすかにいッた。（あひゞき）

あとがき

日本語の現在を知るためには、この現在をもたらした歴史をまず理解しておく必要がある。時代の潮流、社会構造の変化、人々の意識や関心事などが、それぞれの時代に生きる人間の思想や感覚と深く関わり、コミュニケーションのツールとしての言語にも少なからぬ影響を与えてきた。正しい日本語とは何かを考える前にも、その正しさを証明する根拠として日本語がたどってきた道筋を認識しておかねばならない。それぞれの事象について、その変化が起こった要因を把握しておくことは、正しさということの判断に大きな手がかりを与えるに違いない。

それぞれの時代に生きた人々の絶対的多数の言い馴れた言い方が、結果的に見ればことばの変化を決定づけ、その弛《たゆ》みない繰り返しがことばの歴史を形作っている。社会が変化するように、ことばも変化するものであり、変化の中にこそ人間の真の姿があると言える。その意味で、ことばの乱れ、ことばの揺れ、ことばの変化は、ことばの自然なあり方なのである。

本書は筑摩書房編集部の松田健氏の御慫慂によるものである。心より感謝申し上げる。

二〇一七年三月

沖森卓也

参考文献（本文の記述と直接にかかわる主要なものをあげる）

有坂秀世（一九四四）『国語音韻史の研究』三省堂（一九五七増補新版）
石井進（一九九〇）『中世を読み解く――古文書入門』東京大学出版会
大野晋（一九九三）『係り結びの研究』岩波書店
沖森卓也（二〇〇三）『日本語の誕生――古代の文字と表記』吉川弘文館
春日政治（一九三三）『仮名発達史序説』岩波書店（一九八二『春日政治著作集1』勉誠社）
金田一春彦（二〇〇一）『日本語音韻音調史の研究』吉川弘文館
国立国語研究所（一九六四）『現代雑誌九十種の用語用字　第三分冊』国立国語研究所報告二五
国立国語研究所（二〇〇五）『現代雑誌の語彙調査――一九九四年発行七〇誌』国立国語研究所報告一二一
小林芳規（一九七一）「中世片仮名文の国語史的研究」『広島大学文学部紀要』特輯号3
築島裕（一九六九）『平安時代語新論』東京大学出版会
築島裕（一九八六）『平安時代訓点本論考　ヲコト点図仮名字体表』汲古書院
橋本進吉（一九一七）「国語仮名遣研究史上の一発見――石塚龍麿の仮名遣奥山路について」『帝国文学』二三ノ一一（一九四九『文字及び仮名遣の研究』岩波書店）
服部四郎（一九七六）「上代日本語の母音体系と母音調和」『言語』五―六
松村明（一九五七）『江戸語東京語の研究』東京堂出版（一九九八増補）
馬渕和夫（一九七一）『国語音韻論』笠間書院
宮島達夫（一九七一）『古典対照語い表』笠間書院
山口佳紀（一九八五）『古代日本語文法の成立の研究』有精堂

［通史の概説書］

亀井孝・大藤時彦・山田俊雄編『日本語の歴史』平凡社、一九六六（全七巻、別巻一）
沖森卓也『はじめて読む日本語の歴史』ベレ出版、二〇一〇
小松英雄『日本語はなぜ変化するか――母語としての日本語の歴史』笠間書院　一九九九
土井忠生・森田武『新訂国語史要説』修文館　一九七五
『国語学叢書』東京堂出版、一九八七（全一二巻）
『日本語の世界』中央公論社、一九八六（全一六巻）

［資料集］

国語学会編『国語史資料集――図録と解説』一九七六　武蔵野書院
沖森卓也編『資料　日本語史』一九九一　おうふう

［辞典・事典］

『日本国語大辞典』小学館、二〇〇二（第二版）
『時代別国語大辞典　上代編』三省堂、一九六九
『時代別国語大辞典　室町時代編』三省堂、二〇〇一（全五巻）
国語学会編『国語学大辞典』東京堂出版、一九八〇
飛田良文ほか編『日本語学研究事典』明治書院　二〇〇七
佐藤武義・前田富祺（編集代表）『日本語大事典』朝倉書店、二〇一四

索引

あ行

か行

さ行

た行

な行

は行

ま行

や行

ら行

わ行

ん

ちくま新書
1249

日本語全史《にほんごぜんし》
二〇一七年四月一〇日　第一刷発行

著　者　沖森卓也（おきもり・たくや）
発行者　山野浩一
発行所　株式会社　筑摩書房
東京都台東区蔵前二-五-三　郵便番号一一一-八七五五
振替〇〇一六〇-八-四一二三
装幀者　間村俊一
印刷・製本　株式会社　精興社

乱丁・落丁本の場合は、左記宛にご送付ください。
送料小社負担でお取り替えいたします。
ご注文・お問い合わせも左記へお願いいたします。
〒三三一-八五〇七　さいたま市北区櫛引町二-六〇四
筑摩書房サービスセンター　電話〇四八-六五一-〇〇五三

ISBN978-4-480-06957-3 C0281